文化视野下英语语言学及应用语言学探索

于慧川　著

重庆出版集团　重庆出版社

图书在版编目（CIP）数据

文化视野下英语语言学及应用语言学探索 / 于慧川著. -- 重庆 : 重庆出版社, 2024. 12. -- ISBN 978-7-229-19390-4

Ⅰ. H31

中国国家版本馆CIP数据核字第2025FU2586号

文化视野下英语语言学及应用语言学探索

WENHUA SHIYE XIA YINGYU YUYANXUE JI YINGYONG YUYANXUE TANSUO

于慧川　著

责任编辑：袁婷婷

责任校对：朱彦谚

装帧设计：寒　露

重庆出版集团
重 庆 出 版 社 **出版**

重庆市南岸区南滨路 162 号 1 幢　邮编：400061　http://www.cqph.com

定州启航印刷有限公司印刷

重庆出版集团图书发行有限公司发行

全国新华书店经销

开本：710mm×1000mm　1/16　印张：20.25　字数：270 千

2025 年 4 月第 1 版　2025 年 4 月第 1 次印刷

ISBN 978-7-229-19390-4

定价：98.00 元

如有印装质量问题，请向本集团图书发行有限公司调换：023-61520417

前　言　PREFACE

在经济全球化深入发展的今天，语言不仅是交流的工具，更是文化交流和传播的载体。英语作为国际通用语言，在全球范围内的重要性不言而喻。随着英语的普及，英语语言学和应用语言学成为语言学领域的两个重要分支，它们研究的不仅是语言本身的规则和特性，更是语言的实际应用情况，以及语言与文化之间的复杂关系。本书旨在深入探讨英语语言学和应用语言学在文化背景下的研究意义及其相互影响。

英语语言学作为理论基础，关注语言的声音、形式、意义等内部结构，以及这些结构如何系统地组织在一起。而应用语言学则更侧重语言的实际应用，如语言教学、语言测试、二语习得、翻译等，它强调理论与实践的结合，旨在解决实际语言使用中遇到的问题。两者相辅相成，共同构成了语言学科的完整框架。

文化因素是连接英语语言学和应用语言学的重要纽带。语言是文化的一部分，反映了特定社会群体的价值观、思维方式和生活习惯。在英语语言学的研究中，文化视角能够帮助人们更深刻地理解语言的多样性和变化，探究不同文化背景下语言的特殊表现形式。在应用语言学中，考虑文化因素对于提高语言教学的有效性、设计更为合理的语言测试、促进更有效的跨文化交际至关重要。

本书通过十个精心构思的章节，全面探讨了英语语言学和应用语言学在文化背景下的深层次意义和实际应用。第一章对语言的基本概念进行介绍，包括语言的定义与特征、语言的起源与发展，以及语言的功能与类别。这一章旨在为读者提供一个全面的语言学基础理论视角。第二章从宏观的角度概述文化，探讨文化的定义与特征、文化的起源与发展，以及文化的功能与类别。本章意在展现文化对语言的影响过程，为深入理解文化与语言的关系打下基础。第三章专注于英语语言学基本框架的研究，包括英语语言学的定义与性质、英语语言学的形成与发展、英语语言学的理论流派、英语语言学的研究领域，以及英语语言学的研究意义，旨在揭示英语语言学的学科内涵及其重要性。第四章概述应用语言学，介绍应用语言学的定义与性质、应用语言学的形成与发展、应用语言学的理论观点、应用语言学的研究范畴以及应用语言学的研究意义，强调应用语言学在解决实际语言问题中的应用价值。第五章为文化视野下英语语言学探索，从词汇学、句法学、语义学和语用学四个角度深入分析了英语语言学在文化背景下的复杂性和多样性。第六章转向文化视野下的应用语言学在语言教学中的实践，包括语言教学概述、文化视野下外语教学理论、文化视野下外语教学原则和文化视野下外语教学方法，旨在探索如何在教学中融入文化元素，促进跨文化交流。第七章继续深入研究语言学在语言能力培养方面的应用，涵盖听、说、读、写四个技能的培养方法，强调文化因素在语言能力培养中的重要性。第八章聚焦实用口语研究，通过对日常用语、导游用语、服务用语、礼貌用语的深入分析，展现语言在社会文化背景中的实际运用和变迁。第九章聚焦文学语言研究，包括戏剧语言、诗歌语言、小说语言和散文语言的研究，强调文化对文学创作以及文学作品中语言的使用情况的影响。第十章聚焦翻译理论与实践，介绍文化视野下翻译理论、翻译原则、翻译方法、翻译技巧的研究，提出在翻译实践中处理跨文化交流问题的方法，实现语言和文化的准确传递。

通过对英语语言学及应用语言学在文化视野下的深入探索，本书希望为语言学者、语言教育工作者、翻译专业人士以及对语言和文化研究感兴趣的读者提供有价值的理论参考和实践指导。作者相信，只有深入理解语言与文化之间的相互作用关系，才能更有效地进行语言学习和教学，更好地促进跨文化交流与理解。

目　录 CONTENTS

第一章　语言概述

第一节 语言的定义与特征

一、语言的定义

（一）不同学者对语言的认知

1. 威廉·冯·洪堡特

威廉·冯·洪堡特（Wilhelm von Humboldt）在《论人类语言结构的差异及其对人类精神发展的影响》一书中指出，语言就它的实质而言，既经久不断，又瞬间即逝。甚至通过文字保留下来的语言也只是一种不完整的、木乃伊式的保存，在朗读时又需要重新赋予其意义。语言本身不是一个作品，而是一种活动。语言的真正定义只能是一个生物起源学的定义。语言是使发出的语音具有表达思想能力的、永远重复的精神活动。

洪堡特的语言观念深刻地反映了他对语言本质的理解，他将语言视为一种不断变化、生动活泼的精神活动，而非静止不变的实体。在他看来，语言是人类精神活动的直接体现，它不仅承载着思想和情感，更是思想和情感生成和表达的过程。洪堡特强调，语言的本质在于其生成性和创造性，是一种永远进行中的精神活动，而不是一成不变的作品。洪堡特认为，语言作为一种活动，其存在不仅是为了表达已有的思想，更重要的是，语言本身参与思想的形成过程，影响和塑造人类的认知方式和世界观。这种观点强调了语言与思维的互动关系，语言不是思想的简单外衣，而是思想发展的动力。正因为语言具有这种生成性和动态性，每一次语言的使用都是一次新的创造，每一种语言的存在都是其所属文化和民族精神活动的体现。

洪堡特还指出，语言是民族精神的外化，每种语言都带有独特的民族个性，反映了不同民族对世界的独特理解和感受。语言不仅仅是沟通的工具，更是文化和认知模式的载体，通过语言，个体能够体验民族共同的精神生活，参与共同的文化传承和创新。

2. 弗尔迪南·德·索绪尔

作为现代语言学的奠基人，弗尔迪南·德·索绪尔（Ferdinand de Saussure）的思想主要通过其学生整理的《普通语言学教程》得以传播。在这本书中，索绪尔提出语言是一个独立且完整的符号系统，由相互关联的概念和音响形象构成，就像一张纸的两面一样不可分割。[①] 因此，语言被视为一个自足和封闭的系统。

索绪尔进一步区分了“言语”和“语言”两个关键概念。其中，“言语”指的是个人在语言活动中的主观表达，它复杂多样，涉及物理、生理和心理等多个层面；而“语言”则是社会共同拥有的言语机能，它被视为一个整体和一个分类原则，是社会约定俗成的产物。在索绪尔看来，语言的每个单位都是系统的一部分，其意义和功能由它在系统中的位置——即与其他元素的关系——决定，这种关系定义了它在系统中的“价值”。索绪尔还强调，在研究语言系统时应该排除社会、心理等非语言因素的干扰，以准确掌握语言本身的结构和运作规则。通过这种方式，索绪尔为语言学提供了一个清晰的分析框架，强调了语言的系统性和结构性，对后来的语言学研究产生了深远影响。

① ［瑞士］索绪尔．普通语言学教程 [M]．高名凯，译．北京：商务印书馆，1980：36.

3. 诺姆·乔姆斯基

作为20世纪最具影响力的语言学家，诺姆·乔姆斯基（Noam Chomsky）深入探讨了语言如何成为人类大脑中固有的一部分。他认为，语言是一种与生俱来的认知能力，是人类天生的一种能力。[①] 即使面对极其复杂的语言体系，儿童也能在很短的时间内习得自己的母语。这背后的原因是什么呢？作为对这个问题的回答，乔姆斯基提出了转换生成语法理论，解释了人们在说话时遵循的词序背后的句法规则，这些句法规则是形式的、与语境无关的，并包含转换生成规则。

乔姆斯基进一步假设儿童天生就具有一套适用于所有人类语言的基本语法结构知识，这种知识被称为"普遍语法"。这个观点不仅开启了将语言研究与认知科学领域相结合的大门，也被人们认为是语言学研究的一次重大革命。到了20世纪70年代，语言学领域经历了"认知转向"，研究重心从单纯关注语言的形式和结构，转向了探索语言与人脑中概念系统之间的联系，以及关注人对周围世界的感知和体验。这种转向表明，语言是人类一般认知活动的结果，其结构和功能以人类经验为基础。

乔姆斯基和后来的认知语言学家从这个视角出发，探索了人脑接收、加工、存储和提取外界信息的具体过程，并将其转化为内在的心理活动，进而影响人的行为。这个过程与语言的学习和使用密切相关，体现了语言不仅是交流的工具，也是人类认知和理解世界的基本方式。这种对语言的理解，不仅深化了人们对语言本质的认识，也为语言教学、语言障碍治疗等领域提供了理论基础和研究方向。

4. 吕叔湘

吕叔湘对语言的定义很简单，也很容易理解，他认为语言就是日常

① ［美］乔姆斯基. 乔姆斯基语言哲学文选 [M]. 徐烈炯，尹大贻，程雨民，译. 北京：商务印书馆，1992：72.

生活、工作中人们说的话。[①] 吕叔湘将语言定义为人们在日常生活和工作中的言语活动，这一定义强调了语言的实用性和普遍性。在吕叔湘看来，语言紧密贴合人类的日常生活，是最基本的沟通工具，无须复杂的理论架构即可理解。这种定义突出了语言的社会性和实践性，认为语言的根本功能是为人际交流和信息传递服务，其价值在于实际使用。

5. 赵元任

赵元任也就语言的定义发表了自己的观点，他认为，语言是一种行为方式，它必须依赖发音器官来完成人与人之间的信息沟通和交流。[②] 赵元任从行为的角度出发，将语言视为一种行为方式，强调了发音器官在语言沟通中的必要性。他认为语言是人与人之间交流信息的行为过程，这一过程依赖发音器官的参与。赵元任的定义不仅关注了语言的社会功能，也指出了语言行为的生理基础，即语言是一种依赖人体器官的特定行为，这种行为旨在实现人与人之间的有效沟通。

6. 张世禄

张世禄则把语言视为表达思想的工具，指出声音和思想是语言不可或缺的元素。[③] 在他看来，语言的核心作用是传达思想，而声音则是实现这一目标的必要媒介。张世禄的观点深化了对语言作为沟通工具本质的理解，认为语言的存在和发展都围绕着思想表达的需求，而声音是连接个人思想与外界理解的桥梁。

根据以上学者对语言的认知可知，语言是同类生物为了满足交流需求而创造的，拥有统一编码和解码标准的声音或图像指令系统。随着人类社会的进步以及人们认知和思维能力的增强，人们对语言的理解变

① 吕叔湘 . 意内言外 [J]. 中华活页文选（教师版），2008（8）: 4-8.
② 赵元任 . 语言问题 [M]. 北京：商务印书馆，1980 : 1.
③ 张世禄 . 张世禄语言学论文集 [M]. 上海：学林出版社，1984 : 32.

得更加客观和全面。从结构角度分析，语言构建于词汇和语法的基础之上，形成一个复杂的系统，其中每一个元素都包含声音和意义两个维度。从功能角度分析，语言不仅是人类沟通的主要工具，也是思考和理解世界的重要工具。语言的独特之处在于它是人类特有的发明，它既体现了社会的约定俗成，也具有传承文化的能力，经常被看作反映特定民族文化特征的重要标志。

（二）根据属性定义语言

随着时间的推移，人们对语言的研究不断深化，这种变化源于语言本身的发展、人们对语言的深入理解以及多样化的学派观点。受多种因素的影响，学界至今没有一个统一的对语言的定义。历史上，无数的语言学家对语言进行了探索和研究。将这些研究成果汇总起来，可以将语言定义为一种独特的社会现象，它是人类特有的最主要的交际工具、思维工具和文化的承载体，本质上是一个由声音和意义组成的符号系统。

这个定义涵盖了以下几个关键点：

第一，语言是一个由词汇和语法组成的系统，其中的每一个元素都融合了声音和意义。

第二，语言是人类特有的特征，与其他动物的交流方式存在根本差异，后者无法与人类语言相提并论。

第三，与以往人们认为的语言是一种社会现象的观点不同，这个定义同时强调了语言是一种自然现象，具有其独特性。

第四，语言作为人类沟通的工具，在日常生活中扮演着至关重要的角色。交际和思维是语言的根本功能，反映了语言在日常生活中的核心地位。

二、语言的特征

语言主要具有任意性、二重性、创造性、移位性、文化传承性特征

（图 1-1）。

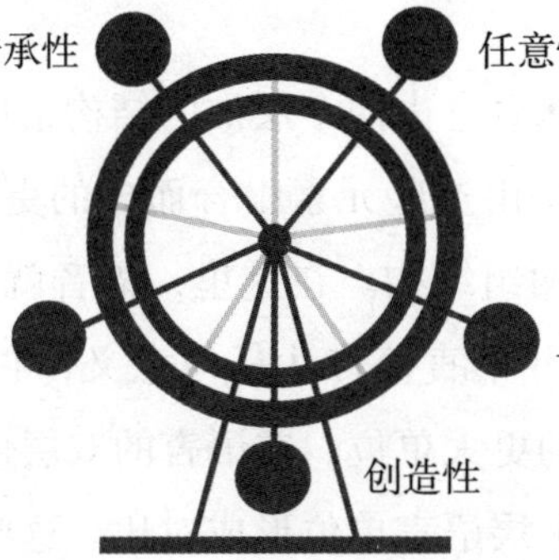

图 1-1 语言的特征

（一）任意性

语言具有任意性，即语言符号的形式与意义之间不存在自然的联系。语言的任意性是一个复杂的概念，其主要体现在以下两个方面。

一方面，语言中声音和意义之间的关系是任意的。也就是说，一个特定的声音和一个特定的意义之间没有必然的联系。例如，不同语言对自然声音的模仿和表达是不同的：在汉语中，狗叫声被描述为“汪汪汪”，而在英语中，则用 bow-wow 来表示。这说明即使是试图模仿自然声音的象声词，不同文化和语言对于这些声音的理解和表达也各不相同，这体现了语言之间的任意性，同时指出了象声词并非完全脱离任意性。

另一方面，语言的任意性在句法层面上同样显著。无论是系统功能语言学派还是美国的功能语言学派，他们都认同句子的结构是按照特定的语法规则来组织的说法。这些规则决定了句子成分的排列顺序，而这个顺序在一定程度上与事件发生的实际顺序相对应。这种句法规则的存在进一步体现了语言在句法层面的任意性：即使有一定的规则，这些规则本身和它们如何应用到具体的语句中，也是根据每种语言的约定而变化的。

（二）二重性

语言的二重性意味着它由两个层次的结构组成：一个是由基本元素构成的底层，另一个是由这些元素组合而成的更高层结构。简单来说，语言分为两个层面或两组结构。在这里，语音就像是建造语句的基石。然而单个的语音本身并不直接传达任何意义，它们的作用在于互相结合，形成有具体意义的更大单位。在语言的双层体系中，基础的语音单位和含有明确意义的上层语言单位形成对比。这些上层语言单位通过不同的组合甚至再次组合，能够创造出无数的句子。正是因为语言的二重性，人们才能自由地讨论他们熟悉的任何主题。

二重性这一概念仅存在于同时具备基础元素和由这些元素构成单位的系统中。语言之所以具有强大的创造力，关键在于它拥有这种二重性。通过使用有限的几个基础元素，人们可以创造出各式各样的单位。一个完整的语音系统可以生成大量的词，这些词又可以组合成数不胜数的句子，而这些句子最终组成了丰富多彩的语篇。

（三）创造性

语言的创造性反映了它通过二重性和递归性拥有的无限变化能力。这意味着人们能够通过语言创造全新的意义。一个熟悉的词可以通过新的使用方式传达完全不同的含义，而那些从未遇到过这种用法的人也能理解其新意义，例如，“巨婴”原本指的是体形巨大的婴儿，但当人们用这个词来形容一个成年人时，这时常指心理不成熟、总是以自我为中心、缺乏规则和道德意识的一类人，这个词的含义就发生了改变。同样，面对新出现的事物或事件，人们也能够灵活地创造新词汇来描述它们，例如，“直播带货”。直播带货是一种电子商务模式，通过实时视频直播的形式，主播展示商品并与观众互动，推荐商品或服务，观众可以在观看直播的同时购买商品。此外，语言的创造性还使得人们构造出无限长的句子成为可能，如“The artist who painted the portrait that hung in the gallery that the critic who wrote the review that appeared in the newspaper that was read by the mayor who spoke at the conference that was held in the city that ...”。

在这个例子中，每个从句都为句子添加了一个新的层次，理论上可以无限继续下去，每次引入一个新的角色、地点或事件。这种递归性是语言的显著特性，允许人们表达极其复杂和详细的概念。

（四）移位性

语言的移位性指的是人们利用语言描述并讨论非当前交际场合的对象、事件和概念的能力。这意味着人们可以自由地讨论几百年前的历史人物，评论他们的作为；也可以探讨遥远的火星上的物质构成；人们甚至可以预测下个月的天气变化。这种能力展示了语言能使人们超越时间和空间限制的强大功能。

很明显，动物的语言无法做到这一点。动物的交流方式虽然复杂并且能在一定程度上传达重要信息，但它们的语言缺乏人类语言所具有的深度和灵活性，特别是在超越时间和空间的能力方面。例如，章鱼通过自身的颜色变化来警告潜在的捕食者或展示求偶行为，而狼通过嚎叫声来标记领地边界或召集其他成员。尽管这些交流方式对于动物之间的即时信息传递是有效的，但它们无法传达过去或将来的事件，也无法表达抽象或假设的情况。

（五）文化传承性

语言不仅是沟通的工具，也是文化传承的重要载体。即使母语不同的人使用同一种语言交流，不同文化之间的差异可能会导致他们无法完全理解对方的意思。这说明语言与文化之间有着密切的联系，语言的传承深受文化影响。虽然每个人生来就具备了学习语言的天赋，但要想真正掌握一门语言，必须进行持续的学习。人们对语言的掌握并不是本能或遗传而来，而是需要后天的努力和文化的熏陶。

在汉语和英语中就存在着一些独特的文化概念，人们难以在对方的语言中找到与这些文化概念直接相对应的词汇，这反映了两种语言背后的文化差异。汉语中的“闲情逸致”就是一个很好的例子。“闲情逸致”描述了一种闲适、平和的心情和兴致，其中蕴含着享受生活的人生哲学和对自然美的欣赏。这种概念在中华文化中有着深厚的历史根基，与中国古代文人追求的生活状态密切相关。尽管人们在英语中可以通过一系列的词尝试描述这一状态（如 leisurely and carefree mood），但很难完全捕捉到原汉语成语中的文化韵味和深层意义。

第二节 语言的起源与发展

一、语言的起源

从 20 世纪 30 年代开始，关于语言起源的探究成为跨学科研究的热点，考古学、动物学、计算机科学、语言学和哲学等多个领域的专家对此进行了深入研究，并提出了多种假设。以下是一些对语言起源研究产生深远影响的理论（图 1–2）。

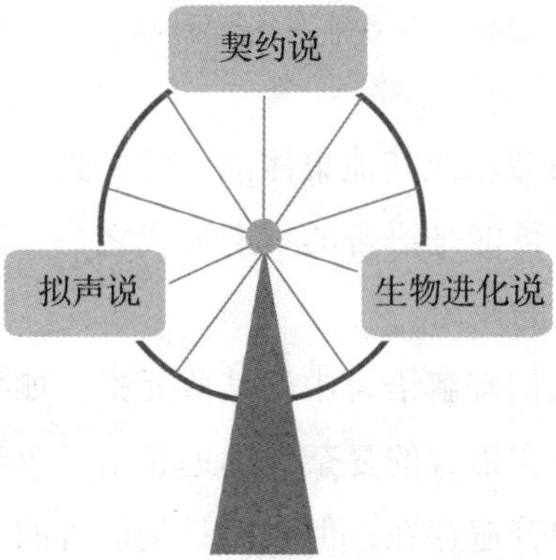

图 1-2　语言的起源理论

（一）拟声说

人类的早期语言可能源自对自然界中各种声响的模仿，这些声音可能包括动物的叫声、自然界的响声等。通过模仿这些声音，人类的祖先开始构建最初的语言系统，用以描述周围环境中的具体事物和现象。这种假设强调了语言与人类对自然界认知的密切联系。这一理论可以分为三个主要的分支，即“汪汪理论”“呸呸理论”“唷嗨嗬理论”。

1. 汪汪理论

“汪汪理论”（也被称为自然模仿理论）认为早期人类可能通过模仿他们周围环境中的自然声音，如动物的叫声或自然界的其他声响来形成语言的基础。如英语中的 cuckoo（布谷鸟）一词就直接模仿了布谷鸟的叫声，这表明人类有能力通过听觉模仿来命名他们所观察到的事物。

2. 呸呸理论

“呸呸理论”假设最初的语言可能源自人类在体验强烈情感，如疼痛、愤怒或喜悦时所发出的本能声音。这些声音后来演化成了表达特定情感状态的词汇，例如，“Ouch!”用于表达疼痛；“Ah!”用于表示惊讶或快乐。

3. 唷嗨嗬理论

人类在共同参与劳动或其他集体活动时，为了保持一致性和协调性而产生的节奏性声音可能是语言的早期形式之一。这种理论体现了语言在促进社会协作方面的作用。

虽然拟声说为人们理解语言中的某些元素，如拟声词和某些情感表达提供了框架，但真实语言的复杂性远远超出了单纯的声音模仿。拟声词虽然在所有语言中普遍存在，但它们只是语言的一小部分。因此，尽管拟声说在解释语言某些方面的起源上具有价值，但它并不能全面解释语言的多样性和复杂性。

（二）契约说

契约说是另一种关于语言起源的理论，它将语言的形成视为一种社会约定或协议的结果。例如，在猎杀动物时说“刺”和“砸”，在制造工具时说“磨”，在搭建住所时说“拉”等。在这个过程中，人类的发声器官在不断进化，这极大地促进了大脑的进化，从而使语言迅速发展形成。① 这个理论的重点在于强调语言作为一种沟通工具的约定性质以及这种约定是如何在社会成员之间达成的。

历史上的多位思想家对契约说进行了阐述。18 世纪的法国哲学家卢梭（Jean-Jacques Rousseau）在《论语言的起源》中提出，人类创建语言是为了建立在平等基础上的社会交流。他将语言比作一种社会契约，即社会的每个成员都同意使用特定的符号和规则来进行交流。

中国古代哲学家荀子在《荀子 · 正名》一文中提出了相似的观点：“名无固宜，约之以命，约定俗成谓之宜，异于约则谓之不宜。”这句话的意思是事物的名称没有本来就合适的，对其加以命名，约定的名字得

① ［古希腊］亚里士多德 . 范畴篇：解释篇 [M]. 方书春，译 . 北京：三联书店出版社，1957 : 21.

到了公认就是合适的，否则就不合适。这表明语言和其表示的意义是可以通过社会协议被改变的。同样，亚里士多德（Aristotle）在《解释篇》中也认为语言的形成和发展基于惯例，因为名称没有天然产生的道理。

尽管从现代科学的角度来看，契约说可能无法全面解释语言的所有方面和复杂性，但它为人们提供了一个有价值的研究视角，即将语言看作一种社会和文化现象。通过研究语言的约定性质，人们可以更好地理解不同文化和社会是如何通过语言来构建和表达他们的身份、规则和价值观的。

（三）生物进化说

生物进化说侧重于人类进化的生物学基础和语言起源之间的联系。其支持者认为，人类祖先早期学会了直立行走，这不仅开阔了他们的视野，还使得他们呼吸更加顺畅，从而促进了大脑和神经系统的进化。这种生物学上的进步为语言的产生和发展奠定了基础，使得人类能够产生更复杂的声音并进行高级的思维活动。这一理论强调了语言与人类生物学进化之间的内在联系。

语言的起源不仅是为了满足人类之间交流的需求，也关系着发声器官的发展。实际上，在早期的人类劳动中，语言就得以萌芽并逐渐发展。这表明，劳动是语言产生的关键因素之一。随着古人类逐渐适应环境，学会直立行走，他们的发音器官也相应发展，进而使得他们能够更加灵活地使用和调整语言。因此，可以说，劳动不仅训练了人的发音器官，也促进了他们的思维发展，从而推动了语言的诞生和进步。

简而言之，语言的形成和人类的进化以及社会的发展紧密相连。随着人类思维能力的提升，语言能力也随之增强。因此，语言既是人类进化过程中的产物，也是社会发展到一定阶段的结果。

二、语言的发展

语言，作为人类交流的核心工具，其多样性和一致性受到社会结构变化的直接影响。社会的分化往往导致不同群体之间交流的减少乃至中断，随着时间推移，这种情形促使了语言差异的产生和不同语言的形成。在语言的发展过程中，变化最为迅速的领域莫过于词汇。随着新事物的出现和旧事物的淘汰，语言不断进化，但每个阶段都会在语言中留下独特的痕迹，记录着时代的变迁和文化的发展。

（一）语言发展的特征

语言的发展与变化是一个复杂而又多维的过程，呈现出以下几个特征（图 1-3）。

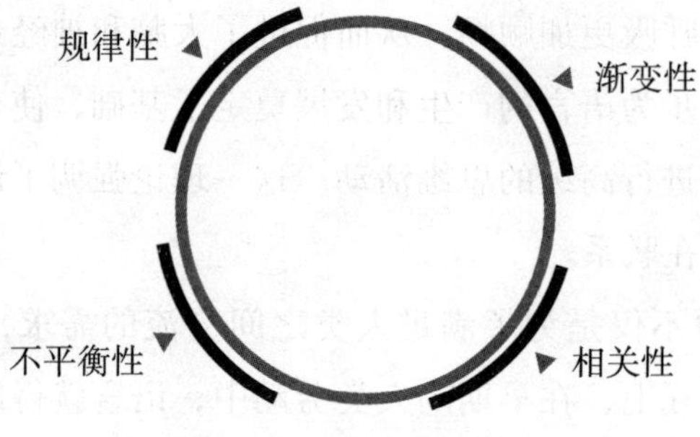

图 1-3　语言发展的特征

1. 规律性

尽管语言的发展看似自由无序，但实际上语言的发展遵循着一定的规律。不同的语言，甚至同一种语言在不同地区，其发展规律可能各不相同。语言的各个子系统，如语音、词汇、语法等，其发展过程也各有规律。但是所有语言的变化都不是随机的，它们都受到一定规律的制约。这些规律可能源自语言内部的结构特性，也可能是受到外部社会文化因素的影响。识别和理解这些发展规律对于揭示语言变化的本质，预测语言未来的发展方向具有重要意义。

2. 渐变性

语言的发展变化是逐步发生的，而不是像生物进化中的基因变异那样突然发生。这种渐进性变化主要由两个因素驱动。其一，语言作为人类在社会生活中不可或缺的交际工具，其稳定性至关重要。如果语言变化过快，人们将难以掌握和使用这一工具，进而影响日常交流和社会秩序。其二，无论是在日常生活还是在社会生产中，稳定的语言都是人们进行交流、协作和管理的基础。随着社会的进步，语言也需要相应地发展以适应新的交际需求。因此，语言在保持稳定的同时，要有必要的发展和变化，以适应社会发展的需要。

3. 相关性

关于语言发展的相关性，它强调在语言系统中，不同语言单位和规则之间存在着紧密的联系。语言的任何一个组成部分的变化都可能会引起系统内其他部分的变化，这些变化既可以是直接的，也可以是间接的。例如，汉语中轻声的出现不仅改变了汉语的语音系统，还可能影响词汇的强弱格局和句子的节奏，进而影响人们的语言表达习惯和交际模式。轻声的产生与发展不仅反映了语音变化的自然规律，也与当时社会的文化背景、语言接触等因素有关，体现了语言变化的复杂性和系统性。

4. 不平衡性

语言的发展和变化具有显著的不平衡性，这种不平衡性体现在多个层面。在语言的各个要素之间，如语音、语法、词汇等方面的发展速度和程度往往不一致。例如，词汇的变化速度通常比语法结构的变化速度要快，因为社会变迁和科技进步会直接导致新词的产生和旧词的消亡。

不同时期语言的发展变化速度也存在差异。在某些历史时期，由于文化交流或社会变革等原因，语言可能会经历较快速的变化；而在其他时期，语言变化就可能相对缓慢。最后，语言发展在地域上的不平衡性也非常明显。由于地理隔离、文化差异等因素，同一语言在不同地区的发展也不同，可能会形成方言，甚至最终演化为不同的语言。

（二）语言发展的途径

1. 语言的接触

语言接触是随着人类社会的交流而自然发生的现象，当不同文化背景和地区之间的人进行交流时，他们的语言也必然会相遇并互相影响。这种影响可以体现在多个层面上，包括词汇、语音和语法等。

一方面，语言接触促进了词缀的借用，这不仅有助于人们的表达性语言和接受性语言的发展，也是语言进步的标志。例如，英语词汇中就包含了许多融合了其他语言词缀的单词。此外，词语的互借也是语言接触的常见现象，汉语在发展过程中就借用了很多外来词，如“浪漫”“感性”“因果”等，同时，汉语词如“茶”“瓷器”“丝绸”等也被其他语言所吸收。

另一方面，随着不同文化和民族之间的深入交流，语音和语法的互相借代现象也日渐明显。这种深层次的语言接触甚至可能导致某些语言特征的消失与新特征的形成。长期的语言接触还可能导致两种语言形成许多共同的语法和语音特征，如巴尔干半岛的多种语言就因为长期共存而发展出了许多共同的语言特点，形成了所谓的“巴尔干语言联盟”。双语或多语现象在全球多个地区普遍存在，如一些区域或民族采用两种甚至多种语言进行交流，反映了语言接触和融合的深远影响。这些现象不仅体现了语言的多样性，也展示了语言发展和演变的复杂性。

2. 语言的融合

（1）语言强迫同化。在语言的融合过程中，语言强迫同化是一种极具争议的方式，往往伴随着统治者对被统治民族的文化压迫。通过这种方式，统治者试图削弱被统治民族的文化意识，强迫他们放弃自己的语言和文字，转而使用统治民族的语言和文字。然而，历史证明，这种强制性的同化往往难以达到预期的效果。

语言强迫同化可以通过多种途径实现。在经济层面，经济发展较快的国家或地区往往会利用其经济优势，使得本国或本地区的语言逐步成为全球范围内的主导语言。在政治层面，某些政权会利用政治力量加速特定语言的普及，要求所有人必须使用该语言，从而加强对其他语言的同化。在文化领域，一些国家通过强化自身文化的传播，可以有效提升本国语言在国际上的地位和影响力。而教育同化则是通过教育体系的普及，推动语言的同化，使得人们从小学习和掌握官方语言，将其作为学习其他学科的基础工具。这些同化方式虽然在一定程度上能够推动语言的统一和融合，但同时可能引发文化冲突和民族身份的流失，因此其效果和影响是复杂且双面的。

（2）语言非强迫同化。语言非强迫同化是一个过程，其中一个民族因为对另一民族的语言和文化的钦佩和尊重，自愿放弃或减少使用自己的语言，转而学习和采纳那个民族的语言和文化。由于这种同化形式涉及自愿选择，因此通常能够取得积极的效果。例如，北魏时期，统治者出于对汉文化的钦佩，主动实施了使用汉语的政策，这反映了统治者主动寻求文化和语言融合的态度。

在这种非强迫同化的背景下，人们可以发现，语言的强弱并不完全取决于经济、政治、军事等硬实力。实际上，一种语言成为主导语言的因素包括经济发展水平、文化影响力、政治稳定性，以及使用此种语言的人口数量和该语言本身的丰富性等多个方面。语言的非强迫同化显示了文化吸引力和语言美感对于语言选择和使用的重要性。

（3）语言混合。语言混合是两种或多种语言融合形成的一种新的语言，与单纯的语言同化不同，它更像是一种双向或多向的融合过程。

语言混合的典型例子是洋泾浜语，洋泾浜语起源于上海的一个特定社区，那里居住着本地人和外国人。当地的华人在与外国人进行贸易和沟通时，尝试使用英语，但受其母语语言习惯的影响，他们倾向于用汉语的语法规则去构建英语句子，这种独特的语言使用方式最终形成了洋泾浜语。这种语言主要由英语词汇构成，但语法和发音受到汉语的影响。

此外，语言混合的例子还有克里奥尔语。克里奥尔语通常出现在种族、语言背景多样的社群中，特别是具有殖民背景的国家或地区。在这些地方，为了便于交流，人们会将殖民者的语言进行本地化改造，用作日常交流和下一代的母语教学。随着时间的推移，这种混合语言逐渐丰富和规范，发展成为完整的克里奥尔语，拥有自己独特的语法和词汇体系。

（三）制约语言发展的因素

人类生活的每个方面都涉及语言，因此，人们在语言发展的研究过程中，也要从多个方面寻找制约语言发展的因素（图 1-4）。

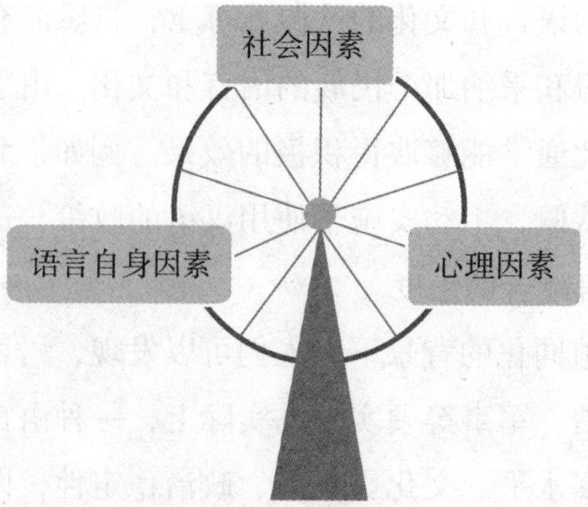

图 1-4　制约语言发展的因素

1. 社会因素

语言作为人类社会交流的核心工具，其发展和变化与社会的各个方面紧密相关。语言发展的背后，社会因素起到了决定性的作用。

（1）战争的影响。历史上的战争不仅改变了国家的地理边界和人们的生活，也深刻地影响了语言的演变。每一场战争的结束都可能带来语言的融合和借代。例如，二战结束后，随着美国在世界范围内影响力的逐步增强，英语成为国际交流的主要语言之一，很多英语词被全世界广泛借用。战争也促进了不同语言之间的相互作用。战争期间或战争结束后，人们为了沟通协作往往会借用或学习其他语言的词汇和表达方式，从而使语言更加多元化。

（2）科技进步对语言的影响同样不容小觑。随着科学技术的发展，许多新的概念和物品出现，这些新事物往往需要新的词汇来描述和命名。例如，互联网的出现带来了“网站”“链接”“浏览器”“云计算”“数据推送”等一系列新词。此外，科技进步还改变了人们的交际方式，例如，社交媒体和即时通信软件的普及，促进了网络语言的形成和发展，出现了“LOL（大笑）”和“OMG（哦！我的上帝）”等网络流行语。

2. 心理因素

人们在使用语言进行交流时，语言的形态和用法不仅受到外部环境的影响，还深受使用者心理状态的影响。当人们感受到压力或紧张时，他们的语言使用往往会变得更为直接和简洁。例如，在紧张的商务谈判中，参与者可能会使用更少的礼貌用语和更多的直接命令语句，这是因为心理压力影响了他们的交流方式，使得他们更倾向于直接表达意图而非花时间进行周全的表述。这种心理状态的变化直接影响了语言的选择和表达方式，显示出在高压环境下人们可能会减少语言的复杂性，以便更快地达到沟通的目的。

3. 语言自身因素

语言自身的结构和规则会影响语言的发展和变化。语言是一个复杂的系统，其内部存在诸多规则，也存在不少潜在的矛盾和冲突。这些内部矛盾可能会导致语言中的一些“异常”现象，如某些规则的例外情况或新的语言用法的出现。这些异常现象有的可能很快消失，有的则可能被语言社群接受并成为语言发展的一部分。随着时间的推移，这些矛盾和变化促进了语言的持续发展，使语言更加丰富多样。

第三节　语言的功能与类别

一、语言的功能

语言作为一种复杂的符号系统，不仅能够通过语音、文字等符号来表达外部世界的事物和概念，还能够在不同的文化和社会背景中赋予这些事物以特定的意义和情感。语言学家尤金 A. 奈达（Eugene A. Nida）指出，语言的功能突出体现在心理学功能和社会学功能两个方面。[①]

（一）语言的心理学功能

语言的心理学功能是人们认知外部世界、尝试与客观外部世界沟通的手段，属于内在的、主观的功能。具体可分为认知功能、命名功能、陈述功能、表达功能和建模功能（图 1–5）。

① ［美］A. 奈达 . 语言文化与翻译 [M]. 严久生，译 . 呼和浩特：内蒙古大学出版社，1998：8-22.

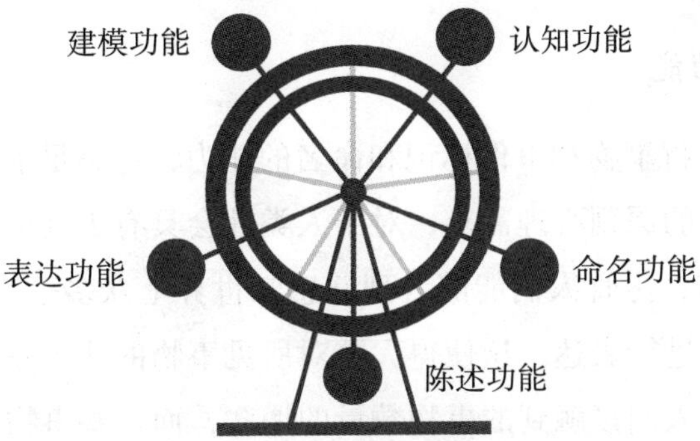

图 1-5 语言的心理学功能

1. 认知功能

认知功能强调了语言不仅是交流的工具，更是思考的媒介，它是语言的核心功能之一。语言是人们进行思维活动的关键载体，它伴随着人们从最简单的思考过程到复杂、抽象思维的每一步。通过语言，大脑能够执行记忆、比较、分析、概括、判断、推理以及创造等多种高级思维活动。正是依靠这种能力，人类的智力才能得以发展，创造出丰富多彩的物质和精神文化，极大地丰富了人类的世界。语言不仅帮助人们记录和传播知识，也促进了思想的交流和创新，使得文化得以传承和发展，进一步推动了人类社会的进步。

例如，当一位通常参加会议十分准时的同事未能出现在一场重要会议上时，人们可能会有如下思考："他通常很有时间观念，绝不会无故缺席，或许他遇到了紧急情况或交通堵塞。"这种推理过程依赖语言，帮助人们基于以往的经验和现有信息作出合理的推断；在阅读一篇关于远方国家的旅游指南时，人们可能会想象那里的景色和文化："这个地方被称为'世界的尽头'，那里一定有非同寻常的自然风光和独特的文化传统。"通过阅读旅游指南上的文字，人们能够在心中描绘出关于该地方的画面。

2. 命名功能

语言拥有将事物和事件标记和命名的能力，这满足了人类将个人体验归类并命名的深刻心理需求，对于人类社会具有极其重要的意义。在语言出现之前，尽管人们能够看到并感知世界上众多事物之间的差异，却难以有效地进行表达。这使得大脑对所见事物的认识停留在简单的意识层面。随着人们接触到的事物数量的增多，而这些事物又缺乏明确的标识或名称，人脑的记忆负担加重，记忆功能随之下降，对事物的表达也变得困难。

为了缓解这种状况，人们开始给周围的事物命名，事物名称的出现极大地丰富了人们对世界的理解和认识。例如，在古代，人们会给周围的动植物命名，这不仅便于记忆，还能帮助他们更深入地理解自然世界的复杂性。语言的出现和演进使得为不同事物命名、赋予它们不同的意义成为可能，极大地提升了人类的记忆力和理解能力，进而促进了人类智力的整体发展。通过命名、分类、传承和抽象思考，语言构成了人类文明发展的核心。

3. 陈述功能

语言除拥有命名功能外，还拥有阐释事物之间关系的功能。随着社会的不断发展和人类文明的进步，语言仅有的命名功能已远远不能满足人类日益增长的交流和生活需要。在日常生活中，无论是人与人、人与物、还是物与物之间，都存在着多种多样的关系，这些关系可能是隐蔽的，也可能是显而易见的。正是因为如此，人们迫切需要一种工具来表达、阐释这些复杂的关系。语言作为这样一种工具，使得描述和解释这些关系成为可能，满足了人们对于交流更深层次内容的需求。

例如，你和朋友一起去了一家新开的咖啡馆，你们进入咖啡馆后被店内温馨的装饰和舒缓的音乐所吸引。在选择座位的过程中，你注意到墙上挂着一幅画，画中是一片宁静的海滩。你点了一杯咖啡并发现咖啡的味道出乎意料地好。此时服务员走过来，微笑着询问你们的体验。你对她说："这里的环境真是太棒了，咖啡味道也非常好。"回家后，当家人问起你的一天，你会这样描述："今天我和朋友去了一家新开的咖啡馆，店内的装饰和音乐都非常令人放松。墙上还有一幅很美的风景画。他们的咖啡味道非常好，我非常推荐。"在这个例子中，语言陈述了多个事件和事物之间的联系：咖啡馆的环境、咖啡的味道以及与服务员的交流。这些描述不是简单的命名，而是构建了一系列的命题，进而形成了一个完整的故事篇章，有效地表达了你在咖啡馆的体验。

4. 表达功能

语言作为人们表达个人情感和主观感受的重要手段，可以通过一个词、短语或完整句子来体现。这种功能使得人类能够展现对外部世界的直接反应。例如，面对喜欢的事物，人们可能会自然而然地说出"太美了！""好漂亮的花朵呀！"或"我太高兴了！""好美味的蛋糕啊！"等语句来表达喜悦；在表示赞同或支持时，人们可能会用"当然可以！"或"完全同意！""没有问题！"等语句来表达；而面对意外或令人不安的消息时，人们可能会用"真的吗？"或"不可能！"等语句来表达惊讶或拒绝。除了日常的情感表达，语言的表达功能还体现为人们通过精心挑选的词汇和句子结构来传达复杂的思想和深层的情感，如演讲词、散文或诗歌等形式。从精心选择词汇到运用不同的修辞技巧和语言结构，人们可以表达一系列复杂的情感和心理状态。例如，在写作一篇散文时，作者通过对韵律、节奏的把握以及对词汇意象的精心选择，在传递信息的同时能够激发读者的情感共鸣，引发读者深层次的思考和感悟。

语言的表达功能超越了日常交流的需要，使人们能够充分地抒发情感，并营造独特的心理氛围。语言的表达功能不仅体现在演讲词、散文或诗歌等艺术形式中，也融入了人们生活中的各种语言使用场景，使得语言不仅是信息传递的载体，更是情感和美的传达工具。语言的表达功能还体现在其能够营造特定的心理氛围上。通过调整语调、选择具有情感色彩的词语，甚至构建特定的叙述框架，语言能够营造出愉悦、轻松、紧张或庄严等不同的氛围，影响听众或读者的心理状态和情绪反应。美学在语言表达中的角色尤为重要，它不仅关乎语言的形式美，如对称和协调，也涉及语义层面的深度和丰富性。对美学的追求使语言获得了超越直接功能的价值，成为人类文化和情感表达的重要载体。

5. 建模功能

语言拥有构建和反映现实世界认知模型的能力，这源于语言和文化的进步以及人类认知与表达能力的增强。随着时间的推移，语言中的词汇不仅仅用于简单的交流，它们开始形成一种能够映射和概括客观世界的复杂系统。在这个系统里，词汇被组织成不同的层次，较具体的词汇被称为“下义词”，而概括性的、层级较高的词汇被视为“上义词”。这样的层次划分使人们能够通过语言构建出一个全面、多维的对现实世界的理解框架，有效地将复杂的现实世界简化、模型化，进而加深人们对世界的认识和理解。

例如，“通信设备”。在科学技术不太发达的年代，“通信设备”可能只包含非常基础的信息传播工具，如信鸽或烽火。随着时间的推进以及科学技术的进步，电话、电报等被纳入“通信设备”的范畴，这时，“通信设备”成了一个上义词，而“电话”“电报”则成为下义词，指代更具体的事物。进入21世纪，随着智能手机、平板电脑以及其他通信工具的发展，“通信设备”这一上义词中又新增了许多下义词，如“智能手机”“平板电脑”等。在这个例子中，“通信设备”作为一个上义词，反映了从基本到复杂的各种通信工具的整体类别。而随着科技的发展，原本属于具体设备的“电话”也可能转变为一个包含固定电话和移动电话等多个子类别的上义词，显示出语言的动态适应性和建模能力。

通过语言的建模功能，人类能够将复杂的世界以层次分明的方式组织起来，从而更有效地学习和传递知识。这不仅增强了人们对客观世界的理解，也提升了人类的语言表达和认知能力。

（二）语言的社会学功能

语言的社会学功能主要体现为语言是人类重要的交际工具。其不仅显而易见，还具备交互性。简而言之，语言使得人与人之间的信息交换和情感共享成为可能，通过语言，人们能够表达自己的想法、感受，并理解他人的意图和情绪，进而促进人际关系的建立和维护（图 1–6）。

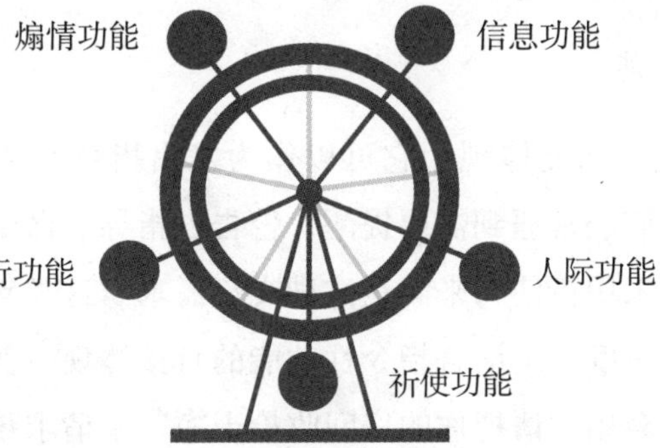

图 1–6 语言的社会学功能

1. 信息功能

语言作为传递信息的工具，其功能在于：通过语言，人们能够分享知识、想法和情感。在日常对话中，人们通过语言交换各种信息，这些信息可能是简单直接的，也可能是含有深层次意义的，需要进一步思考才能完全理解。值得注意的是，为了确保信息能够被接收者理解，信息发出者传递的信息应当符合接收者的认知水平。例如，向没有接受过专业教育的幼儿讲授高深的历史或科学概念往往是不切实际的，因为这超出了他们的理解范畴。信息的正确匹配是信息交换的关键。

2. 人际功能

语言在维护和改善人际关系中扮演着关键角色。人们在社交过程中，根据与对方的关系、社交场合的性质，会灵活运用不同风格的语言，如在正式场合使用礼貌用语，在外交场合采用外交用语，或者在法庭上使用专业的法律术语。这种策略不仅有助于赢得他人的尊重，同时能体现出说话人的身份和地位。此外，语言在维系人际关系方面也发挥作用，有时候人们交谈的目的并非真正想了解对方的具体情况，而是通过寒暄来表达关心之情，如“吃饭了吗？”“干什么去？”“最近怎么样？”等日常问候。

3. 祈使功能

语言的祈使功能体现为它可以作为发出指令和请求的手段。在日常交流中，人们经常遇到需要提醒、警告、指导、命令或请求他人的情况，这时便会采用祈使句来满足这种交流需求。这类句型能够直接影响听众的行动或态度，是语言指令性功能的直接体现。例如，在家庭生活中，父母可能会用“请把你的房间收拾干净”来请求孩子做事；在工作场合中，上司可能会用“三天内完成这项报告”来指示下属完成任务。

4. 述行功能

语言的述行功能指的是发言人通过言语宣告某个行为的开始或某个事件的发生、进展和结果。通常，发言人是具有一定权威的个人或机构代表，他们使用正式、规范的语言公开声明某一事件或行为。例如，政府官员在新闻发布会上宣布政策决定，或国际组织在会议上公布未来的活动计划。这些宣言不仅传达了信息，也具有一定的法律或社会效力。

5. 煽情功能

语言的煽情功能强调了语言在激发和影响人们情绪上的能力。在某些场合下，说话者的目的并非传达具体信息，而是引起听众的情感共鸣。这种功能往往通过富有内涵的词汇来实现，因为这样的词汇更能触及听众的内心。例如，一位演讲者可能会用充满激情的言辞来激励听众面对挑战，一个作家可能会通过文字唤起读者对美好回忆的温馨感受。这种语言的使用，目的在于激发听众的内在情感，使之产生共鸣。

二、语言的类别

语言是一个复杂而多维的系统，为了更深入地理解其本质和功能，可以将其划分为两个主要类别：内部语言和外部语言。

（一）内部语言

内部语言代表了一种在人们心中进行的语言活动，它与人们平时用于交流的外部语言有所不同。这种语言活动不需要声音或者文字的形式就可以进行，它虽然不直接涉及人与人之间的沟通，但在人们使用外部语言时起着至关重要的作用。为了保证人际交流的顺畅，人们需要充分利用内部语言的力量。

（二）外部语言

外部语言强调的是与他人进行沟通、交流的过程。外部语言一般表现为口头语言和书面语言两种形式。

1. 口头语言

口头语言是通过人的发声来传达思想和感情的一种语言形式，主要包括对话和独白两种类型。

（1）对话语言。对话语言构成了人际交流的核心，它发生在两个或多个人之间，通过直接的语言交换来分享信息、思想和感情。这种语言形式灵活多变，无论是轻松的日常对话还是团队讨论，都属于对话语言的范畴。它不仅是传递信息的工具，更是维系社会关系和人与人之间增进理解的桥梁。对话语言的独特之处在于它的双向性，参与者既是信息的发出者也是接收者，这种互动性使得对话成为人们相互理解和学习的有效途径。从更宏观的视角来看，对话语言是所有语言形式发展的基础，书面语言和其他复杂的语言结构都源自人类早期的对话实践。

（2）独白语言。独白语言是个体在没有直接回应的情况下表达思想和情感的一种方式。这种语言形式常见于需要单方面传递大量信息或表达个人见解的场合，如公众演讲、学术报告或课堂授课。与对话语言相比，独白语言更加关注内容的逻辑性，旨在清晰、有效地向听众传达特定的消息或启发听众思考。独白语言的挑战在于如何在没有直接互动的情况下，保持听众的兴趣和注意力，这要求使用者不仅要有丰富的知识积累，还需要掌握一定的演讲技巧和情感表达能力。通过独白，个人可以影响、教育或激励他人，进而在社会交流中发挥重要作用。

2. 书面语言

书面语言以文字形式出现，是人们通过写作来表达感情和思想的过程。与口头语言相比，书面语言更强调通过阅读文字获取信息和灵感。在人类历史上，书面语言的出现时间比口头语言晚，它的发展始于文字的创造。尽管口头语言是人类长期以来持续使用的交流方式，但书面语言的引入也为人类的沟通方式带来了新的维度，使得知识的保存和传播成为可能。

内部语言和外部语言是语言体系中不可分割的一部分，它们之间存在着紧密的联系。具体来说，没有外部语言的环境，内部语言就无法形成；同样，如果缺少了内部语言的规划和调节，外部语言的表达也会变得困难。内部语言与外部语言是互相依存的，一旦分离，双方都无法正常发挥作用。因此，内部语言和外部语言在语言活动中扮演着互补的角色，它们之间的相互影响关系对于语言的使用至关重要。

第二章　文化概述

第一节　文化的定义与特征

一、文化的定义

“文化”这一概念一直是学术界探讨的热门话题，由于其内涵的多样性和复杂性，学界至今未对“文化”这一概念形成统一的认识。早在1952年，美国人类学家克罗伯（Kroeber）和克拉克洪（Kluckhohn）就尝试汇编了多达166种不同的文化定义，展示了这个概念的多维度和广泛性。70多年过去了，人们对文化的理解更加多样，形成了成千上万种定义。

从词源学角度分析，“文化（culture）”这个词来源于拉丁语的cultura，原本指的是人类通过耕种、培育、教育和学习等行为形成的各种物质和非物质成果。赫斯科维茨（Herskovits）在其著作《文化人类学》中给出了一个开放式的定义：所有人类创造的、超越自然界的事物都属于文化。这个定义使得文化的范畴有所拓宽——不仅包括有形的物质产品，也涵盖了那些影响人类行为和思维方式的无形的社会规范和价值观。虽然该定义最终未被人们普遍采纳，但赫斯科维茨的观点无疑深刻指出了文化的多元性和综合性。

还有一部分学者认为，文化就是对某一民族和地区文明的描述。这一流派的代表性定义来自英国人类学家泰勒（Tylor），泰勒认为从广泛的民族学意义来讲，文化就是一个复合整体，这个整体包括知识、信仰、艺术、道德、法律、习俗以及作为一个社会成员的人所习得的其他一切能力和习惯。[①] 这个定义广泛而全面，强调了文化在人类社会生活中的深刻影响力和广泛存在性。这也是较早提出的有关文化的较为科学全面的定义，被学术界广为认可，沿用至今。

也有部分学者将文化视为一种社会规范和价值观，是一个社会群体中的人们习得的知识在风俗、传统以及规制和制度方面的体现。例如，美国文化人类学家 S. 南达（Nanda, S.）表示，文化作为理想规范、意义、期待等构成的完整体系，既对实际行为按既定的方向加以引导，又对明显违背理想规范的行为进行惩罚，从而遏制了人类行为向无政府主义倾向的发展。[②]

中国学者张岱年和方克立则认为，文化是人类在处理其与客观现实的关系时所采取的行为和思维方式及其所创造出来的一些成果，是活动方式与活动成果的辩证统一。[③] 张岱年和方克立提出的文化定义强调了文化是人类与客观现实互动中产生的行为、思维方式以及由此创造出的成果。这个观点揭示了文化既是过程也是结果，指出了文化的双重性质：一方面，文化体现为人类活动的方式；另一方面，文化体现为这些活动所创造的成果。这种定义从根本上强调了文化的实践性和创造性。

中国学者辜正坤认为，文化是“人和环境互动而产生的精神、物质成果的总和。这个总和中可以包括生活方式、价值观、知识、技术成果，以及一切经过人的改造和理解而别具人文特色的物质对象”[④]。辜正坤对文化的理解则更侧重于人与环境的互动，认为文化是这种互动过程中产生的精神和物质成果的总和。通过这一定义，辜正坤强调了环境对文化形成的重要作用，指出文化不仅包含物质成果，如技术、器物等，

① ［英］泰勒．原始文化 [M]．蔡江浓，译．杭州：浙江人民出版社，1988：1.

② ［美］S. 南达．文化人类学 [M]. 刘燕鸣，韩养民，译．西安：陕西人民教育出版社，1987：46.

③ 张岱年，方克立．中国文化概论 [M]. 北京：北京师范大学出版社，1994：1-4.

④ 辜正坤．中西文化比较导论 [M]. 北京：北京大学出版社，2007：1.

也包括精神成果，如价值观、知识等。这一视角展现了文化的广泛性和复杂性，同时突出了人类主动改造环境并通过这一过程形成文化特征的能力。

中国学者钟敬文认为，凡人类，具体点说，是各民族、各部落乃至于各氏族，在经营社会生活过程中，为了生存或发展的需要，人为地创造、传承和享用的东西，大都属于文化范围。它既有物质的东西（衣、食、住、工具及一切器物），也有精神的东西（如语言、文学、艺术、道德、哲学、宗教、风俗），当然还有那些为取得生活物资的活动（如打猎、农耕、匠作）和为延续人种而存在的家族结构以及其他各社会组织。[①] 钟敬文的文化定义从人类社会生活的实践出发，强调了文化是人类在社会生活经营过程中为了满足生存和发展需要而创造、传承和享用的所有东西。这个定义涵盖了文化的物质和精神两个方面，认为从衣、食、住到语言文学，从日常工具到社会组织都是文化的一部分。钟敬文的这一观点揭示了文化的全面性，强调了文化既是生活的“必需品”，也是人类智慧和创造力的体现，体现了文化在人类生活中的普遍性和深远影响。

分析以上学者对文化的理解可知，文化既是历史的积淀，也是当下实践的产物，体现了人类对其所处环境的认知、改造与适应过程。从根本上讲，文化是人类在与自然环境和社会环境互动中，通过实践活动产生、积累并传承下来的知识、信仰、艺术、法律、道德、风俗及其他能力和习惯的总和。这个定义吸纳了中外学者的深刻见解，不仅捕捉到了文化在形式上的多样性——从物质文化到精神文化，从生活方式到思想观念，也揭示了文化的本质属性——文化既是人类社会存在和发展的基础，又是个体和集体认同感、归属感的重要来源。

在这个框架下，文化不仅是一种被动的存在，更是一个动态的过

① 钟敬文 . 话说民间文化 [M]. 北京：人民日报出版社，1990：35.

程，涉及创造、传播、交流和演变。它是人类智慧和创造力的体现，是人们共同生活的方式，也是个体在社会中进行自我表达和自我实现的平台。文化的核心在于它的传承性和创新性：一方面，文化保持着对过去的尊重和继承；另一方面，文化又不断吸纳新的元素，以适应不断变化的环境和时代需求。因此，文化是一个开放的系统，它既反映了人类社会的历史和传统，又预示着社会的未来和发展方向，是连接过去、现在与未来的纽带。

二、文化的特征

尽管文化概念的复杂性和其内涵的丰富性使得研究者难以用简单的言辞全面概述与文化相关的各个方面，但这并不影响研究者概括出“文化”一词所指涉事物的基本特征。本书认为，文化的特征主要体现在以下几个方面（图 2-1）。

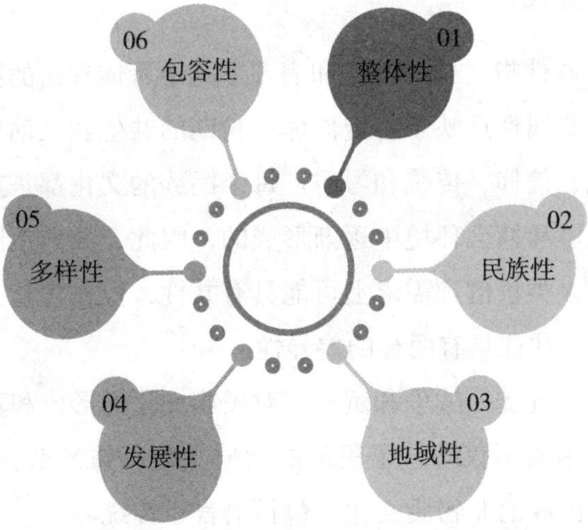

图 2-1 文化的特征

（一）整体性

文化的整体性展现了其作为一个复杂、多维的概念，远超过简单的子概念如文字、礼仪、信仰等的总和。它是社会传统的集合体，是由众多文化子系统，包括宗族、教育、经济、政治等编织而成的庞大网络。这些子系统进一步细分为风俗、信仰、礼仪、知识等多种元素，进而构成了文化的丰富层次。尽管文化元素繁多，它们并非孤立存在。相反，它们通过各种联系相互作用，形成一个错综复杂的网络。这种互动意味着任何一个文化元素或子系统的改变都可能触发整个文化体系的连锁反应。

这些互动的线索包括组织结构、合作关系以及事件的关注点，形式多样。在这些互动中，人际传播对人们的态度、价值观、行为等更深层面有着较大影响，其影响力通常超过大众传播等其他传播形式。简而言之，文化是一个综合的、互联的系统，其内部的每一部分都在不断地通过传播与交流，塑造着社会的面貌和个体的生活方式。

（二）民族性

文化的民族性指文化的特征和表现形式中所体现出的独特的民族或种族属性，这些属性反映了特定群体在长期的共生和互动中形成的生活方式、价值观、信仰、传统和习俗。每个民族的文化都是在其特定的地理、历史、经济和社会环境中逐渐形成的，因此，虽然不同民族的文化在某些基本的人类价值和需求上可能具有共性，但在表达方式、实践习俗和内涵理解上往往具有明显的差异性。

历史事件、迁徙、战争和贸易等对民族文化的形成和发展有着深刻的影响。这些因素不仅塑造了民族的物质文化，如艺术、建筑和工艺，也深刻影响了民族的非物质文化，包括语言、传统习俗、宗教信仰和价值观。长期的历史经验，作为民族记忆的一部分，成为连接过去与现在的桥梁，不仅塑造了民族的身份，也影响了人们对未来的期待和追求。

不同的社会组织和经济活动方式在很大程度上决定了一个民族的文化特性和生活方式。这种影响不仅体现在日常生活的具体实践中，也深入价值观念、社会结构和精神追求的核心层面。如农耕社会通常建立在稳定的地理位置上，依赖周期性的农业生产活动。这种依赖使得人们对季节变化十分敏感，对土地有着深厚的感情。因此，农耕社会中的文化倾向于强调与自然的和谐共处、稳定和持续发展。在这种文化背景下，社会组织往往比较稳定，以家庭和宗族为中心，形成了较为复杂的社会等级和分工。与农耕社会相比，游牧社会的经济活动以畜牧业为基础，通过频繁迁徙来寻找草场和水源，以维持正常生活。这种生活方式促使游牧文化强调自由、移动性和对环境的适应能力。

（三）地域性

文化的地域性指文化特征在特定地理区域内的独特性，这些特征深受当地自然环境、历史演变和社会结构的影响。虽然随着经济全球化的推进，各地文化之间的交流和融合日益加深，但地域性的特点依然明显，尤其当涉及不同文化背景的国家时，如中国与西方国家，这种差异尤为显著。

中华文化源远流长，具有深厚的历史积淀和地域性特色。中国的饮食文化就极具地域性，北方地区的人们偏好面食，如面条、饺子，而南方人则以米饭为主，沿海地区的人们更喜欢吃一些海产品，产生这种差异的原因在于地理环境和农作物种类的不同。很多西方国家尽管在某些基本价值观上有共通之处，如民主和自由的理念，但在艺术、饮食和生活习惯等方面也展现出明显的地域性差异。例如，意大利的饮食文化以面食和葡萄酒著称，强调食材的新鲜和地中海饮食的健康理念；英国的饮食文化则以肉类和乳制品为主，具有代表性的饮食有英式早餐和下午茶。在艺术方面，意大利文艺复兴时期的艺术与北欧国家的现代主义艺术风格迥异，反映了各自独特的历史背景和审美取向。

（四）发展性

虽然文化在某种程度上具有稳定性，但它的发展和演变是不断进行的，这一点在文化间的交流和相互影响中尤为显著。全球各地的贸易活动和互联网技术的广泛应用为不同民族文化的交流与碰撞搭建了平台，使得各种文化面对新挑战的同时抓住了新的发展机会，实现了自我超越和提升。例如，中国文化的现代化，它的发展明显受到了两大文化力量的影响：一是外来的西方文化，二是中国自身悠久的传统文化。

这种双重影响促进了中国文化的现代化进程。例如，西方的科技和管理理念与中国的传统价值观和艺术形式相结合，促成了新的文化表现形式；在现代中国建筑中融合传统风格的设计理念以及在流行音乐、影视作品中融入中国元素，都是中国文化的创新应用，也展现出独特的美学特色。这些现象不仅体现了文化的发展性，也证明了文化在全球化背景下的适应性和创新能力。

（五）多样性

文化的多样性指的是世界各地不同社会、不同群体发展出的独特的生活方式、传统、信仰和表达形式。这种多样性体现在语言、饮食习惯、艺术、宗教信仰、社会习俗等方面。

语言作为沟通的基本工具，不仅承载着交流的功能，还深深植根于特定社群的文化、历史与世界观中。例如，印度的22种官方语言展示了印度国家内部极其丰富的文化。在饮食习惯方面，不同地域的特色食物反映了各自的农业条件、历史背景和宗教信仰。例如，地中海地区的饮食偏好橄榄油、鱼类和新鲜蔬菜，而东南亚的菜肴则以米、鱼和辣椒为主，呈现出各自独有的饮食风味。艺术领域更是文化多样性的直接展现，不同文化背景的人们可以创造出截然不同的艺术形式和表现手法。例如，非洲艺术以图腾和象征性图案传达宗教和社会价值，而欧洲的文艺复兴艺术则以人文主义和自然主义为核心，其各自反映了不同地域和时代的文化特色。

（六）包容性

文化的包容性意味着它能够吸纳并融合多样的元素。随着信息技术的发展、交通运输的便捷以及国与国之间政治、经济交流的频繁，文化的包容性使得人与人之间的交流更加顺畅。在这个过程中，单一民族文化难以孤立存在，它需要不断吸收其他文化中的精华，与不同的文化共存共荣。例如，当代中国的青少年深受日韩文化和西方文化的影响，西方的自由主义和独立精神等价值观通过影视、音乐、时尚等途径进入中国，受到民众的欢迎；在家庭装修方面，人们也愿意探索和采纳西方建筑文化观念，如欧式或极简主义风格，这些现象都是文化包容性的具体体现，体现了文化交流和融合的力量。

第二节　文化的起源与发展

探寻文化的起源和其发展过程，本质上是一次深入了解人类社会变迁的旅程。文化与人类生活紧密相连，其历史不仅反映了人类思想的进步，也映射了经济与政治结构的演变。每一阶段的文化成就都是人类智慧与创造力的结晶，记录了人类在面对自然挑战和社会需求时的解决方案与创新。从原始社会的图腾崇拜到古代文明的文字创造，从中世纪的宗教艺术到现代的科技革命，文化的每一次飞跃都伴随着社会生产力的提升和社会结构的变革。因此，文化的产生和发展推动了人类不断探索、认识和改造世界的进程。

一、原始社会——文化的萌芽阶段

文化，作为人类独有的精神标识，与人类的思想进步和生活需求紧密相连。在人类的发展历程中，文化在原始社会的土壤里生根发芽，通过人类的劳动实践孕育而生。

（一）语言的诞生

在原始社会恶劣的自然条件下，人类为了生存不得不与自然作斗争，这迫使他们必须通过合作来狩猎和采集食物。这种集体劳动的需要促使语言诞生。最初人们依赖身体语言，如面部表情、手势和身体姿态来进行简单的沟通。随着合作活动的愈加复杂，人类出现了对更精细和系统化的沟通方式的需求，这就促进了语言的发展。尽管早期的语言没有文字记录，但口头传说成为文化传承的主要方式，为文化发展奠定了重要基础。

（二）艺术创造力与文化意识的萌芽

随着人类劳动和生活发展的需要，早期的文化意识和艺术创造力开始萌芽。在努力满足基本的生存需求——如食物、衣物和住所需求的过程中，人们逐渐创造出简单的艺术形式。例如，为了美化和增强衣物的实用性，人们开始探索不同的编织技术和染色方法。同时对自然力量的崇拜和早期的宗教信仰促进了宗教艺术的发展，表现为图腾雕刻和祭祀中的歌舞。由于缺乏书写系统，口头文学成为传递历史、文化和知识的重要手段，如英雄传说和对自然现象的口头解释。这些初步的文化和艺术形态不仅体现了人类对生活的适应和对美的追求，也为人类文化的进一步发展奠定了基础。

（三）文字的形成与文明的崛起

原始社会的陶器上刻画的简单符号可能是最早的文字尝试。文字的演变和发展，见证了人类社会从原始向文明的转变。例如，埃及的象形文字和腓尼基人的腓尼基字母，都是人类文化发展进步的重要组成部分。中国的甲骨文更是记录了殷商时期的丰富社会生活，文字的发明不仅打破了语言传递的局限性，也极大促进了知识的积累与文化的发展，引领人类社会进入了一个全新的文明时代。

二、文化的发展

（一）文化发展的三大高峰

人类文化的演进是一个连续不断的过程，但在文化发展的长河中，有三个时期尤为引人注目，它们各自代表了文化发展的重要高峰。

1. 古代文明的光辉

古代埃及、两河流域、古希腊和古罗马文明的成就，可以说是人类文化发展的第一个高峰。这一时期，人类的社会形态主要是奴隶社会，但在这样的社会形态下，人类却创造出了璀璨夺目的文化成就。古埃及的金字塔、两河流域的楔形文字、古希腊的哲学思想和古罗马的法律体系，都是那个时代智慧的结晶。这些文明不仅推动了科学、艺术和哲学的发展，也为后世的文化演进奠定了坚实的基础。它们通过精湛的建筑艺术、深邃的思想体系和先进的政治组织形态，展现了人类对真、善、美的追求和对社会秩序的思考，成为人类历史上一次重要的文化飞跃。

2. 古代东方社会的文化繁荣

随着时间的推移，以中国和印度为代表的古代东方文化，成为人类文化发展的第二个高峰。这个时期，东方世界呈现出了独特的文化特色。中国的儒家思想、道家哲学以及诗歌、书法、绘画等艺术形式，印度的佛教哲学和瑜伽体系，都深刻影响了东方乃至世界的文化格局。这些文化成就不仅体现了人类对世界的深层次探索，也展示了其对复杂社会结构和人类情感的细腻描绘。在这一时期，文化不仅是精神层面的追求，更是社会生活和政治秩序的重要组成部分，体现了人类在和谐与平衡中求发展的智慧。

3. 近代西方的文化革新

近代以来，西方资本主义社会的兴起带来了文化发展的第三个高峰。这一时期，文艺复兴、宗教改革和启蒙运动等思想解放运动，推动了西方社会文化的全面革新。文艺复兴重拾古希腊罗马的文化遗产，强调人文主义和个人价值，宗教改革打破了宗教对思想的束缚，启蒙运动则推崇理性和科学，反对迷信和专制。这些运动不仅深刻改变了西方的文化面貌，也对全人类的文化进步产生了深远的影响。它们促进了科学的发展、民主政治的形成和个人自由的提升，为人类社会带来了前所未有的活力和创新能力，使得文化在这一时期实现了质的飞跃。

（二）文化发展的多元化时代

当今世界，文化的多元化已成为不可逆转的趋势，这种多样性不仅丰富了人类的精神世界，也推动了社会的进步和发展。文化多元化意味着在特定的历史和地理条件下，不同的民族和国家创造和发展属于自己的独特文化。随着时代的演进，这些文化通过交流和融合，形成了一个多元共存的全球文化格局。

在这个文化多元化时代，每个民族和国家都努力保持自己文化的独立性和完整性，同时积极吸收外来文化的精华，以期实现文化的更新和发展。这一过程不仅促进了各自文化的丰富和完善，也为世界文化的交流与互鉴提供了无限可能。各种文化元素在这个过程中相互作用，相互渗透，既保持了各自的特色，又共同构建了一个更加多元和包容的文化世界。

多元文化的发展趋势反映了一个国家或民族开放、包容的社会心态及其对外交往的广度和深度。这种开放不仅体现在对外来文化的接受上，更体现在对本国或本民族文化的认识和反思上。通过与其他文化的交流和比较，一个国家或民族可以更加客观地认识到自身文化的优势和不足，从而更有针对性地进行文化传承和创新。

随着全球化进程的加速，文化的多元化现象愈加显著。各种文化交流活动，如国际艺术节、文化展览、学术研讨会等，成为推动文化多元化发展的重要平台。这些活动不仅加深了各国人民对不同文化的理解和尊重，也促进了世界各地文化的互相借鉴和融合。在这一背景下，文化多元化已经成为衡量一个国家或地区开放程度和文明程度的重要标准之一。文化的多元化是人类社会发展的必然结果，它不仅是文化自身发展的需要，也是社会进步和人类文明提升的体现。在这个文化多元化的时代，只有通过促进不同文化的交流和融合，才能真正实现文化的共生共荣，为构建人类命运共同体提供坚实的文化基础。

第三节　文化的功能与类别

一、文化的功能

世界各地的人们根据自己的独特生活方式创造了各自的文化。这些文化一旦形成，便成为人们生活环境的一个重要部分，形成了所谓的文化环境。文化的诞生和发展不仅满足了个人与社会的需求，而且持续地影响着在此环境中生活的每个人，并发挥着特定的功能（图 2-2）。

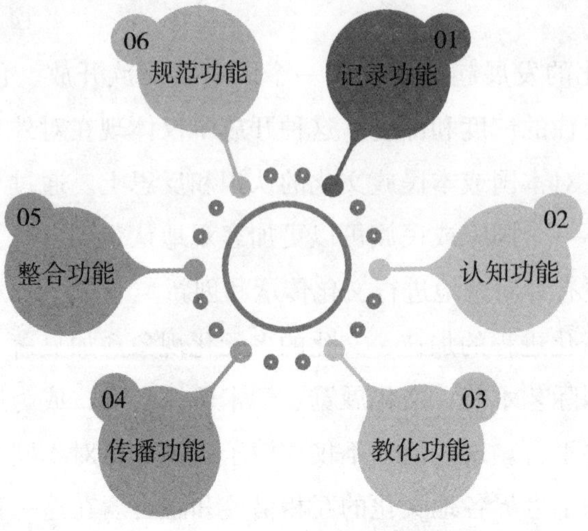

图 2-2 文化的功能

（一）记录功能

文化的创造不仅丰富了人类生活，还扮演着记录历史的重要角色。它携带着各民族珍贵的记忆，详细记录了人类的生存和发展历程。文字，作为记录文化的重要工具，展现了人类创新的智慧，极大地增强了文化的记录能力。从中国的甲骨文到古巴比伦的楔形文字，这些古老的文字不仅记录了早期社会的生活生产方式，也向后人展示了远古智者的智慧与能力。

随着造纸术和印刷术的发明以及科技的进步，文化记录的方式更加多样化，包括史书、文学作品、报刊、音像媒体以及数字设备等，这些都成为记录文化的重要手段。此外，物质文化成果，如历史悠久的器物，也担负着记录文化的功能。这些器物不仅讲述了该时代的风土人情，还反映了那个时期人们的精神风貌和生活实践，使人们得以窥见古人的情感世界和文化取向。例如，参观长城不仅能让人们赞叹设计者的才华与智慧，还能体会到建造者的艰辛，深刻感受到那个时代的文化氛围和价值观。

（二）认知功能

文字的记录功能不仅保存了历史，还促进了人们认知能力的发展。从认知论视角看，文化史是对人类认知进程的记录。例如，中国的四大名著不仅是文学巨著，也反映了古代社会的真实生活。通过这样的记录，人们积累了丰富的生活经验，创新了思维方式，并提升了对自我、社会及世界的理解。文化也驱动了物质认知工具的创造，极大提升了人类对客观世界的理解能力。例如，天文望远镜的发明让人们深入了解了宇宙星系，显微镜的发明则揭示了生物细胞的奥秘；对不同国家、民族和阶层的文化研究使人们认识了他们的历史和现状，并能对未来进行推测和探索，从而不断拓展人类的认知边界。

（三）教化功能

人类作为一种社会动物，其生存和发展密切依赖社会环境。这种依赖性赋予了文化以教化的重要功能。文化通过其模式和社会价值观的传播悄无声息地影响着人们，使个体的思维和观念与所处的社会环境相契合。文化的教化力量体现在它能够塑造个体，引导他们按照社会的价值观和行为准则来规范自己，进而促进社会整体的和谐与发展。从小到大，个体通过与周围环境的互动学习和成长。在家庭中，儿童学习说话、认知世界，并学会如何与人相处；在学校，他们不仅要学习书本知识，还要学习社会交往的规则和道德准则；步入社会后，职场规则和社会责任感成为他们适应社会和成长的新课题。在这一连串的过程中，个体不断地吸收和反思，他们的价值观念、生活方式乃至审美趣味都会因接触到的文化环境的变化而发生变化。

在现实生活中，一个人在观看国际电影或参加其他国际文化交流活动的过程中可能会发现自己对不同文化的兴趣，并开始欣赏外国的艺术和接受多元的生活方式。这不仅丰富了个人的生活体验，也使其变得更加开放和包容，成为一个能够在经济全球化背景下生存和发展的现代人才。这样的转变，正是文化教化功能在个体生活中的具体体现。

（四）传播功能

传播是信息、思想或文化从一个个体或集体转移到另一个个体或集体的过程。它不仅包括使用语言和文字的交流，还涉及音乐、艺术、科技等多种形式。文化的传播功能使得不同地区和民族之间的文化得以互相了解和影响，促进了文化的多样性和丰富性。如流行音乐的全球普及不仅让世界各地的人们欣赏到其他文化的音乐美学，还促进了音乐风格的融合和发展；时尚界每季推出的新款服饰不仅反映了设计师的创意，也是各种文化元素碰撞和融合的结果。互联网和社交媒体的广泛使用也极大地加强了文化的即时传播，如全球流行的社交应用使人们可以即时分享自己的生活和文化体验，促进了全球文化的交流和理解。

在欧洲文艺复兴时期，丝绸之路和海上贸易路线的建立促使欧亚大陆的文化交流得以加强，不仅使得各类商品得以流通，科学技术、哲学思想和艺术形式等也随之传播，这极大地促进了人类文明的发展。在现代，国际电影节和艺术展览成为文化传播的重要平台，它们不仅展示了各地的艺术成就，也为不同文化之间的对话和理解搭建了桥梁。由此可见，文化的传播功能不仅是文化生存和发展的关键，也是促进全球理解、尊重与和平的重要途径。

（五）整合功能

文化拥有整合功能，这对于维护社会的团结和秩序稳定至关重要。通过其整合功能，文化能够协调其内部各个组成部分之间的关系，将他们融为一个既和谐统一又紧密联系的整体。这不仅增强了国家或民族内部的凝聚力，也让每个成员对自己的群体产生了强烈的归属感。随着文化在社会中的不断整合，不同地区和民族的文化能够互相交融，进而促进了民族团结，推动了社会的稳定与发展。

春节是中国最重要的传统节日，它不仅寄托着人们破旧立新的愿望和辞旧迎新的祈求，还具有团结亲情、传承文化和表达美好祝愿等多重社会功能。春节期间，无论是城市农村，家家户户都会进行大扫除，还会贴春联、挂灯笼、准备各种年货，这些习俗促进了家庭成员之间的沟通，增强了他们对传统文化的认同。春节期间的各种活动，如舞龙、舞狮、放鞭炮、拜年等，不仅增进了社区内部的凝聚力，还吸引了世界各地人士的参与和兴趣，促进了文化的交流和融合。由此可见，春节成为连接不同地区、不同民族、不同文化背景的人群的桥梁，展现了文化的整合功能。

（六）规范功能

文化通过形成和推广各种制度和规范对人们的社会行为进行约束，保障了社会的有序运转。在人类文明的发展过程中，随着社会生产力的提升，各种规章制度应运而生，这些制度确保了社会生产和生活的有序进行。如果缺乏这样的文化规范，社会可能会陷入混乱。因此，文化的规范功能对于社会的有序发展是不可或缺的，它通过设立标准和规范，指导社会成员的行为，确保社会的有序发展。例如，在法国，餐桌礼仪不仅是个人修养的体现，也是社会文化的一部分。正确使用餐具、在餐桌上保持适当的谈话内容和音量、等待所有人都开始用餐后再进食等都是被人们广泛认同和遵守的社会行为规范。这些餐桌礼仪不仅体现了对食物和他人的尊重，也维护了用餐过程的和谐与秩序。这些文化规范使社会成员之间的交往变得更加文明有序，有利于社会关系的和谐与稳定。

二、文化的类别

根据不同的分类标准，可以把文化划分为不同的类别。

（一）根据表现程度

1952 年，美国学者克鲁伯和克拉克洪首次对外显文化和内隐文化进行了区分。外显文化是人们日常生活中可以直接观察到的文化现象，包括人们的衣食住行、社交活动、宗教仪式、语言交流以及各种文体活动等。这些都是人们能够直接看到、感受到的文化表达形式。相比之下，内隐文化指那些不容易被人们直接看到的文化层面，它深植于人们的行为习惯之中，是隐藏在人们的语言和行动背后的价值观和思维方式的体现。内隐文化关注的是那些促使人们思考、行动、交流的深层原因，而非表层的行为本身。这些深层原因根植于人类的思维模式、世界观和由此形成的认知体系。在现实生活中，要深入理解一个民族的文化本质，就需要探索其内隐文化，即那些决定人们行为方式的内在原因，这种探索能揭示人们的思维习惯和价值体系对其文化表达和社会互动方式的塑造过程。

（二）根据表现形式

从文化的表现形式角度分类，文化主要分为物质文化、制度文化和精神文化。

1. 物质文化

物质文化包含了人们在社会实践中创造的物质产品，这是文化中最直观、最基础的部分。物质文化是满足人类的基本生存需求的文化产品，从汉服到饺子，从四合院到鼓楼和胡同，再到旧时的马车，这些都是物质文化的实例，展现了人类物质创造的丰富性和多样性。

2. 制度文化

制度文化涵盖了为优化社会生产和实践活动而建立的各种法律法规、组织形式和规章制度。制度文化体现了人类通过自我约束来更好地服务群体和社会的智慧。

3. 精神文化

精神文化代表了人们在长期的社会实践和思维活动中形成的精神内核，它关乎文化的意识形态层面。精神文化涵盖了道德伦理、价值观念、文学作品、宗教信仰等精神领域，是人类文化深度和高度的象征。

（三）根据层次高低

文化从层次高低的角度可以划分为高层文化、低层文化、深层文化和民间文化四个维度，其各有特点和价值（图 2-3）。

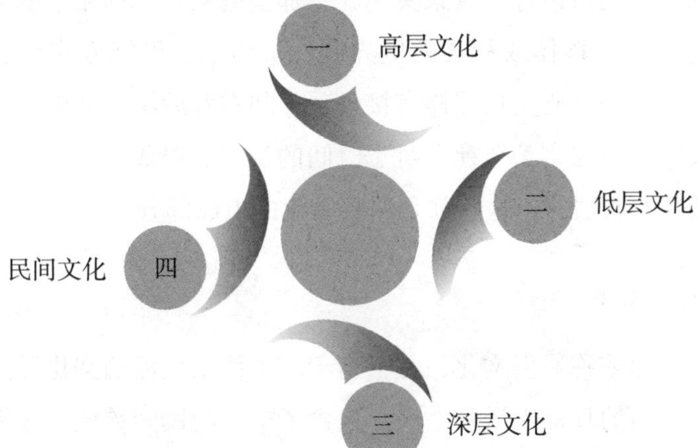

图 2-3　文化的分类（根据层次高低）

1. 高层文化

高层文化，亦称精英文化，指那些富有深厚文化底蕴和高雅内涵的文化表现形式。这类文化包括文学作品、艺术创作、建筑设计和宗教信仰等，往往由受过高等教育的人群或具有高度专业天赋的人士所创造。例如，莎士比亚（Shakespeare）的戏剧、达·芬奇（Da Vinci）的画作、哥特式建筑和佛教哲学等，这些都是高层文化的代表，它们不仅丰富了人类的精神世界，也是人类智慧和创造力的集中展现。

2. 低层文化

低层文化与高层文化形成鲜明对比，指的是那些通常被视为低俗或粗鄙的文化现象。这类文化往往包含了一些粗俗的语言和行为，如某些低俗笑话、不当的公共行为等，这些文化现象可能缺乏深度和教育意义，但它们在一定程度上反映了社会的另一面和人们的生活状态。

3. 深层文化

深层文化也可以称为背景文化，指那些隐藏在表面之下的文化。深层文化包括一个群体或社会的世界观、价值观、思维方式和心理结构等，它们虽不如物质文化那样直接显现，却在背后深深地影响着人们的行为和决策。例如，某个社会对于时间的认识、对成功的定义，以及对家庭和社区的看法等，这些都是深层文化的组成部分。

4. 民间文化

民间文化或称通俗文化，是根植于广大民众生活的文化形式。这类文化源自人们的日常生活和生产，包含了丰富的民间传统、习俗、节日和生活方式等。民间文化反映了普通人民的智慧和创造力，如中国的春节、中秋节等传统节日，以及民间故事、谚语和歌谣等，这些都是民间文化的具体表现，它们不仅为人们的生活增添了色彩，也为文化的传承提供了重要途径。

（四）根据语境依赖程度

根据对语境的依赖程度，文化可以被划分为高语境文化和低语境文化。

1. 高语境文化

在高语境文化中，人们在交流时很大程度上依赖非语言的信息，如表情、肢体语言等。中国、韩国和日本就属于高语境文化国家。在高语境文化中，细微的暗示或是环境中的微小变化都能传达丰富的信息。

2. 低语境文化

在低语境文化中，人们的交流主要依赖直接的语言表达，期望对方的话语清晰明确。美国、瑞士和德国等国家的文化属于低语境文化，这里的人们可能会因为对方的含蓄表达而感到困惑或产生误解。

当高语境文化中的人和低语境文化中的人交流时，可能会出现文化碰撞。低语境文化中的人倾向于直接、明确的沟通，他们希望对方的表达尽可能清楚。而高语境文化中的人更重视非言语信息，认为很多事情无需明言，通过情境和非言语线索即可理解对方的意图。如果低语境文化中的人追求具体明确的解释，可能会引发高语境文化中的人的不满，因为他们更习惯用事实说话，而不是详细解释，这种差异有时会导致交流上的障碍。

（五）根据价值体系和社会地位

从价值体系和社会地位的角度来看，人们通常将文化分为主文化和亚文化两大类（图 2-4）。

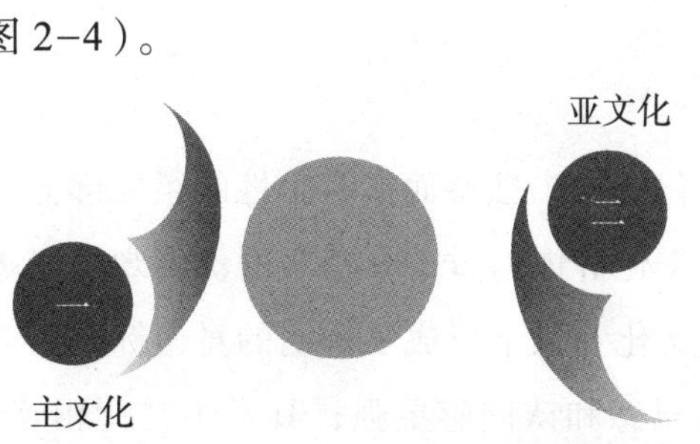

图 2-4　文化的分类（根据价值体系和社会地位）

1. 主文化

主文化作为社会上具有主导性和普遍接受性的文化形态，扮演着塑造社会价值观、规范行为和维护社会秩序的关键角色。主文化之所以能够成为主导力量，是因为其蕴含的价值观念和规范具有合理性和可行性，并且获得了大多数社会成员的认同和遵循。主文化可以进一步细分为主导文化、主体文化和主流文化。主导文化主要由社会的统治阶层或权力中心所定义，直接或间接传达统治群体制定的社会规范，影响着人们的思想和行为模式。主体文化则根植于人们长期的生产和生活实践中，它代表了社会大众的基本生活方式和价值观念，是社会文化传承和发展的基础。主流文化则更多地反映了当代社会的思想趋势和潮流，它是在特定历史时期内，大众文化交流和媒体传播中形成的一种文化表现形式。

在当代社会，主流文化的影响尤为显著。它不仅反映了当前社会的普遍价值观念和审美标准，也促进了不同文化之间的交流和融合。随着经济全球化和信息技术的发展，主流文化的内容和形式日趋多元化，不同地域和文化背景的人们能够更容易地接触和接受来自世界各地的文化产品。这种文化的流动和交换加速了全球文化景观的变化，同时对传统主导文化和主体文化提出了挑战，促使社会不断调整和更新其主文化的内容，以适应快速变化的社会环境和人们多元化的文化需求。

2. 亚文化

作为社会文化结构中独特而富有个性的组成部分，亚文化体现了文化的多样性，亚文化群体通过共享特定的价值观、兴趣、习惯和行为模式，在社会的主文化背景下形成了鲜明的身份标志。亚文化的存在使得人们对组织的归属感和认同感更强，其与主文化相互影响，相辅相成。例如，年轻人的亚文化群体，其通过特定的服装风格、音乐偏好和生活方式，表达了对主流价值观和生活方式的不同看法。这种差异并不意味着与主文化的冲突，更多的是一种文化多样性的体现。亚文化通过其独特的视角和实践，挑战了传统和习惯性的思维方式，促进了社会思想和文化的革新。

亚文化的影响并不仅限于其内部成员，在一定程度上它们也影响和塑造了社会的主文化。随着时间的推移，某些亚文化元素会被主文化吸收和接受，从而丰富主文化的表现形式和内容。例如，原本属于某个亚文化圈子的音乐或时尚风格，最终可能慢慢转变成为被人们广泛接受的主流文化现象，这一转变过程不仅展示了文化之间的动态互动，也反映了社会文化随着新思想和新趋势的不断进化。通过这种互动，社会能够保持文化的活力和适应性，同时为不同的文化表达和实践提供空间，促进社会的文化多元化和包容性。

第三章　英语语言学概述

第一节　英语语言学的定义与性质

一、英语语言学的定义

（一）语言学的定义

语言学是一门研究人类语言的科学，探索语言作为人类认知和社会互动最复杂形式的系统规律和普遍性原则。语言学不仅研究特定语言的结构和功能，而且旨在通过对各种语言的比较和分析，揭示人类语言的共性规律，进而深入理解语言如何在人类生活中发挥作用。

语言学的研究范围广泛，包括但不限于语音学（研究语言的声音系统）、词汇学（研究词汇的构成和意义）、语法学（研究句子的结构和语法规则）等多个分支。这些分支学科共同构成了语言学的基础框架，为人们提供了理解和分析语言的多维视角。语言学还涉及文字学，即研究记录语言的符号系统，如各种文字和书写系统。

作为现代科学的一个重要组成部分，语言学的研究不仅有助于人们认识到语言的普遍性特征，也促进了对个体语言差异的理解和尊重。通过对不同语言的深入研究，语言学帮助人们认识到语言的多样性和复杂性，增进了对人类文化和思维方式多样性的理解。在语言教学领域，语言学理论贯穿教学的各个环节。从教学内容的设计到教学方法的选择，从教材的编写到评估标准的制定，语言学的研究成果为语言教育提供了科学的指导和理论支持。

（二）英语语言学的定义

英语语言学是语言学这一广泛领域中的一个分支，专注于研究英语这一特定语言的结构、发展、使用和变化。它涵盖了英语的语音、词汇、语法、语义和语用等各个方面，旨在深入探索和理解英语的内在规律和特性。通过对英语的综合研究，英语语言学不仅揭示了英语作为一种语言的独特性，也为比较语言学提供了重要的比较对象，促进了人们对人类语言普遍规律的认识。

在英语语言学的研究中，语音学关注英语的声音系统，研究英语中的音素、音标和语音变化规律；词汇学则探讨英语词汇的构成、发展和意义变化，以及词汇之间的关系；语法学研究英语句子的结构，分析句子成分的组合规则和语法现象；语义学关注词汇、短语和句子的意义及其如何传达信息；而语用学则研究语言在实际交际中的使用情境，探索语言的交际功能和策略。

英语语言学的研究不仅关注理论分析，还密切关系着英语教学、翻译、跨文化交际等实践领域。它为英语作为第二语言或外语的教学提供了科学的理论基础，帮助教师和学习者更好地理解英语的语言规律，提高英语学习和教学的效率。同时，对英语语言学的研究促进了英语作为国际交流语言的地位，加深了世界各地人民对英语文化的理解和尊重。

二、英语语言学的性质

作为研究英语这一具体语言的学科，英语语言学在揭示英语的内在规律、结构、功能，以及其在不同语境下的应用等方面发挥着重要作用。

（一）一门实证科学

英语语言学是一门实证科学。它的研究建立在对英语语言的观察、记录和分析基础之上，追求的是对英语语言规律的系统性和科学性认识。这一性质意味着英语语言学不仅关注语言的表层现象，如词汇、语法结构等，也深入探讨语言的深层机制，包括语音变化规律、词义发展过程以及句法构造的功能原理等。

（二）具有跨学科的性质

英语语言学具有跨学科的性质。它与心理学、社会学、计算机科学等多个学科有着紧密的联系。例如，心理语言学和社会语言学的研究不仅丰富了英语语言学的研究内容，也拓展了英语语言学的研究方法，使得人们能够从心理和社会两个层面更全面地理解英语语言。

（三）应用性极强

英语语言学是一门应用性极强的学科。它不仅为英语教学提供了理论基础，帮助教师和学习者更有效地教授和学习英语，还为英语作为第二语言或外语的教学提供了方法及理论指导。英语语言学的研究成果在词典编纂、语言规划、语言政策制定等方面都有着重要的应用价值。

1. 词典编纂

英语语言学为词典的编纂提供了理论基础和实践指南。例如，语言学中的语义学研究帮助词典编纂者理解词汇的意义及其变化，确保词典中的解释准确反映语言的使用状态。语音学研究成果则用于指导词条的发音标注，确保读者能够正确发音。此外，语用学的研究成果帮助词典编纂者了解词汇在不同语境下的使用方式，从而在词典中作出更为丰富的用法说明。《牛津高阶英语词典》（*Oxford Advanced Learner's Dictionary*）就是一个很好的例子，它不仅提供了单词的定义和发音，还涵盖了词的用法、同义词、反义词等信息，这些都体现了语言学研究成果的应用。

2. 语言规划

在语言规划方面，英语语言学研究可以指导教育部门制定更有效的语言教育政策，例如，决定哪些英语语法结构和词汇应当作为教学重点，如何平衡不同方言和英语的标准形式之间的关系等。新加坡的“双语政策”就在英语语言学研究的基础上，制定了英语与母语双语教学模式，既保留了本国文化，又提高了人们对英语的应用能力。

3. 语言政策制定

英语语言学的研究成果还对语言政策的制定有着重要影响。例如，在多语言国家，政府如何确定官方语言、如何平衡各民族语言的地位等问题，都需要依据语言学的研究来决定。在加拿大，英语和法语作为官方语言的政策就是基于国家对国内语言使用状况的深入研究而制定的。很多针对非母语英语使用者的英语教学政策，如英语作为第二语言（ESL）的教学标准的制定，也依赖对英语学习者语言习得过程的语言学研究。

第二节　英语语言学的形成与发展

一、英语语言学的形成

（一）莎士比亚的影响

莎士比亚对英语语言及文学的影响是深远和多维的，他不仅以其卓越的文学成就影响了英语世界，还对英语语言本身产生了深刻的影响。

莎士比亚是英国文学史上最伟大的剧作家之一，他的作品包括悲剧、喜剧、历史剧等多个体裁。著名的作品如《哈姆雷特》《麦克白》

《罗密欧与朱丽叶》和《威尼斯商人》等，不仅展现了人性的复杂和多面，也通过对话和情节的巧妙安排，揭示了更深层次的社会问题。莎士比亚的作品因其丰富的想象力、深刻的主题和独特的文笔而受到世界各地读者的喜爱和尊重。

莎士比亚的作品不仅在文学上有着不朽的地位，也对英语语言的发展产生了重要影响。他在作品中创造和首次使用了大量的新词和短语，这些词和短语至今仍被人们广泛使用，如 assassination（暗杀）、eyeball（眼球）和 bedazzled（眼花缭乱）。莎士比亚的作品跨越了社会阶层，既得到了宫廷贵族的喜爱，也在普通民众中广泛传播。他对社会语言学的深入理解和运用，使他的作品能够触动不同背景人士的心弦，从而加强英语在社会各阶层中的影响力。他的剧作在当时的英国和欧洲其他国家广为流传，通过公演等形式促进了英语语言的传播和普及。例如，在《哈姆雷特》中，莎士比亚通过主人公哈姆雷特复杂的心理活动和独白，展示了人性的矛盾和挣扎，创造了“To be or not to be（生存还是毁灭）”这样深入人心的经典语句。这些作品中的语言和表达方式，不仅成为英语文学的典范，也成为英语日常表达的一部分。

（二）工业革命等因素的影响

在 18 世纪，随着英国工业革命的兴起和航海技术的发展，英语开始走向世界舞台，英国的影响力逐渐增强。

1. 英国工业革命和航海扩张

18 世纪初，英国工业革命的兴起带来了技术和生产方式的根本变革。这一时期，英国通过航海探险和贸易拓展了其全球影响力。英国要求其领土和殖民地中的人使用英语进行交流，这一政策直接推动了英语的传播与发展。例如，在北美、印度和大洋洲等地区的英国殖民地，使用英语交流逐渐成为更多人们的选择。

2. 英语的全球扩散

18 世纪中叶，英国的殖民地范围开始缩小，但英语的使用并未受此影响，反而因为其在日常生活中的广泛应用得到了进一步的发展。在这个过程中，英语不仅在殖民地中扎根，还在全球范围内向更多的领域渗透，如学术研究、商业交易和国际政治等。这种普及使英语逐渐成为一种重要的国际通用语言，其地位在随后的几个世纪中不断提升。

3. 18 世纪的英语研究

在 18 世纪，虽然英语的使用和影响力在全球范围内不断扩大，但在学术领域，特别是语言学研究方面，英语语言学还没有形成一个独立和系统的研究体系。相比之下，这个时期的语言学研究更多地集中在国际英语教育上，如何教授英语、如何使英语成为有效的交流工具是当时学界研究的焦点。直到 19 世纪和 20 世纪，随着语言学理论的发展和应用语言学的兴起，英语语言学作为一个研究领域才开始逐渐成形，并对英语教学、翻译和跨文化交流等方面产生了深远的影响。

（三）英语语言学初步形成

作为一门独立的学科，英语语言学的形成可追溯至 19 世纪。这一时期，随着工业革命的深入发展和英国的殖民扩张，英语的地位和影响力在全球范围内显著提升。这一背景为英语语言学提供了研究和发展的广阔空间。

在 19 世纪，英语文学进入了所谓的“维多利亚时代”，这一时期是英语文学开始繁荣的时期。文学家如拜伦（Byron）、雪莱（Shelley）等人不仅通过其作品展现了英语的美丽和力量，也通过对语言的精练和创新，展示了英语的社会和文化功能。这些文学作品不仅丰富了英语语言的表达，也推动了英语教育和语言的普及。19 世纪也是现代语言学科学体系开始建立的关键时期。语言学作为一门科学，在这一时期逐渐形成了独特的理论框架和研究方法。波兰语言学家博杜恩·德·库尔德内（Jan Niecisław Baudouin de Courtenay）将语言学划分为应用语言学和纯粹语言学，标志着语言学研究的系统化和专业化。[①] 这种划分不仅为后来的语言学研究提供了方向，也对英语语言学的形成和发展产生了深远的影响。

尽管 19 世纪的语言学研究并不完全局限于英语，但英语作为当时全球最广泛使用的语言之一，其特性和变化无疑成为语言学研究的重要对象。通过对英语的研究，语言学家开始探索语言的普遍规律，为后来英语语言学的发展奠定了基础。

二、英语语言学的发展

英语语言学的发展历程是一个与经济全球化、科技进步及学术探索密切相关的过程。20 世纪初，随着英国及其盟友在两次世界大战中的胜利和英国国际政治经济地位的提升，英语开始超越法语，成为国际首选的交流语言。这一地位的转变，不仅体现在日常交流中，还体现在科技、教育等多个领域。英语取代了德语成为国际技术共享的首选语言，其在全球教育体系中的重要性也日益突出。这种变化使得学习英语成为世界各国日益迫切的需要，为英语语言学的发展提供了广阔的研究场景和实践空间。

索绪尔于 1916 年出版的《普通语言学教程》标志着现代语言学，包括英语语言学，正式成为一个独立的学术领域。索绪尔在书中提出的语言与言语、共时与历时的区分，为后来语言学的研究提供了重要的理论基础。乔姆斯基于 1957 年出版的《句法结构》进一步推动了语言学，尤其是英语语言学的革新。乔姆斯基的生成语法理论，特别是关于人类固有的语言能力的观点，极大地扩展了语言学的研究视野，使其不再

① ［波兰］库尔德内.普通语言学论文选集：上 [M]. 杨衍春，译.桂林：广西师范大学出版社，2012：15.

局限于分析语言的表层现象，而是深入研究语言的内在结构和普遍性原则。这些理论的提出和发展，不仅促进了英语语言学的深入研究，也影响了其他语言的学术研究。

进入 21 世纪，随着计算机科学的飞速发展和互联网的普及，英语语言学的研究方法和研究领域得到了新的扩展。计算机辅助的语言分析、大数据语言学研究以及在线语言学习资源的开发等，都是英语语言学应用新技术的表现。同时，经济全球化背景下人们对跨文化交流的需求增加，促使英语语言学研究不仅关注语言本身的结构和功能，也越来越关注语言在不同文化和社会背景下的使用情境。

第三节 英语语言学的理论流派

一、英国语言学派

（一）马林诺夫斯基

马林诺夫斯基（Malinowski）的理论主要探讨了语言的功能和本质。他认为，通常人们认为语言的作用是将一个人的思想传递给另一个人，这种看法是不准确的。[①] 马林诺夫斯基指出，语言其实是一种行为模式，它与人们的行动和反应紧密相关，而不仅仅是思维的直接反映。他的理论基于两个重要的观察结果。其一，原始社会中人们并没有书面文字，所以语言的使用是唯一的沟通方式。其二，所有社会中的儿童都

① MALINOWSKI B. The Problem of Meaning in Primitive Languages[M]//OGDEN C K，RICHARDS I A. The Meaning of Meaning：A Study of the Influence of Language upon Thought and of the Science Symbolism. New York: Harcourt Brace，1923：22.

是在没有书面文字的环境中学习语言的。孩子们通过听周围人的声音并观察大家对这些声音的反应，逐渐学会这些声音背后的意义是什么，从而学会语言。

马林诺夫斯基强调，理解一个人所说的话，需要考虑话语发生的具体语境。[①] 这意味着，人们不能仅通过分析语言本身的结构来理解话语的意义，因为环境和语境对于理解话语是非常重要的。简而言之，他认为，语言是与人们所处的环境紧密相连的行为方式，通过语言，人们与周围的世界互动，并在这个过程中赋予语言以意义。

马林诺夫斯基在他的语言学理论中提出了三种不同的语言使用环境，并探讨了这些环境如何影响语言的意义和功能（图 3-1）。[②]

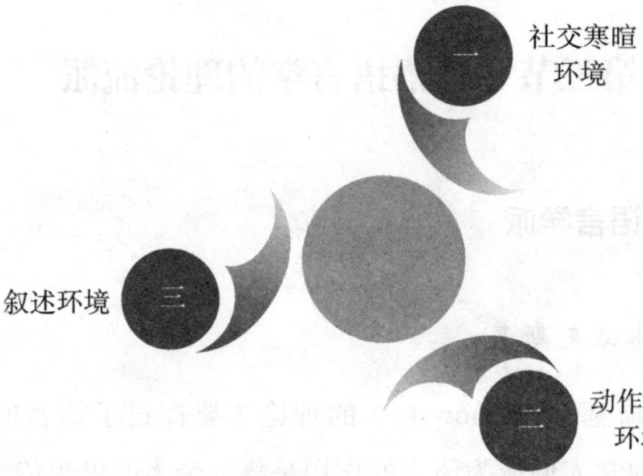

图 3-1 语言使用环境

① MALINOWSKI B. The Problem of Meaning in Primitive languages[M]//OGDEN C K，RICHARDS I A. The Meaning of Meaning：A Study of the Influence of Language upon Thought and of the Science Symbolism. New York: Harcourt Brace，1923：26.

② MALINOWSKI B. The Problem of Meaning in Primitive languages[M]//OGDEN C K，RICHARDS I A. The Meaning of Meaning：a Study of the Influence of Language upon Thought and of the Science Symbolism. New York: Harcourt Brace，1923：37.

1. 社交寒暄环境

社交寒暄环境是最基本的语言使用情境。在这种环境下，人们使用语言主要是为了维持社交礼仪，例如，“你好”或“谢谢”。这里的语言并不是为了传递具体的信息，更多地是作为一种社会互动的工具。在这种情况下，语言的意义不在于字面上的含义，而是作为一种社交行为而存在。

2. 动作指导环境

在动作指导环境中，语言与人们正在进行的身体活动直接相关。例如，在做某项工作时，听到的命令或指示。这里的语言帮助人们理解如何完成特定的动作或行为。在这种情况下，语言的意义不仅依赖词语本身，而且与它在实际活动中的功能密切相关。人们通过参与实际活动来学习和理解这些词语的意义。

3. 叙述环境

叙述环境涉及使用语言来叙述或描述某些事物，如讲故事或汇报一项研究结果。在这种情况下，语言的意义主要取决于它描述的对象或事件。虽然叙述的具体内容可能不会立即影响听众的行动，但它可以改变听众的看法。马林诺夫斯基还强调，真正的语言研究应该关注在实际环境中使用的完整话语，而不仅仅是孤立的词汇。他认为，同一个语音在不同的语境中可能代表不同的意义，这表明语音的意义并不固定，而是与使用环境紧密相关。这些观点对后来的语言学研究产生了深远影响，特别是在理解语言如何在不同的社会环境中发挥作用方面。① 马林诺夫斯基的理论突出了语言不仅是传递信息的工具，更是一种社会行为，它的意义和功能是多维度的，与其使用的具体环境密切相关。

（二）韩礼德

韩礼德（M.A.K.Halliday）的理论被称为“系统功能语法（SFG）”，是一种将语言视为社会交流工具的语言学理论。这个理论的核心在于，语言不仅是一套规则的集合，更是一个功能性的系统，用于实现社会交际的目的。韩礼德的理论对语言学、语言教学、社会语言学等领域产生了深远的影响。

系统语法理论强调语言内部的结构和选择机制。语言是一个复杂的系统网络，其中包含了多个可供选择的子系统。这些子系统之间相互关联，构成了语言的内部结构。语言使用者通过在这个网络中作出选择，来表达特定的意义。系统语法理论关注的是这些选择如何与意义相联系，如何形成复杂的语言结构。功能语法理论则侧重于语言的社会功能，即语言如何作为社会交往的工具。韩礼德认为，语言的结构和组成部分的存在，是为了实现特定的社会交际功能。这些功能不仅包括信息的传递，还涉及建立和维护人际关系、表达个人态度和评价等。② 因此功能语法研究的是语言如何在不同的社会情境中被使用，以及语言如何影响和构建社会现实。

系统功能语法理论的一个显著特点是其重视语言的社会性和功能性。语言行为和社会结构紧密相关，人类使用语言的方式受到社会结构

---

① MALINOWSKI B. The Problem of Meaning in Primitive Languages[M]//OGDEN C K，RICHARDS I A. The Meaning of Meaning：A Study of the Influence of Language upon Thought and of the Science Symbolism. New York: Harcourt Brace，1923：65.

② ［瑞典］麦蒂森，［英］韩礼德．系统功能语法：理论之初探 [M]. 黄国文，王红阳，译．北京：高等教育出版社，2009：39-41.

的影响。韩礼德还强调了语言作为文化组成部分的角色，反对将语言视为独立于社会和文化之外的系统。①

韩礼德的系统功能语法理论对多个领域产生了深远的影响，尤其在语言教学、社会语言学和话语分析等方面。

在语言教学领域，韩礼德的理论提供了一种全新的视角，强调教学应关注语言的实际使用情境和功能，而不仅仅是语法和词汇的机械记忆。② 这意味着语言学习者不仅要学习语言结构，更要学会如何在特定社会环境中恰当地使用语言。例如，教师可以根据系统功能语法的理论，设计出更多模拟真实生活交流情景的教学活动，帮助学生提高实际交际能力。韩礼德的理论强调语言是社会交往的手段，其使用受到社会结构和人际关系的影响。③ 这一观点对社会语言学的研究具有重要意义。通过分析不同社会群体的语言使用情况，研究者可以揭示语言在维护或改变社会结构中的作用，如权力关系、性别差异和社会认同等方面。系统功能语法理论为分析语言在社会交往中的功能提供了有力支撑，推动了社会语言学研究的深入发展。

韩礼德的理论对话语分析领域也产生了重大影响。系统功能语法通过对语言的分析，揭示了语篇背后的意图、态度和价值观。这种分析方法特别适用于媒体文本、政治演讲和广告等领域，帮助研究者理解和评估话语是如何影响听众的认知和情感的。话语分析还可以借助系统功能语法来探讨文化和意识形态如何通过语言传达和再生产。

除了上述领域，韩礼德的理论还对认知科学、人工智能、计算机辅助语言学习（CALL）等多个领域产生了影响。在认知科学中，系统功

① ［英］韩礼德，［英］韩茹凯．语言、语境和语篇：社会符号学视角下的语言面面观 [M]. 程晓堂，导读．北京：世界图书出版公司，2012：24-29.

② ［英］韩礼德，［英］韩茹凯．语言、语境和语篇：社会符号学视角下的语言面面观 [M]. 程晓堂，导读．北京：世界图书出版公司，2012：24-29.

③ ［英］韩礼德，［英］韩茹凯．语言、语境和语篇：社会符号学视角下的语言面面观 [M]. 程晓堂，导读．北京：世界图书出版公司，2012：24-29.

能语法的观点有助于人们理解语言如何反映和构建人类的认知结构；在人工智能领域，该理论为开发更加智能和自然的语言处理系统提供了理论基础；在计算机辅助语言学习中，它为设计更有效的学习工具和资源提供了指导。

二、美国语言学派

美国语言学派，或称为“美国结构语言学”“美国描写语言学”，是 20 世纪初产生的一个较具影响的结构主义流派。其主要代表人物包括萨丕尔（Edward Sapir）、布龙菲尔德（Bloomfield）等。

（一）萨丕尔

萨丕尔是 20 世纪初期美国的一位著名语言学家、人类学家，同时是文化相对主义学派的重要成员之一。他与他的学生本杰明·李·沃尔夫（Benjamin Lee Whorf）共同提出了著名的萨丕尔－沃尔夫假说，这一理论在语言学和认知科学领域产生了深远的影响。

1. 萨丕尔－沃尔夫假说

萨丕尔－沃尔夫假说主张语言不仅是表达思想的工具，更深层次地影响着人们的认知方式和世界观。① 换言之，不同的语言有着不同的语言结构和词汇体系，这些差异会影响到其使用者对世界的理解和认知。该假说通常被分为两个版本：强式版本和弱式版本。

强式版本的萨丕尔－沃尔夫假说认为，一个人的思维方式完全受到他或她所使用的语言的限制。② 换句话说，语言构成了一个概念框架，

① ［美］萨丕尔．语言论：言语研究导论 [M]. 陆卓元，译．北京：商务印书馆，2017：191-203.

② ［美］萨丕尔．语言论：言语研究导论 [M]. 陆卓元，译．北京：商务印书馆，2017：191-203.

决定了使用者可以认知的世界。这个观点暗示人们，如果某种语言没有某个概念的词，那么其使用者就很难理解这一概念。这种观点强调了语言对思维的决定性作用，认为语言塑造了人们的世界观。与强式版本相比，弱式版本的萨丕尔－沃尔夫假说提出了一个更温和的观点，即语言影响但不决定思维。这意味着，虽然语言可以影响人们的思维方式和人们对世界的理解，但人们仍然能够跨越语言的局限，理解其他语言文化中的概念。弱式版本的萨丕尔－沃尔夫假说承认语言和文化影响着人们的认知结构，但同时认为人类的思维具有一定的灵活性和适应性，能够超越语言本身的限制。

萨丕尔－沃尔夫假说的两个版本在后续的研究中得到了广泛探讨。在心理学实验中，研究者尝试通过比较不同语言使用者的认知差异来探究语言对思维的影响。例如，有研究发现某些语言的使用者在颜色识别、空间方向感知等方面与其他语言使用者存在差异，这些差异被认为是语言影响思维方式的证据。

2. 萨丕尔的贡献

除萨丕尔－沃尔夫假说外，萨丕尔在语言学研究方面还有其他重要贡献。

萨丕尔对美洲原住民语言的研究是他工作的一大亮点。他不仅记录了这些语言，还对其进行了系统的分类和比较，为人们理解语言的多样性和语言发展提供了重要的实证资料。他的工作对语言保护和文化遗产保存具有重要的价值。通过对这些语言的研究，萨丕尔展示了语言之间复杂的亲缘关系和结构差异，推动了历史比较语言学的发展。萨丕尔深刻认识到语言和文化之间不可分割的联系。他认为语言不仅是交流的工具，更是文化的载体。[①] 通过研究语言，人们可以深入了解某种文化的

① ［美］萨丕尔．语言论：言语研究导论 [M]. 陆卓元，译．北京：商务印书馆，2017：191-203.

特点。这一观点对人类学和社会语言学产生了深远影响，强调了跨文化交流和语言教育中文化敏感性的重要性。

萨丕尔在语言结构方面的研究也极具开创性。他关注语音、语法等语言内部结构的研究，对语言的声音系统和句法规则提出了深刻的见解。这些研究不仅增进了人们对语言内在机制的理解，也为后来的结构主义语言学提供了理论基础。萨丕尔对语言的系统性和规则性的探讨，开了现代语言学对语言内部结构深入分析的先河。

萨丕尔的工作和理论至今仍对语言学、人类学以及跨文化交流等领域有着深远的影响，他的思想启发了许多后来的研究者继续探索语言与人类思维、文化之间的复杂关系。

（二）布龙菲尔德

雷纳德·布龙菲尔德是美国结构主义语言学的主要奠基人之一，他的著作《语言论》出版于 1933 年，对 20 世纪的语言学研究产生了深远的影响。布龙菲尔德的理论观点和研究成果主要集中在以下几个方面。

1. 语言作为行为

布龙菲尔德将语言视作一种社会行为，这一观点着重于理解语言的实用性和功能性。在他看来，语言发挥作用的场景是在人与人之间的互动中，通过说话人的发声和听话人的理解实现的。他认为语言是刺激（Stimulus）与反应（Response）之间的桥梁。简单地说，当人们说话时，人们的言语是某种刺激，听者对这些言语的理解和反应构成了语言交流的基础。布龙菲尔德强调，这种交流是可以观察和分析的，因此，语言学研究应当集中于实际的言语材料，这些材料是观察语言如何在社会中发挥作用的窗口。[①]

① ［美］布龙菲尔德．语言论 [M]. 钱军，导读．北京：外语教学与研究出版社，2012：20-42.

2. 形式特征和语言结构

布龙菲尔德提出利用形式特征来描绘语言结构的方法，这实际上是一种将语言分解为最基本的单位（如音素、词素），并研究这些单位如何组合的方法。通过这种分析，他试图建立一套清晰的规则来描述语言的内部机制。布龙菲尔德的方法摈弃了任何借助心理学或社会学概念的分析，专注于语言本身的结构特征。他的这一方法论为后来的结构主义语言学家提供了一个客观分析语言的框架，使得语言研究更加精确和系统。

3. 共时描写

在强调共时描写的同时，布龙菲尔德的目的是理解和分析语言在某一特定时刻的状态，而非其历史变迁。这种方法让研究者能够专注于语言当前的使用和结构，从而更准确地把握语言的现状。这一方法与追溯语言的历史演变（历史研究）相对立，它允许研究者把精力集中在语言的即时特性上，无须考虑历史上的变化。这种研究取向在当时是一种创新，为人们理解语言的现代用法提供了坚实的基础。

布龙菲尔德的理论和方法为美国结构主义语言学的发展奠定了基础，特别是在对口语的关注和对语言结构进行系统分析和描写的技术方面。他的工作不仅影响了后来的美国语言学家，如哈里斯（Harris）和霍凯特（Hockett），也对汉语等非欧洲语言的研究产生了重要影响。哈里斯和霍凯特继承并发展了布龙菲尔德的理论，使美国结构主义语言学进入了“后布龙菲尔德时期”。哈里斯的《结构语言学的方法》和霍凯特的《现代语言学教程》代表了这一时期美国结构语言学理论的发展，进一步完善了对语言结构的形式分析和描写技术。

三、哥本哈根学派

哥本哈根学派，也称为“丹麦学派”，是 20 世纪初期欧洲结构主义语言学的重要流派之一。其理论观点和研究方法对后来的语言学研究产生了深远的影响。下面是对哥本哈根学派一些核心理论观点的介绍。

哥本哈根学派继承并发展了索绪尔的语言系统学说，强调语言研究应集中于语言的形式结构而非实质内容。[①] 语言是一种独立于物理声音和心理语义之外的形式系统，是一套由不同语言要素和它们之间关系构成的复杂网络。这一点体现了该学派对语言内在结构的关注，以及对语言作为一个自给自足的系统的看法。

与布拉格学派相比，哥本哈根学派在研究方法上有明显的区别。该学派将语言理论视为一种“纯演绎系统”，倾向于通过假设和推理的方法来分析语言，而不是直接从具体的语言事实出发。这种方法虽然使得理论分析具有较高的抽象性和普遍性，但也因为缺乏对具体语言事实的关注而受到一定的限制。对哥本哈根学派而言，语言内部各要素之间的组合关系十分重要。他们试图揭示语言表达平面（声音形式）和内容平面（意义）之间，以及这两大平面内部各个形式要素之间的依存关系和相互作用。这种分析旨在理解语言如何通过有限的语言要素和规则来表达无限的意义和内容。

哥本哈根学派认为，语言理论的建立不应脱离实际的语言事实，理论必须能够得到实际语言数据的支持。这种观点强调了理论研究与实证研究之间的互动关系，即理论应当由语言事实来验证和修正，而语言事实的解释和理解又需要依赖理论框架。在这种方法论的指导下，语言学不仅是一门抽象的科学，也是一门实证的科学，它要求研究者既要有严谨的理论思维，也要有扎实的语言材料分析能力。叶尔姆斯列夫（Louis Hjelmslev）等人强调，任何语言理论都必须经受现实语言使用的检验，这意味着理论构建不应该仅仅停留在逻辑推演上，而应该反复回到语言

① ［丹麦］HJELMSLEV L. Prolegomena to a Theory of Language[M]. WHITFIELD F J, trans. Madison: University of Wisconsin Press, 1961:10.

材料本身，通过分析语言使用的实际案例来验证理论假设的有效性。[①] 这种视角促进了语言学研究方法的发展，使得语言学研究更加贴近语言使用的实际情况。

哥本哈根学派的研究具有高度的抽象性，这表现在他们对语言符号系统的深入分析上。通过将人文学科的研究方法与自然科学的精确性相结合，哥本哈根学派试图揭示语言的内在逻辑和结构，深化对语言本质的理解。他们认为，语言是一种复杂的符号系统，通过研究这个系统的基本要素（音素、词素等）和这些要素之间的组合关系，可以揭示语言如何构建意义和传达信息。[②] 这种抽象的分析方法使得哥本哈根学派能够从一个更宏观的视角审视语言，不仅关注语言的表层现象，更试图探索支撑这些现象的深层结构和规则。通过这种方式，哥本哈根学派为理解语言的通用原理和模式作出了贡献，强调了语言学作为一门科学在理论构建和逻辑推理上的严谨性。

尽管哥本哈根学派对语言学研究产生的影响相较于其他学派可能较小，但他们在理论构建的抽象性和系统性方面的贡献不容忽视。韩礼德等后来的语言学家对哥本哈根学派的观点给予了高度评价，并在自己的研究中引用了叶尔姆斯列夫等人的理论，这表明哥本哈根学派的理论成果对后续语言学研究有着重要的启发和影响。

第四节　英语语言学的研究领域

英语语言学的研究领域广泛，它们不仅为英语教学提供了理论基础

① ［丹麦］HJELMSLEV L. Prolegomena to a Theory of Language[M]. WHITFIELD F J, trans. Madison: University of Wisconsin Press, 1961:31.

② ［丹麦］HJELMSLEV L. Prolegomena to a Theory of Language[M]. WHITFIELD F J, trans. Madison: University of Wisconsin Press, 1961:41.

和方法论指导，而且在推动英语在其他领域应用的同时，受到这些领域实践的反馈和影响。以下是英语语言学一些关键的研究领域，这些领域的研究成果在英语教学和其他应用中都有着重要的作用（图 3–2）。

图 3–2 英语语言学的研究领域

一、英语语言教学

在当代教育领域，英语语言教学的进步和创新在很大程度上得益于英语语言学的发展和应用。英语语言学为教育工作者提供了深刻的语言理解和教学方法论，极大地促进了英语语言教学环境的优化和教学质量的提升。

作为英语语言学的一个重要分支，语音学研究语言的声音系统。在英语教学中，语音学知识被用来帮助学生掌握正确的发音和语调，提高了他们的听力理解和口语表达能力。通过学习语音学原理，教师能够更有效地指导学生纠正自己的发音错误，提升语音的自然度和流利度。语法学关注语言的结构规则。英语教学中的语法教学是基础而必不可少的部分。语言学的研究使得语法教学能够从简单的记忆练习转变为更深层次的理解和应用。英语语言学分析语言的内在规则，引导教师设计更加合理和高效的教学策略，帮助学生构建系统的语法知识框架，提高他们的英语表达能力。

在这一过程中，高等教育机构尤其展现了英语语言学理论与实践相结合的重要性。引入语言学理论之后，高校英语教学不再仅依赖教师的个人经验开展教学，而是遵循更为科学和系统的教学原则，并在此基础上展开教学工作。这种转变使得教学内容更加丰富多样，教学方法更加活泼生动，从而有效提升了学生的学习兴趣和语言应用能力。如果没有良好的语言学支持环境，英语语言教学往往会因为传统和单一化的教学模式而影响教学效果。因此深入探索和运用英语语言学的特点和作用，建立与之相适应的教学环境成为教师提高教学效率和质量的关键。

二、语言政策与计划

在经济全球化的大背景下，语言政策与计划是国家战略的重要组成部分，特别对于英语这种国际通用的语言来说。英语语言学研究为语言政策和计划提供了科学依据和理论支持，使得各国能够更有效地推进英语教育和提升国民的英语应用能力。具体而言，语言政策与计划领域关注的核心包括语言教育政策、语言规范化、多语言主义管理以及英语作为第二语言或外语的地位确定等。这些政策和计划旨在通过合理规划语言教育资源优化教育体系，推广标准化的语言应用，同时鼓励语言的多样性和多文化交流。在实施过程中，英语语言学提供了评估语言教育成效、设计教育课程、促进教学方法创新以及优化语言使用环境等多方面的指导和建议。例如，通过对英语语音、语法、语用等方面的研究，国家相关教育部门可以制定出更加科学合理的英语教学大纲；通过对不同地区和群体的语言使用情况进行调查，地方相关教育部门可以更准确地制定出符合国家和地区特定需求的语言政策。

语言政策与计划在推动英语教育普及和提高英语实际应用能力方面起到了关键作用。随着全球经济一体化和跨文化交流的加深，英语已经成为最重要的国际交流语言。各国政府通过制定合理的语言政策加强了本国公民的英语学习和使用，也有助于提升国家的国际竞争力和文化影响力。例如，我国通过组织标准化考试和创建语言水平认证系统提高了英语教学的质量和效率，进而促进了国民英语水平的整体提升，增强了本国在国际舞台上的交流能力和影响力。

三、专业领域应用

随着经济全球化的不断深入，英语语言学的应用已经渗入多个专业领域。这种跨学科的融合不仅促进了英语语言学的发展，也推动了相关专业领域的进步。在航空、法律、医学、信息技术等领域，英语专业术语的形成和应用成为各行业发展的重要支撑。例如，在航空领域，全球的飞行员和地面控制人员都将英语作为标准的通讯语言，这不仅是因为英语的国际通用性，更因为英语语言学在其中的应用保证了交流的准确性和效率，极大地提高了飞行安全性。通过对专业术语的规范和统一，以及对交流场景的精确分析，英语语言学确保了指令的清晰传达和执行，减少了由于语言不准确所带来的风险。

在法律和医学等领域，英语语言学的应用同样至关重要。在这些领域中，术语的准确性直接关系到法律文书的效力和医疗安全，因此，其对语言的精确使用和理解有着极高的要求。英语语言学不仅提供了一套严密的理论框架来分析和研究这些专业术语，也通过语用学、语义学等分支学科，帮助专业人士更好地理解和运用这些术语，以达到有效交流的目的。通过对英语语言学的深入研究和应用，相关人员可以有效避免误解和错误的出现，确保专业领域内信息的准确传递，从而提升行业工作的效率和安全性，推动专业领域的发展。

四、语言翻译

语言翻译领域是英语语言学研究的一个重要方向，它在全球经济和文化交流中扮演着桥梁的角色。作为一种语言活动，翻译不只是简单的文字转换，更是文化、情境、语境甚至是语言哲学的综合体现。英语语言学的研究为翻译提供了深刻的理论基础，包括但不限于语义学、语法学、语用学以及跨文化交际学等多个领域。这些理论的应用有助于翻译工作者更准确地理解原文的意图、文化背景和语境信息，从而实现更加准确和自然的翻译。特别是在处理语言的隐喻、成语、习语以及特定文化背景下的表达时，对语言深层次的理解显得尤为重要。随着机器翻译技术的发展，英语语言学的研究成果也被广泛应用于机器翻译系统的设计和优化中，对机器学习算法的语言学输入，能够提高翻译的准确度和自然度。尽管机器翻译在速度和便利性方面具有明显优势，但人工翻译在处理复杂文本和理解文化的深层含义方面仍然不可替代，这需要翻译者深入理解语言学的各个方面，特别是在跨文化交流的背景下。

在语言翻译的实践中，英语语言学的应用极为广泛，它不仅影响着翻译的质量，也促进了翻译学科的发展。通过深入研究和应用英语语言学的理论，翻译者能够更好地把握原文的意义，将其准确地转换为目的语，同时保留文本的文化特色和情感色彩。这对于促进国与国之间的文化交流、增进理解具有重要意义。因此，英语语言学在翻译领域的应用不仅是技术性的工作，更是一种文化传递和沟通的艺术。

第五节　英语语言学的研究意义

研究英语语言学的意义体现在多个方面，研究英语语言学不仅对于个人学习和使用英语有着重要的作用，而且对社会、科学研究和技术应用等都有着深远的影响。

一、个人角度的意义

研究英语语言学对个人具有多方面的意义，特别是在提升英语学习效率、增强跨文化交际能力以及提高翻译准确性和专业性等方面。

通过系统地研究英语的音韵、语法、语义等基本组成部分，学习者可以更深入地理解英语的内在结构和运用规则。这种深入的理解能够帮助学习者在学习过程中更快地把握语言规律，避免盲目记忆，从而显著提高学习效率。掌握这些有关英语语言的基础知识还能使个人在实际使用英语时更加自信和流畅，无论是书面表达还是口头交流。

在国际交流中，尤其是在专业领域内的交流，英语语言学在翻译方面的应用尤为重要。由于参与国际交流的人员可能在英语专业术语方面存在局限，翻译人员的角色变得极其关键。翻译不仅要求准确无误地将研究人员的研究成果及其相关专业术语转化为英语，还需要在翻译过程中体现出原文的文化底蕴，这就对翻译者提出了更高的要求。研究英语语言学，尤其是学习和掌握相关的翻译技巧和文化知识，可以极大地提升翻译的质量，保证交流的效果。对于从事笔译和口译工作的人员而言，深入研究英语语言学不仅能够帮助他们在专业领域内精确地使用英语，还能够提高他们的应变能力和文化素养，使他们能够更好地应对翻译过程中遇到的各种挑战，如法律文献、经济规则等专有名词的精确翻译，以及古诗词、成语等文化元素的恰当转述。

英语语言学的研究还涵盖了语用学和社会语言学等领域，这些研究帮助个人理解语言在不同文化和社会背景下的应用差异。掌握这些知识，可以有效增强个人的跨文化交际能力，使其在面对不同文化背景的交流时，能够更加得体地使用语言，避免文化冲突，促进沟通的顺畅。

二、社会角度的意义

研究英语语言学对社会具有重大的意义，这不仅涉及促进国际交流、增进文化理解，还包括对经济发展的显著贡献。随着英语成为国际通用语言，其语言学的研究对于打破语言障碍、促进全球合作，以及增强经济互联互通等方面具有重要的作用。

在文化交流和国际合作方面，英语语言学的研究有助于人们更好地理解和掌握英语，这一点对于人们跨越语言和文化障碍进行有效沟通至关重要。通过深入理解英语的语言结构、语境使用和文化内涵，人们能够更准确地传达自己的意图和理解他人的信息，从而促进不同文化背景下的人们的相互理解和尊重。较强的文化敏感性和沟通能力是国际交流合作的基础，有助于维护和促进全球的和平与发展。

从经济层面来看，英语语言学的研究对于促进国际贸易、投资和经济合作具有不可估量的价值。在全球市场中，英语作为交流的主要语言，其使用的广泛性直接影响到企业和个人在国际舞台上的竞争力。掌握英语，特别是专业英语，可以大幅提升个人的职业发展机会和经济收入，同时为企业打开国际市场、吸引外资和技术、促进跨国合作提供有力支撑。因此，英语语言学的研究不仅有助于提高个人英语水平，也对企业国际化战略的实施和国家经济的全球化发展起到推动作用。随着科技的发展和信息时代的到来，英语语言学的研究还对信息传播、科技创新和知识共享等方面产生了影响。英语作为科研论文和技术文档的主要语言，其研究成果的广泛传播和应用对于促进全球科技进步和知识经济的发展具有重要作用。

三、科学研究角度的意义

英语语言学的发展推动了语言科学领域的进步。通过具体研究英语这一全球使用最广泛的语言，语言学家不仅揭示了英语自身的特点和规律，也探索了语言的普遍性质。例如，在语法理论领域，通过分析英语的句法结构，研究者能够提出一些描述所有人类语言共有特征的普遍原则。同时，英语语言学对于语言习得的研究，如第二语言习得理论，不仅能丰富人们对于语言学习机制的理解，也为教育心理学和认知科学等相关领域提供了重要的理论支持和实证数据。

英语语言学在社会语言学和语用学等领域的研究，有助于人们理解语言在不同社会和文化背景中的使用方式，以及语言与社会身份、权力等社会因素之间的关系。这些研究不仅促进了跨学科的学术对话，也为解决实际社会问题提供了科学依据。

四、技术应用角度的意义

从技术应用的角度来看，英语语言学的研究对现代技术在语言教育技术、机器翻译和语音识别技术等领域的发展起着极为重要的作用。深入研究英语的语言规律不仅能够为这些技术提供理论支持，还能指导实践中的技术创新和应用。

在语言教育技术领域，英语语言学的研究成果能够帮助开发者设计出更有效的教学软件和应用程序。例如，通过理解英语的语法规则和语言习得过程，教学软件可以提供更为个性化的学习路径，根据学习者的实际情况调整教学内容和难度。此外，语用学和社会语言学的研究成果可以使教学软件更好地模拟真实的语言使用情景，提高学习者的交际能力。这些技术的应用大大提高了语言学习的效率和趣味性。在机器翻译领域，英语语言学提供了强有力的理论基础。通过深入分析英语和目的语的语法结构、词汇用法以及语境中的语言功能，研究者能够设计出更加精准的翻译算法，减少直译带来的语法不通和用词不当等问题。随着神经网络和深度学习技术的应用，机器翻译的准确度和流畅度有了显著提升，越来越能够满足专业领域和日常生活中人们的翻译需求。在语音识别技术领域，英语语言学的研究对于提高识别准确率和系统的实用性至关重要。语音学的研究成果能够帮助开发者更好地理解和模拟人类的语音产出机制，而语用学和语境分析的研究则能够帮助识别系统更准确地理解语言的实际意图和应用情境。这些技术的进步不仅使得语音识别系统能够在复杂环境下更准确地工作，还促进了语音交互技术的应用，如智能助手和自动客服系统等。

第四章　应用语言学概述

第一节　应用语言学的定义与性质

一、应用语言学的定义

应用语言学是一个专注于语言实际应用问题的学科领域，但学界对它的精确定义一直存在不同的看法和理解。一些人认为应用语言学主要与外语教学相关，甚至把它和外语教学等同起来。而另一些人则认为应用语言学是一门应用科学，它利用理论语言学的研究成果来解决实际中与语言相关的问题。自 20 世纪 70 年代以来，应用语言学家和学者通过各种会议，试图对这个学科进行明确定义，并讨论其研究领域。尽管这些讨论帮助人们更深入地理解应用语言学，但到目前为止，学界对于应用语言学的性质、特点、研究对象和范围仍然没有达成共识。

在《应用语言学百科词典：语言教学手册》中，“应用语言学”一词有 3 层含义：首先，“应用语言学”应涉及某种理论的实际应用；其次，具体地讲，它应当涉及语言学理论的实际应用；最后，它应当涉及语言学理论在任何一个与语言相关领域的实际应用。

《朗文语言教学与应用语言学词典》将“应用语言学”定义为“对第二语言与外语的学习和教学工作进行的研究，联系实际对语言和语言学问题进行的研究，如词典学、翻译学、言语病理学等”。

英国牛津语言教学专家布伦特（Brumfit）的定义被很多学者引用，他认为应用语言学是为了解决现实世界里以语言为中心的社会问题所进行的理论和实证的研究。[①]

英国学者盖伊·库克（Guy Cook）将“应用语言学”定义为研究语言知识同现实世界决策制定之间关系的学科。他承认应用语言学的学科范围的确有些模糊，但认为其核心研究领域包括语言和教育、法律、语言信息及其效应。[②]

国际著名语言学家阿兰·戴维斯（Alan Davies）和凯瑟琳·埃尔德（Catherine Elder）认为应用语言学是通过理论探讨和实证研究的途径，对与语言相关的实际问题进行理论化的活动。应用语言学是一门独立而稳定的学科，是将语言发展和语言使用中的实际经验和理论构建结合起来的学科。[③]

国际著名语言学家斯波尔斯基（Spolsky）认为应用语言学实际由数量可观的半独立学科组成。这些学科围绕语言及语言的应用展开研究，而每个学科都有自己的研究方法和理论原则。[④]

英国语言学家韩礼德认为，应用语言学不是一门学科，因为学科必须有其研究对象，而且有一套原则和方法来观察与解释对象。而应用语言学的研究范围不断扩大的事实，说明其不是一门学科，而应被看作一些不断进化的主题。[⑤]

著名语言学家和外语教育家桂诗春认为，应当从思想的角度来讨论应用语言学，可称为“AL 思想”，这是认识论的问题，也是哲学的问

① BRUMFIT C J. Communicative Methodology in Language Teaching：The Roles of Fluency and Accuracy[M]. Cambridge: Cambridge University Press，1984:31.

② COOK G, SEIDLHOFER B. Principles and Practice in Applied Linguistics[M]. Oxford：Oxford University Press，1995：1.

③ ［英］戴维斯．语言测试原理 [M]．任福昌，吴平，任筱萌，译．北京：经济科学出版社，1997：87-103.

④ SPOLSKY B.Educational Linguistics: An Introduction[M]. Boston：Newbury House Publishers，1978:1-2.

⑤ ［英］韩礼德．韩礼德应用语言学自选集 [M]．北京：外语教学与研究出版社，2015：215.

题。他从缘起、发展、变化和重新定位四个阶段回顾总结了“AL 思想”的产生和发展。[①]

应用语言学是一个充满活力的跨学科领域，它通过运用和发展语言学的理论和方法来解决与语言及交际相关的实际问题。这一领域不仅包括对现有语言学理论的应用，也鼓励发展新的理论框架以更好地理解和处理语言问题。应用语言学的核心任务是识别、分析和解决实际问题，这强调了应用语言学的目的性和实用性。

在广义上，应用语言学不仅包括语言教学领域，它还研究语言和语言学在更广泛的社会实践中的应用，如为少数民族创造文字、机器翻译等。这表明应用语言学的关注点远超过教室内的教学活动，它致力于通过语言研究解决社会中的各种语言问题。而在狭义上，应用语言学往往被等同于语言教学研究，尤其是关注第二语言或外语教学的领域。这种理解源自应用语言学早期发展阶段与语言教学密切相关的历史背景。随着时间的推移及国际交往的加深和对外语学习需求的增加，应用语言学在这一领域的研究也日益深入和扩展。一些学者提出，将狭义的应用语言学视为教育语言学，并将包括教育语言学在内的广义应用语言学统称为应用语言学。这种分类不仅反映了应用语言学作为学科的多元性，也体现了其研究范围的广泛性。

二、应用语言学的性质

（一）研究语言各类应用的学科

应用语言学这一跨学科的领域涵盖了语言在社会生活中的广泛应用，远远超出了最初与语言教学紧密关联的界定。实际上，它涉及了从文字制定、词典编纂、翻译到机器翻译和语言技术应用等多个方面。这

① 桂诗春 . 应用语言学 [M]. 长沙：湖南教育出版社，1988：1-5.

些领域的多样性揭示了应用语言学的核心——利用语言学的理论和方法解决现实世界中的语言问题。

虽然语言教学是应用语言学最早和最常被讨论的领域之一，但将应用语言学限定为仅涉及语言教学是一种狭隘的理解。除语言教育工作者外，言语疗法师、文学评论家、通信系统工程师等，语言在他们的工作中同样扮演了核心角色。这说明，任何涉及语言应用的领域都应纳入应用语言学的研究范畴。随着技术的快速发展和语言学研究的深入，应用语言学的研究范围不断扩大，包括自然语言处理、人机交互、语音识别等前沿技术领域。这些领域直接关联语言的实际应用，反映了应用语言学不仅关心语言本身，更关注语言与技术、社会、文化等多方面的互动。

（二）多学科交叉的综合性学科

应用语言学的本质在于它多学科交叉的综合性。这一学科不仅仅关注语言本身，更重要的是关注语言在社会生活各个领域中的应用及其所受到的各种制约和需求。例如，语言教学是应用语言学中最为人们所熟知的一个应用领域。语言教学的目的在于通过系统的教育活动传播语言知识，它的有效性受到教育学规律和教育机构条件的影响。无论是在不同教育阶段（如启蒙教育、基础教育、专业教育）采用的教学大纲、教材和方法，还是在不同教学环境（如传统课堂教学和网络远程教学）中实施的教学策略，都需要综合考虑教育规律、教育技术和语言学原理。

在文学作品的语言研究中，应用语言学同样体现出跨学科的特性。研究者不仅需要从语言的角度分析文学创作中的语言表达技巧，还需要结合文学理论来探讨不同文学体裁、流派和个人艺术风格在语言表达上的特点和要求。在医学领域，尤其是在失语症的治疗研究中，应用语言学的跨学科特性尤为明显。治疗失语症不仅需要人们理解言语能力丧失和恢复的语言学原理，还必须融合神经科学的知识，了解大脑损伤的医学治疗原理。

（三）规模庞大的系统工程

应用语言学的本质在于它所扮演的角色不仅是一个学科领域的标签，更是一个涉及社会、文化、教育等多方面的系统工程。这一学科的探索和实践，涉及语言知识在社会生活中的应用，旨在改善和优化语言的使用，以适应社会发展的需求。然而这个过程并非简单直接，它需要跨越多个学科的界限，将语言学的理论与实践结合起来。

应用语言学作为一个多学科交叉的综合学科，其研究和实践活动需要语言学家、教育学家、心理学家、社会学家、政策制定者等各领域专家的共同参与。每一项改革或创新，无论是语言教学的改革还是共同语言的推广，都不是孤立发生的事件，而是一个包含多个环节、多方协作的复杂过程。

语言改革和应用不仅要面对技术层面的挑战，更要面对社会生活的广泛影响。任何一项语言习惯的改变，都可能会在社会上遇到阻力。因此，语言的改革和应用，需要在理顺多个社会部门之间的关系后才能取得成功。这种改革和创新的过程，需要社会的每一个部分，即从政府到学校，从媒体到普通公民的共同参与。语言改革实施之后，紧接着会面临来自学生、家长及社会各界的评价和检验。这种实践与反馈的循环，是应用语言学研究不可或缺的一部分，它不仅能够为理论提供实践的验证，也能够根据实践中的反馈调整和优化理论。

（四）一门科学

应用语言学的核心之一在于其作为一门科学的本质。这意味着在处理语言应用的过程中，应用语言学家不是随意地选择某些语言现象进行研究，而是要基于严谨的科学方法，探寻语言变异和创新背后的规律和原理。尽管语言的使用和发展是多样且复杂的，但这并不意味着它们是无规律的。实际上，正是通过科学的方法，应用语言学才能够揭示语言变异的内在规律，从而为语言的教学、规范化以及优化提供理论支撑。

在语言的使用过程中，虽然存在着众多的变异和多样性，但这些变异并非无迹可寻。通过对语用学、语体学、文章学、语言风格学等方面的研究，应用语言学揭示了语言创造和变异背后的模式和范式。这种研究不仅有助于人们理解语言的多样性，还有助于语言的规范化和有效使用。应用语言学作为一门科学，其目的在于服务社会实践，解决实际的语言问题。从汉字编码到语言教学的改革，应用语言学的研究成果直接影响着社会生活的各个方面。虽然在实际应用中可能会遇到市场饱和、政治推动等外部因素的挑战，但优秀的语言习惯和有效的语言应用方案最终还是能够通过科学的原理和实践的验证脱颖而出。

应用语言学的研究和实践常常与社会的政治生活紧密相关。历史上的文体革新、国语运动、文字改革等，往往与社会政治变革相结合。政治因素可以为语言应用的变革提供推动力，但也可能带来负面影响。因此，真正能够促进语言应用发展的，还是基于科学原理的研究和以实践效果为导向的应用。

（五）应用语言学和研究语言本体的语言学的关系

应用语言学与研究语言本体的语言学之间的关系是相互依赖和补充的。应用语言学作为一个专注于将语言学理论应用于解决实际语言问题的领域，是基于语言本体研究的成果而展开的。换句话说，没有深入的语言本体研究作为基础，应用语言学的探索和发展就缺乏坚实的理论支撑。

语言本体的研究包括对语音、词汇、语法、语义等方面的基础理论研究，这些研究有助于人们对语言结构和功能的深刻理解。应用语言学利用这些基础研究的成果，针对特定的实际问题，如语言教学、词典编纂、翻译、语言规划等，探讨语言学知识的有效利用问题。这种转化过程不仅需要理论知识，也需要对具体应用领域的深入了解。应用语言学的实践领域极为广泛，从教育到技术，从文化到医学，每一个应用领域都有其特定的需求和挑战。例如，在语言教学中，应用语言学的研究可能会集中在如何利用语言学的理论来指导教学方法的开发上，而在文化语言学中，它可能更侧重于探索语言在特定文化背景下的使用和发展。

通过将语言本体的理论应用于实际问题的解决，应用语言学实际上也是对语言学相关理论的验证和发展。实践中遇到的问题和挑战可以反馈到理论研究中，促进理论的完善和创新。例如，“打扫卫生”“恢复疲劳”等语法表达方式的存在，就是通过应用实践中的发现，对原有语法理论进行了补充和修正。

第二节　应用语言学的形成与发展

一、应用语言学的形成

应用语言学是在理论与实践需求交织的背景下逐步形成与发展的。19 世纪下半叶，波兰的博杜恩·德·库尔特内（Jan Niecisław Baudouin de Courtenay）最早提出了应用语言学的概念，标志着人们开始关注语言学知识在实际中的应用。然而，直到 20 世纪 40 年代，这个概念才在美国语言学界得到广泛认可和发展，最终发展成为一门独立的学科。密歇根大学的先导作用，以及如弗赖斯（Fries）和拉多（Lado）等美国著名应用语言学家的贡献，都极大地推动了应用语言学的发展。

这门学科的形成主要受到两方面原因的推动。

一是语言学理论发展到一定阶段的内在需求。19 世纪的历史语言学和比较语言学对语言的历史变迁和语言间关系的研究，为 20 世纪语言学的研究方向和方法的重大变化铺垫了基础。索绪尔的结构主义语言学，特别是他将语言视为一种社会现象的观点，为应用语言学提供了理论基础。

二是英语实践教学发展的直接需求。20 世纪 40 年代，美国政府为了培养军队成员的外语能力，制订了特殊的语言训练计划，该计划的制订直接推动了应用语言学的形成。语言学工作者的参与不仅促进了教学方法的创新，而且也证明了理论与实践相结合的重要性。这种做法不仅在当时取得了显著的教学效果，也引起了人们的广泛关注，进一步促进了应用语言学作为一门独立学科的诞生。

二、应用语言学的发展

（一）国外应用语言学的发展

1. 20 世纪 50 年代

20 世纪 50 年代，应用语言学作为一门学科在欧美国家蓬勃发展。这一时期，随着世界范围内对政治、经济、科技等领域的发展需求，外语教学受到了前所未有的重视。人们开始意识到，外语教学不是传授语言知识那么简单，而是一门需要深入研究和探索的学科。英国和美国成为应用语言学发展的先驱和主要代表。

1958 年，英国爱丁堡大学率先成立了应用语言学学院，专门培养应用语言学领域的专家。此后，纽卡斯尔大学、利兹大学、埃塞克斯大学、兰卡斯特大学、雷丁大学等英国的多所高校也相继开设了应用语言学专业，体现了英国高等教育对于应用语言学的重视。美国的情况更加引人注目。1958 年，《国防教育法》的通过不仅加强了基础学科教育，尤其是外语教育，还推动了外语教学的一系列研究和实践活动的开展。政府的资助促进了中学外语教学的现代化，包括建立语言实验室和开展外语教学研究活动。在这一背景下，1959 年，由语言学家弗格森（Ferguson）领导的应用语言学中心（CAL）在华盛顿成立，成为研究应用语言学的重要机构，该中心涵盖了多个领域的研究和实践部门，进一步促进了应用语言学的发展。

这一时期的应用语言学发展不仅存在于英美两国，世界各地的许多大学也纷纷效仿，开设应用语言学课程，培养硕士和博士研究生，同时积极开展相关的研究工作。这些行动展现了应用语言学在全球范围内日益增长的影响力和认可度。20 世纪 50 年代的应用语言学发展，不仅极大地推动了外语教育的现代化和科学化，也为语言学理论与实践的融合提供了新的视角和方法。通过理论研究与实践活动的结合，应用语言学在促进语言教育的同时，为其他领域如计算机科学、心理学、社会学等提供了交叉学科研究的新机遇，展现了作为一门多学科交叉的综合性学科的独特价值和广阔前景。

2. 20 世纪 60 年代至今

进入 20 世纪 60 年代，应用语言学迎来了其发展的黄金时期，学科影响力和研究深度都显著增加。1964 年，第一届世界应用语言学大会的召开不仅可以看作一个学术里程碑，也是应用语言学作为一个独立学科在国际舞台上的正式亮相。国际应用语言学协会（AILA）的成立进一步巩固了应用语言学的学术地位，为从事该领域研究的学者提供了一个交流和合作的国际平台。同年，韩礼德、彼得·斯特里文斯（Strevens）和安格斯·麦金托什（McIntosh）合著的《语言科学与语言教学》标志着应用语言学教科书的诞生，这本书不仅为语言学学者提供了重要的教学资源，也为广大语言教育工作者提供了理论指导。同期，美国学者里弗斯（Rivers）的《心理学家与外语教师》一文的发表，进一步推动了应用语言学理论与外语教学实践的紧密结合。

20 世纪 60 年代，应用语言学的研究领域也开始迅速扩展，不再局限于语言教学。社会语言学和计算语言学的兴起标志着应用语言学正逐渐成为一个多元化、跨学科的研究领域。社会语言学关注语言在社会互动中的角色和功能，强调语言使用与社会结构之间的互动关系。计算语言学的出现则是技术发展给语言学带来的新挑战和新机遇，它涉及语言信息的自动处理，如自然语言理解、机器翻译等，为语言学研究和应用提供了全新的技术手段和视角。在此阶段，应用语言学的学术研究和实践应用呈现出前所未有的活力和多样性。从理论探索到教育实践，从社会应用到技术创新，应用语言学都展现出了其深厚的学科基础和广阔的发展前景。

（二）国内应用语言学的发展

1. 起步阶段

在 20 世纪 70 年代末至 80 年代初，我国的应用语言学研究刚刚起步，这一时期的标志性事件包括 1980 年在广州外语学院召开的“第一届应用语言学与英语教学讨论会”以及随后举办的国内首届“应用语言学培训班”。尽管如此，应用语言学在我国的发展初期进展缓慢，部分原因在于外语教育领域对理论的轻视以及教学实践缺乏理论支撑。

当时，很多人认为外语教学依赖个人的语言能力和教学经验，对于语言学、心理语言学、社会语言学等理论知识的重要性认识不足。此外，由于大多数外语教师缺乏相应的理论背景以及日常教学任务繁重，难以将理论知识应用于教学实践中。国内召开的英语教学研讨会也往往集中于教材的编撰和使用，而不是从应用语言学的角度深入探讨英语教学中存在的问题。这种忽视理论支撑的现象，在一定程度上阻碍了应用语言学在我国的发展。尽管起步较晚，但应用语言学的研究和教学在我国已逐渐得到重视。随着国际交流的增多和对外语教育需求的提升，理论知识在外语教学中的重要性开始被广泛认识。越来越多的学者和教育工作者开始探索如何将语言学理论应用于实际教学中，以提高教学效率和质量。

2. 初步发展阶段

从20世纪90年代中期开始，我国在应用语言学领域的状况得到显著改善。这一转变主要得益于我国多所高校设立“外国语言学及应用语言学”硕士和博士学位点，如广州、上海等地的高等教育机构。这些学位点的建立，为我国培养了大批具备语言学及应用语言学专业知识的硕士和博士。其中不少人已经成为高校外语教学的骨干力量，显著提升了外语教师队伍的理论水平。

教育部（原国家教委）在1995年批准了全国多所高校举办的“以毕业研究生同等学力申请硕士学位教师进修班”，复旦大学等学校更是从外国语言学及应用语言学专业招收进修班学员。这为众多高校英语教师提供了提升个人语言学和应用语言学理论水平的机会，为他们未来的教学和研究工作奠定了坚实的基础。值得一提的是，上海外语教育出版社在推广语言学及应用语言学理论方面作出了巨大贡献，通过出版发行《牛津应用语言学丛书》等系列丛书，满足了广大外语教师对于学习应用语言学理论的强烈需求。这些努力进一步推动了应用语言学在我国教育界的发展，使其逐渐成为高校英语教学发展的重要方向。

3. 快速发展阶段

21世纪以来，我国的应用语言学研究迎来了快速发展的新阶段。随着经济全球化和信息技术的迅猛发展，外语教育、跨文化交际、机器翻译等领域对应用语言学的需求日益增长，推动了该学科在我国的深入研究。

一方面，我国高等教育机构纷纷设立了与应用语言学相关的本科和研究生专业，大量培养应用语言学方面的人才。这些专业不仅覆盖了英语教学法、二语习得、语言测试、语言规划与政策、计算机辅助语言学习（CALL）等传统领域，还扩展到了语料库语言学、认知语言学、专业话语研究等新兴领域。这些专业的设置，极大地促进了应用语言学理论与实践的结合，为社会培养了大量应用语言学领域的专业人才。另一方面，随着我国对外开放程度的不断加深和国际交流的日益频繁，应用语言学研究的实际需求也越来越强烈。特别是在经济全球化背景下，跨文化交际能力的培养、外语教学质量的提高、语言服务业的发展等都对应用语言学提出了新的挑战和要求。为此，我国的应用语言学研究者积极开展跨学科的合作研究，利用现代科技手段，如大数据分析、人工智能等，进行语言教学、语言规划、语言政策、话语分析等方面的研究，取得了一系列有影响的研究成果。

应用语言学的学术交流活动也日渐频繁。国内外的学术会议、研讨会、工作坊等平台为我国的应用语言学研究者提供了展示研究成果、交流学术观点、探索合作机会的重要机会。通过这些活动，我国的应用语言学研究不仅得到了国际学术界的认可，也为全球应用语言学的发展作出了贡献。

（三）应用语言学的发展趋势

当今时代，应用语言学的发展趋势呈现出以下特点（图 4-1）。

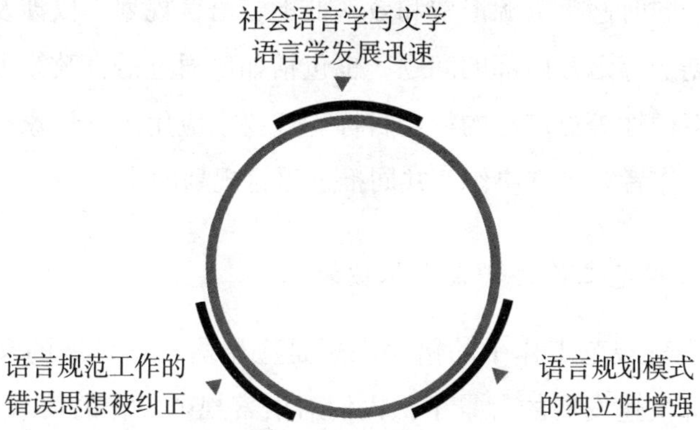

图 4-1 应用语言学的发展趋势

1. 社会语言学与文学语言学发展迅速

随着社会的发展和科技的进步，应用语言学作为一个学科正迅速发展，并不断展现出其深远的社会实践意义。社会语言学与文学语言学的快速发展正是应用语言学实践性和社会性的典型体现。社会语言学聚焦于语言如何在不同的社会群体中使用，以及语言变异与社会因素之间的关系，这一分支的兴起反映了人们对语言在社会交往中的作用的高度重视。同时，文学语言学的发展，尤其是对文学作品中语言使用的研究，深化了人们对语言艺术和表达力的理解。这两个领域的研究不仅促进了理论知识的积累，也拓展了应用语言学在教育、文学创作和文化研究等方面的应用。

2. 语言规划模式的独立性增强

语言规划模式的独立性的增强突显了应用语言学在语言政策和规划方面的重要作用。语言规划模式的独立性意味着政策制定者在制定和执行语言政策时能够充分考虑语言的特点和使用者的需求，而不是单纯追求规范化或统一化。这种方法有助于语言资源的合理利用，促进语言的健康发展，同时避免资源浪费和效率低下。语言规划不仅涉及语言标准化、新词创造等语言内部的问题，也包括如何通过语言政策促进社会公平、文化多样性等更广泛的社会目标。这要求应用语言学家与政策制定者、教育工作者等多方协作，共同推进语言规划的实施。

3. 语言规范工作的错误思想被纠正

纠正语言规范工作中的错误思想是应用语言学发展的又一重要趋势。在经济快速发展的背景下，人们对语言规范工作的需求日益增加。然而，长期以来，人们存在着对语言规范的误解和抵触，部分人士错误地将语言规范与语言个性化发展对立起来。应用语言学通过研究和宣传，努力纠正这些错误思想，强调规范化与个性化、多元化的语言发展并不矛盾，反而能够相辅相成。改革创新语言宣传模式和内容，可以促进公众正确理解语言规范的目的和意义，从而建立起对语言规范工作的广泛认同和支持。

第三节　应用语言学的理论观点

人们借助语言交流思想，人类文明通过语言得到传递和积累，个人依赖语言接受教育得到成长，社会依靠语言使得文化代代相传。语言习得是每个人最初、最重要的习得，是其他一切学习的基础。语言在人的发展过程中占据着重要地位。本节主要介绍应用语言学的基本理论，涉及交际理论、动态理论、中介理论、潜显理论、层次理论。

一、交际理论

（一）理论依据

交际理论的理论依据体现在人类社会的沟通和信息交换过程中，它是语言存在和发展的基础（图 4-2）。

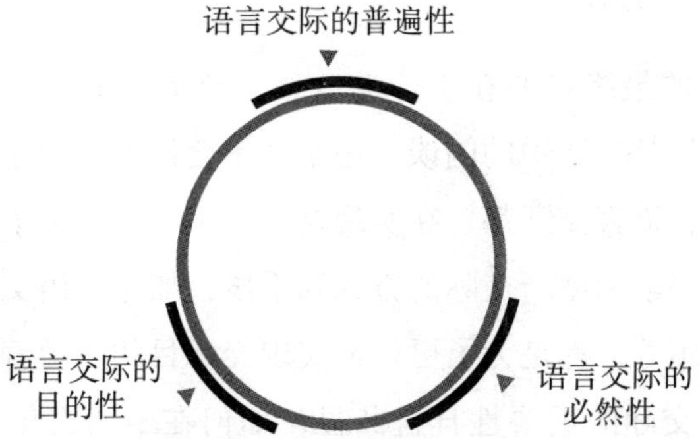

图 4-2　交际理论的理论依据

1. 语言交际的普遍性

语言交际不仅是人类社会特有的现象，还反映了一个更广泛的宇宙法则——万物互联。在自然界中，无论是星体间的引力作用，还是生物体内细胞之间的信号传递，都可以视为一种广义的“交际”过程。而人类社会的语言交际，则是这一普遍法则在社会层面上的具体体现。它不仅包括人与人之间的直接沟通，还包括人与自然、人与技术之间的互动。因此语言交际的普遍性是其根本原理之一，语言不仅是人类特有的沟通工具，也是连接人类与广阔宇宙的桥梁。

2. 语言交际的必然性

人类社会的进步和发展，离不开有效的交际。从原始社会的图腾交流到现代社会的数字通信，语言的发展历程充分证明了语言交际的必然性。语言作为最主要的交际工具，其形成和演变都是为了满足人类日益增长的沟通需求。随着社会的复杂化和信息技术的飞速发展，语言交际的形式和内容也在不断丰富和拓展，从口语到书面语，从传统媒体到数字平台多样化的交际方式使得人与人之间的交流变得更加方便和快捷。

3. 语言交际的目的性

语言交际的最终目的在于传递信息、分享知识、表达情感和达成共识。无论是日常生活中的闲谈，还是学术会议上的论述，抑或是国际谈判中的交流，语言交际都旨在实现这一基本目的。为了使交际更为有效，人类不断探索和创新交际的方式和手段，如非言语交际的运用、多媒体技术的应用等，都是为了更好地实现交际目的。随着经济全球化的深入，跨文化交际的重要性日益凸显，如何在不同文化背景下有效交际，也成为语言学习和研究的重要内容。

（二）主要内容

在语言的海洋中，能够有效地使用语言进行沟通是每个人最基本的需求。这不仅涉及语言知识的积累，更关键的是如何将这些知识应用于实际交际中。交际能力的培养成为人们进行语言学习的核心目标，它超越了单纯的对语法、词汇等语言知识的掌握，强调在真实的社会交际环境中能够灵活运用语言。语言的生动活泼和创新性也是交际能力的重要组成部分，反对生动活泼的语言使用是与交际的本质背道而驰的。教师应当鼓励学生在保持语言规范性的同时，自由自在地表达思想和情感。

历史上的语言教育往往过于注重课堂内的语言实践，忽视了将学习者置于真实交际环境中的重要性。真实的社会交际环境远比课堂上的模拟情境复杂得多，涉及更广泛的语言风格和交际场合。教师应鼓励学生在多种真实场景中使用语言，通过不断地实践来提高他们的交际能力。这包括正式的学术交流、日常生活对话、社交媒体上的互动等各种场景。在这个过程中，学生会遇到很多特殊的语言现象，如方言、俚语、网络语言等，这些都是语言多样性的体现，是他们在交际实践中需要理解和接受的。

有效的交际教学不能仅停留在理论的传授上，更重要的是将理论知识与实践相结合，使学生能够在真实的语言环境中使用所学语言。教育者应当设计出既能让学生了解交际理论，又能让他们在实际中应用这些理论的课程和活动。这要求教育者本身具备丰富的实践经验和对社会交际环境的深刻理解。语言教育的过程也是对语言理论的一种验证，实践中遇到的各种语言现象和交际难题可以反过来丰富和深化人们对语言交际理论的理解。

语言能力的发展是一个持续的过程，而非一蹴而就的目标。正如个人成长一样，语言素质也遵循着从低到高、从简单到复杂的递进规律。

从儿童到成人，每个阶段的语言实践都充满了对新知识的学习和对旧知识的巩固，这个过程永无止境。语言能力的培养需要人们的不断练习和实践，以适应不断变化的交际环境和个人需求。因此，从小学到大学，乃至终身学习，人们都应当持续关注和提升自己的语言交际能力。语言素质的提升是一个动态的过程，它要求学习者不断地进行实践和反思。语言实践不是一劳永逸的，而是需要在不断地学习、使用和调整中进步。停滞不前或忽视语言学习的重要性，都可能导致已有的语言能力退化，与时代脱节。因此，学习者必须把握住每一个学习和实践的机会，以提升自己的语言素质，使之与个人发展和社会需求相匹配。

二、动态理论

（一）理论依据

1. 运动的绝对性与语言的变迁

运动是物质的根本属性，语言作为人类文化的组成部分，自然也不例外。语言的变迁在某种程度上是人类对外部世界认识深化的直接结果。新的概念的产生、新的事物的出现促使语言不断地更新和发展，以适应交际的需要。

2. 人类交际的驱动力

人类作为高级动物，其语言能力是区别于其他生物最显著的特征。这种能力不仅是为了满足基本的生存需求，更是为了实现复杂的社会交往和文化传承。人类通过语言表达思想、交换信息、协调关系以及推动社会进步。因此，语言的发展变化是人类社会活动的自然延伸，是交际需求日益增长和变化的必然产物。

3. 语言的稳态与动态相统一

尽管语言总体上呈现出动态的特征，但在特定的时期和区域，语言也会展现出相对稳定的状态。这种稳态是动态中的一种特殊形式，反映了语言在一定社会历史条件下的平衡状态。但即便如此，稳态下的语言仍旧隐藏着变化的潜力，随着社会的发展和人类活动的变化，这种平衡也会被打破，语言会进入新的变革周期。

（二）主要内容

动态理论主张用动态的眼光看待语言、语言应用和语言研究。大体上可以包括以下几个方面。

1. 语言动态性相关内容

（1）语言的变化与适应性。语言存在于不断地流动和变化之中，这种流动性是语言适应社会变迁和文化发展的表现。语言不是静止不变的实体，而是一个活生生的、动态发展的系统。就如同生物为了生存而进化一样，语言也在不断地演变以满足人类交流的需求。这种变化可以是缓慢的，如语音的逐渐变化，也可以是迅速的，如网络用语的快速发展。语言的这种适应性使得它能够在社会发展和技术革新的背景下继续发挥其基本的交际功能。

（2）语言内部的自我调节机制。语言内部存在一种自我调节的机制，这种机制能够使语言在变化中保持一定的稳定性和连贯性。当外部条件发生变化时，语言的某些部分可能会进行相应的调整，以保持整个语言系统的功能性和有效性。这种自我调节表现在词汇的更新、语法结构的调整以及语音模式的变化等方面。例如，新技术和新现象的出现促使新词汇的创造，而语言使用者的共同习惯则推动了语法规则的变化。这种自我调节使得语言既能反映时代的特征，又具有跨时代的通用性。

（3）语言变化的规律性与多样性。尽管语言的变化看似无序，但实际上遵循着一定的规律。这些规律体现了语言发展的不同方向，包括语言消亡、语言特征的“中和”以及新元素的吸收。语言消亡反映了某种语言或方言的消失；中和过程涉及不同语言或方言之间差异的减少；而新元素的吸收则是语言对某些新情境和新概念的适应。这些变化共同推动了语言的多样性和丰富性，同时挑战了语言研究和教学的传统观念，要求人们以更加开放和动态的视角来理解语言的本质。

2. 语言认识的动态性

（1）语言认识的实践与理论循环。人们对语言的深入理解和认识，始终在理论与实践之间循环往复，展现出一种动态的交互性。语言作为一种独特的人类社会现象，其内在规律和外在表现形式的复杂性，使得人们对它的认识永远处于不断深化和更新的状态。语言学研究者通过实证研究、理论构建、实践应用等多种途径，探索语言的本质和运作机制，而这些研究又将指导语言教学、翻译、词典编纂等实践活动，形成一个良性的互动循环。

（2）语言认识的深化过程。随着时代的发展和社会的变迁，人们对语言的认识也在不断深化和扩展。这种深化不仅是对语言结构和功能的更深入的理解，更是对语言在不同社会、文化、认知和交际背景下的作用的全面把握。语言认识的深化是一个渐进且永无止境的过程，每一次理论的革新或实践的突破都可能引发新的认识和理解。例如，随着计算语言学的发展，人们对自然语言处理的认识有了新的突破；社会语言学的研究又让人们更深刻地理解语言与社会结构、文化认同之间的关系。

（3）遵循语言发展的规律性。对语言认识的动态性要求人们在语言研究和应用中遵循语言自身的发展规律。语言既是社会性的现象，也是动态变化的实体，其发展和变化受到多种社会文化、认知心理、交际需求等因素的影响。对语言的社会性和动态性的认识，能够使人们更加灵活和有效地进行语言规划、教学设计和文化传播等工作，同时能更好地适应和引导语言的自然发展，构建和谐的语言生活。

3. 语言研究要动稳结合

（1）语言的动稳互补性。在探索语言的奥秘时，动态和稳态的研究方法不是对立的，而是相辅相成、互为补充的。语言是既不断变化发展的，又需要维持一定的稳定性以保证交际的有效性。语言的变化展示了社会变迁和文化演进的脉络，而稳定性则是语言规则和结构的体现，是语言能够被人们学习和传承的基础。因此，真正深入的语言研究，应同时关注语言的动态变化和稳态规则，以全面理解语言的复杂性和多样性。

（2）语言自我调节的重要性。语言的自我调节是其动态发展的重要机制，它体现在语言不断适应交际需求、思维模式和认知发展的过程中。一方面，语言通过创新，不断丰富和更新其表达方式，以适应社会交往的新需求；另一方面，语言又需要遵循一定的规范和标准，确保交际的清晰性和有效性。这种动态与稳态的平衡，使得语言既能体现时代特征，又能保持连续性和稳定性。

（3）动态视角下的语言研究。将动态视角引入语言研究，意味着要关注语言如何适应和反映社会、文化和认知的变化。这要求研究者不仅要探索语言的内在结构和规则，更要考察语言如何在实际使用中发挥作用，如何在不同的交际场合和文化背景下展现出不同的特点。同时，这意味着研究者要跨越传统的共时与历时研究的界限，探索语言过去、现在和未来的连续性和变化性，从而更全面地理解语言的本质和功能。

三、中介理论

（一）理论依据

1. 运动的连续性与事物的关联性

中介理论强调运动的连续性，揭示了事物之间复杂而深刻的关系。在这个视角下，事物不是孤立存在的，而是在一个动态的网络中与周围环境相互作用。例如，在语言学中，一种语言的变化和发展不仅受到其内部结构的影响，还受到周边语言以及社会文化环境的影响。这种连续性原理使人们认识到，要想深入理解某一语言现象，必须考虑它与更广泛语言环境的关系，包括历史沿革和社会文化背景。

2. 矛盾的统一与内在联系

中介理论通过“事物是矛盾的统一体”这一原理，强调了事物对立面的对立统一关系。在语言发展的过程中，新旧语言形式的对立并非简单的排斥关系，而是在一定条件下可以互相转化和融合，共同推动语言的发展。如口语和书面语在功能和形式上存在明显的差异，但在实际使用中，它们往往相互影响，共同构成语言的复杂体系。

3. 对立转化的中介机制

中介理论的核心之一是对立转化的中介机制，即在特定条件下，事物的对立面可以通过某种中介过程实现转化和融合。在语言变化的过程中，这种机制体现为语言内部的动态平衡调整。新词的创造和旧词的淘汰就是语言自身在新旧对立中不断调整、更新的过程。这一过程不仅是语言形式的简单变更，更是语言内在功能和结构调整的反映，揭示了语言动态发展的内在逻辑。

（二）主要内容

中介理论在语言学领域提供了对语言变化和语言使用的全新理解，强调了语言的动态性和流动性。语言不仅是一种静态的代码系统，而且是一个充满活力的、不断发展变化的实践活动。通过中介理论的视角，人们可以更深刻地理解地方普通话这样的“中介语”状态，以及语言学习和使用过程中的“不规范”现象。

地方普通话作为一个“中介语”状态的存在，体现了语言在实际使用中的适应性和变化性。学习者在语言学习过程中所处的中介状态，实际上是其语言能力发展过程的自然表现。在这个过程中，出现的所谓“不规范”或“不纯洁”的语言现象，是学习者在逐步接近目的语规范的过程中的必经阶段。因此，对这些现象的认识和处理应该是鼓励和指导，而不是一味地排斥或贬低。中介理论对语言规范的理解提出了新的观点。语言规范不应该是对语言本身的固化和束缚，而应该是对人们语言使用的引导和规范。这种规范的目的在于促进更有效的交际，而不是追求语言的绝对“纯洁”。语言的发展变化是自然而然的，学习和使用语言的过程中必然伴随着新的语言现象的产生。这些现象的出现不仅是语言动态性的体现，也是语言生命力的证明。

当前，不少学者正将研究的焦点放在语言现象的延伸段和交叉段，这显示了学者对语言流动性和复杂性的深刻认识。这种研究方向能够揭示语言在不同社会、文化、语境中的运用和变化情况，有助于人们更全面地理解语言的本质和功能。通过对这些“边缘”现象的研究，语言学可以更加贴近实际的语言使用情境，为语言教学和语言政策的制定提供更为科学、合理的依据。

四、潜显理论

潜显理论揭示了语言存在和发展的深层规律，强调语言既有其表层的、可见的显性状态，也有其深层的、不易觉察的潜性状态。这一理论不仅深化了人们对语言动态本质的认识，也为人们理解语言的变化提供了新的视角。

（一）语言潜性与显性的动态过程

语言的显性状态是指人们在日常交流中直接使用和感知的语言形式，如人们所说的话、所写的文字。而潜性状态则包括那些存在于语言深层、尚未被实际使用，但按照语言规则可能被激活并使用的语言形式。潜显理论指出，语言的显性与潜性状态不是静止不变的，而是处于不断动态转换之中。潜性语言在某些条件下会转化为显性语言；相反，随着语言使用的变迁，一些显性语言形式也可能逐渐退出使用，转入潜性状态。

（二）语言自我调节的能力

由于潜性语言的大量存在，语言具备了强大的自我调节能力。这种自我调节能力使得语言能够适应社会交际的变化需求，通过激活潜在的语言形式来丰富和更新语言系统。同时，这意味着语言的发展不是随机无序的，而是在一定规则指导下的有序变化。语言的自我调节反映了语言的生命力和适应性，是语言持续发展的内在动力。

（三）语言的多样性和创新

潜显理论对语言的多样性和创新提供了理论支撑。语言的潜在形式为语言的创新提供了无限可能，任何时候语言的使用都可能激活新的潜性形式，形成新的显性表达。这种由潜转显的过程，不仅丰富了语言的表达资源，也推动了语言的创新和变化。通过理解语言潜显的动态过程，人们可以更好地把握语言变化的规律，预测语言发展的趋势。

五、层次理论

（一）语言的分层与人的认知进程

语言是人类最重要的沟通工具，语言的每一层次都承载着不同的功能和意义，从最基础的音素层到复杂的句法和语篇层，语言的每一层次都为人们理解和生成语言提供了不同的构建块。这种分层结构不仅体现在语言的形式上，也体现在语言的使用上。在实际交际中，人们根据沟通的需要选择合适的语言层次，这一选择过程体现了人的认知能力和社会互动能力的层次性。

（二）语言层次与社会交往

在社会交往中，不同层次的语言发挥着不同的作用。基础层次的语言，如日常用语和基本词汇，为人们提供了最基本的交流工具，是社会交往的基础。而更高层次的语言，如专业术语和文学语言，则承担着更为复杂的交流功能，反映了人类社会的多样性和复杂性。人们在不同的社会角色和交际场合中使用不同层次的语言，这种使用上的差异不仅反映了个体的社会地位、教育背景和职业特点，也体现了语言在社会交往中的层次性和多样性。

（三）语言层次的动态发展

语言的层次结构是动态发展的。随着社会的变迁和科技的发展，新的词汇和表达方式不断涌现，丰富了语言的外层；而一些过时的或使用较少的词则可能逐渐退入内层，甚至被淘汰。这种动态变化体现了语言适应社会发展的能力，也反映了语言作为一种社会现象，其结构和功能随着社会的进步而不断演化。这也提示人们在语言教学和研究中要注意语言层次的变化和发展，适应语言的动态性和多样性。

（四）语言研究的跨领域性

语言学的研究不应该局限于语言本身的内部结构，还应涵盖语言与社会、文化、心理等多个领域之间的交互作用。语言现象往往是多因素共同作用的结果，不同领域的知识可以为语言学研究提供新的视角。例如，社会语言学关注语言在社会中的使用和变异，揭示了语言变化与社会结构、社会变迁之间的联系。认知语言学从人类认知的角度分析语言结构和语言使用，强调了语言与人类思维之间的内在联系。跨学科的研究方法能够帮助语言学家更全面地理解语言现象，揭示语言的深层机制和功能。

（五）实证研究与理论建构的循环互动

语言学研究应当在实证研究和理论建构之间形成良性循环。实证研究基于语料的收集和分析，为理论提供支撑和验证。理论建构则在总结实证研究的基础上，解释语言现象，揭示语言现象背后蕴含的规律。通过不断地实证验证和理论修正，语言学理论可以不断丰富和完善。例如，语料库语言学通过大规模的语言数据收集和计算机辅助分析，为传统语言学研究提供了大量实证材料，推动了语言学理论的发展。同时，新的理论观点和分析框架指导着新的语料收集和研究方法的创新。

第四节　应用语言学的研究范畴

应用语言学的研究范畴十分广泛，以下是其主要的研究领域（图4–3）。

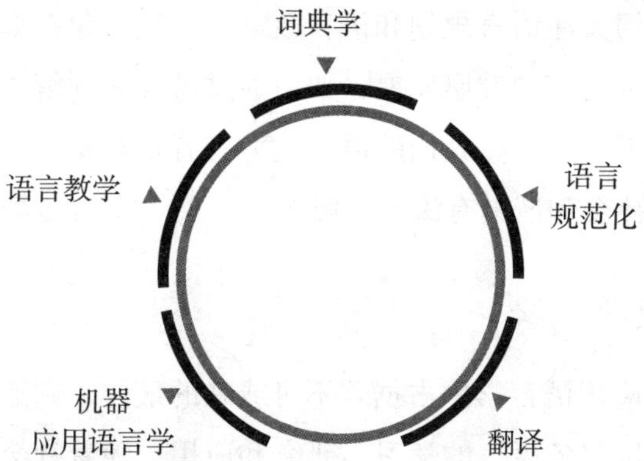

图 4-3　应用语言学的研究范畴

一、语言教学

作为一个跨学科的领域，应用语言学主要研究语言在实际生活中的应用，涵盖了语言教学、语言规划、语言政策、第二语言习得、计算语言学、语言评估等多个方面。其中，语言教学是应用语言学最核心的研究分支之一，不仅关注外语教学的理论和方法，也涉及母语教学、职业语言培训等多个层面。

语言教学的核心目的是提高学习者的语言能力，使其能够在不同的社会和文化背景下与他人进行有效的沟通。为了实现这一目标，应用语言学通过研究语言学理论，指导教学大纲的制定，帮助教师选择和设计合适的教学方法和教材。在语言教学的过程中，语言理论的应用不仅能够帮助教师理解语言的本质特征，还能够帮助他们识别学习者的语言学习难点，从而有针对性地进行教学。

随着科技的发展和经济全球化的深入，语言教学也面临着新的挑战和机遇。计算机辅助语言学习（CALL）、在线语言教学、跨文化交际能力的培养等成为应用语言学研究的新热点。这些新兴的研究领域要求语言教师不仅要掌握传统的语言教学理论和方法，还要了解最新的科技工具，以及如何有效地利用这些工具来提高语言教学的质量和效率。应用语言学还密切关注语言规划和语言政策的研究，包括如何制定和执行语言政策以促进语言的健康发展，如何通过语言规划解决社会语言问题等。这些研究不仅对提高人们的语言能力有着重要意义，也对维护语言多样性、促进社会和谐具有深远的影响。

二、词典学

词典学在应用语言学中占据着不可或缺的地位，它通过研究和编纂各类词典，直接服务语言的学习、研究和应用。随着社会的发展和科技的进步，人们对词典的需求日益多样化和复杂化，这不仅对词典编纂者提出了新的挑战，也为词典学的研究开辟了新的方向。

词典学关注的不仅是词典的编纂原则和编纂方法，还包括词典史的研究，即词典编纂的历史演变、不同时期词典编纂的特点及其背后的文化和社会因素。深入研究词典史，可以为现代词典编纂提供丰富的经验和教训，促进该学科的发展。现代词典学的研究不再局限于纸质词典的编纂，电子词典和在线词典的出现大大拓展了词典的功能和应用范围。这要求词典编纂者不仅要具备传统的语言学和词典学知识，还需要掌握现代信息技术，将语言学理论与计算机技术相结合，开发出更加智能、便捷和功能丰富的电子词典和在线词典。

随着经济全球化进程的加快和跨文化交流的增多，人们对多语种词典、专业词典以及文化词典等特殊类型的词典需求日益增加。这就要求词典编纂者不仅要有深厚的语言学背景，还需要具备跨文化交际的知识和敏感性，能够准确把握和反映不同文化中的语言现象和文化特征。

三、语言规范化

语言规范化是应用语言学中一个核心而又复杂的议题，它旨在建立和推广标准语言形式，确保语言的统一和规范，促进语言的有效沟通和传播。语言规范化不仅包括标准语的选择与推广，也涵盖了文字的创制与改革，词汇的规范化，语法和发音的标准化等多个方面（图 4-4）。

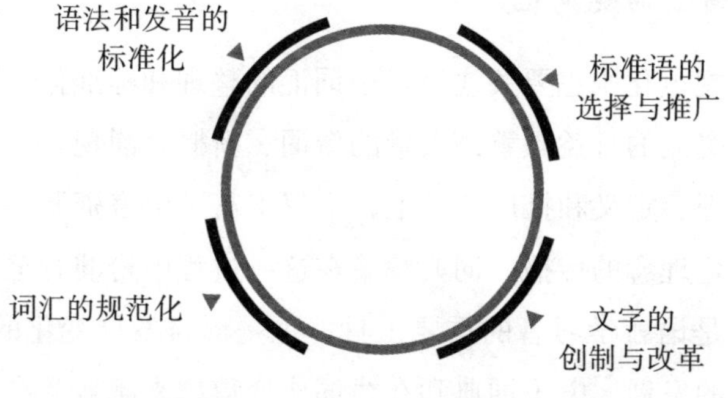

图 4-4 语言规范化的内容

（一）标准语的选择与推广

标准语的选择往往基于社会、文化、政治和经济等多方面的考量。一旦将某种语言确定为标准语，其将成为教育、媒体、政府文件及正式场合的官方语言。标准语的推广需要借助媒体宣传和社会实践等多种手段，使其被广泛接受和使用。例如，普通话作为汉语的标准形式，在中国大陆通过广播、电视、学校教育等渠道得到大力推广。

（二）文字的创制与改革

文字的创制与改革是语言规范化过程中极为关键的一环，主要目的是让文字系统更加适应现代社会的沟通需求。这一过程不仅关乎语言形式的简化，还深刻影响着信息传播的效率。例如，20 世纪中叶，中国实行了汉字简化，通过减少汉字笔画，减轻了人们的学习负担，提高了全民的文化水平，同时为打字机和计算机输入法的发展铺平了道路。此外，韩国的谚文创制、土耳其的拉丁字母改革等，都是为了提高文字的可访问性和推广率，使得语言与技术发展同步。

（三）词汇的规范化

词汇的规范化则主要关注语言中词汇的整理和标准化。随着科技的进步和文化交流的日益频繁，大量的新词、新概念涌现。词汇规范化通过系统地整理、定义和推广新词汇，不仅丰富了语言资源，也促进了科学知识和文化理念的传播。词典编纂在这一过程中扮演着至关重要的角色，它不仅是语言学习者的重要工具，也是语言发展变化的重要记录。随着互联网的发展，电子词典和在线词典变得越来越普及，其更新速度更快，使用也更方便，极大地促进了词汇规范化工作的进行。

（四）语法和发音的标准化

语法和发音的标准化关注的是语言使用中的规范性问题，其能够确保语言交流的清晰性和准确性。语法规范化涉及句子结构、时态、语态等方面，使用规范化的语法有助于提高沟通效率。发音标准化则更多关注人们的口头交流，不同地区的人们在进行口头交流的过程中可能存在发音差异，标准发音的确定和推广有助于提高语言的统一性，帮助人们互相理解。发音规范化不仅体现在教育领域，还广泛应用于广播、电视和其他媒体领域，以标准发音为主导，指导社会大众。

四、翻译

翻译作为应用语言学的一个核心领域，不仅仅是两种语言之间的简单转换，它是一种跨文化的沟通活动，涉及语言学、文学、文化学、心理学等多个学科。在翻译过程中，译者不仅需要对源语言和目的语有深刻的理解，更需要对两种文化有足够的认识和敏感度，以便更准确、生动地传递原文的内容、风格和文化内涵。

翻译的复杂性来源于语言自身的特性和文化的差异。语言不仅仅是表达思想的工具，它本身就蕴含着丰富的文化。因此，在翻译过程中，如何处理好文化因素、如何适应目的语的表达方式，成为衡量翻译质量的重要标准。例如，有些特定的文化概念或文化习俗在源语言中有明确的表达，但在目的语中可能难以找到与之直接对应的词汇，这就要求译者能够创造性地寻找最佳的表达方式，既保留原文的风味，又能让目的语读者容易接受和理解。

随着经济全球化进程的加速，翻译在国际交流中扮演着越来越重要的角色。从经典文学作品的翻译到日常生活中的信息传递，从学术交流到商业合作，翻译无处不在，影响深远。因此，翻译研究不仅关注语言文字的转换，更加关注如何通过翻译促进不同文化之间的理解和交流，如何让翻译成为连接不同文化世界的桥梁。随着计算机和互联网技术的发展，机器翻译和计算机辅助翻译成为翻译领域的热门研究方向。这些技术的应用极大地提高了翻译的效率，也对翻译研究提出了新的挑战和要求，如何提高机器翻译的准确度，如何更好地结合人工智能技术和译者的智慧，成为当代应用语言学研究中的重要议题。

五、机器应用语言学

机器应用语言学研究的是如何利用电子计算机等先进工具来处理自然语言的问题，具体包括以下课题。

（一）实验语音学

实验语音学的发展为人们深入了解语音的本质特性提供了强有力的技术支持。随着电子计算机技术的应用，实验语音学不仅能够进行更为精细的语音分析，还能探索语音在不同语言环境中的变异规律，从而为语音学、语言学习及语音识别技术提供丰富的实证数据。语音合成技术的进步使得人们能够根据语音学原理，通过计算机生成人类语音，这对于开发语言学习软件、辅助听障人士交流等方面具有重要意义。同时，超音段特征的研究，如对语调、重音等的分析，进一步丰富了人们对语音在交际中作用的理解，为语音识别和自然语言处理技术的发展提供了理论基础。

（二）机器翻译

机器翻译是计算机技术与语言学相结合的典型案例之一，它不仅挑战了语言学家和计算机科学家对语言理解和处理能力的极限，也极大地推动了自然语言处理技术的发展。早期的机器翻译侧重词汇和简单句子的直接转换，但研究者很快发现，高质量的机器翻译需要深入理解语言的语义、句法乃至源语言的文化背景。这促使机器翻译研究向更加复杂的语言现象和更高层次的语言理解进军，如探索基于统计的翻译模型、深度学习方法在机器翻译中的应用等。机器翻译的发展还带动了相关领域的探索，如跨语言信息检索、自动摘要、对话系统等，这些技术的进步极大地丰富了人们的交流方式，缩短了不同语言文化之间的距离。同时，机器翻译技术的应用面临着新的挑战，例如，如何处理语言中的歧义、如何保留原文的文化内涵等，这些问题需要语言学家、计算机科学家和文化研究者的共同努力来解决。

（三）情报检索

情报检索领域的核心挑战之一是如何设计出有效的情报检索语言，情报检索语言旨在优化检索系统的查询效果，确保用户能够准确、快速地找到所需信息。一个高效的情报检索语言不仅要能准确表达用户的查询意图，还要能适应不同的检索系统和技术，如关键词搜索、语义搜索等。

1. 设计原则

（1）精确性和一致性。精确性和一致性是情报检索语言设计的核心原则。为了达到精确性，情报检索语言必须能够准确表达信息的内容及其内在联系，这就要求情报检索语言有能力详细描述复杂的信息特性，包括主题、上下文、语言风格等。同时情报检索语言应能准确理解和反映用户查询的意图和需求，这要求检索系统具备强大的自然语言处理能力，以识别、解析用户查询中的关键词、短语及其语义关系。一致性要求检索系统在处理相同或相似查询时能够提供稳定且一致的结果，这不仅依赖语言的标准化设计，也需要系统内部算法的稳定性和可靠性。为了实现高度的一致性，检索系统需要有一个标准化的知识表示框架以及一套规范的术语和概念体系，确保不同用户在使用系统时能得到一致的检索体验和结果。

（2）灵活性和扩展性。随着信息技术的发展和用户需求的不断变化，情报检索语言的灵活性和扩展性变得尤为重要。灵活性指的是检索系统能够适应不同类型的查询和信息资源，包括各种格式的文本、图像、音频和视频等。这要求情报检索语言能够支持跨领域、跨语言的信息检索，同时能够灵活处理各种非结构化或半结构化的数据。扩展性则涉及检索系统能够轻松地引入新兴的词汇、术语和概念，以及更新和扩充知识库和数据库。这不仅要求检索系统具备强大的自我学习能力，以自动识别和整合新信息，还要求设计师在设计检索系统时就充分考虑到未来的发展，预留足够的空间和接口以便于后续的扩展和升级。

（3）简洁性和易用性。为了提高用户体验和检索效率，情报检索语言的简洁性和易用性同样至关重要。简洁性意味着用户可以通过简单直观的方式查询自己想要了解的内容，而无须了解复杂的查询语法或进行烦琐的设置。这不仅提高了检索效率，也使得检索系统更加易于使用。易用性则要求检索系统提供友好的用户界面和交互设计，包括直观的查询构造工具、清晰的帮助指南和反馈机制等。检索系统还应具有足够的灵活性，以支持不同技能水平的用户进行高级查询和定制化设置。用户界面和交互流程的优化，可以极大地提升用户的检索体验，使得用户能够更加快捷和准确地获取所需信息。

2. 技术实现

（1）自然语言处理（NLP）。NLP 技术是实现精准情报检索的基石。NLP 技术使得检索系统能够理解和处理人类语言，从而深入挖掘用户的查询意图和文档内容之间的深层次联系。NLP 技术可以对用户查询语句进行语法和语义分析，通过解析查询语句的结构，识别关键词和短语，进而理解用户查询背后的实际需求和意图。例如，通过词性标注、句法分析等步骤，检索系统能够区分查询中的命名实体、动作和属性，以及它们之间的关系。NLP 技术还可以应用于文档的内容分析，通过自然语言理解技术提取文档的关键信息，识别文档主题和情感倾向，构建文档的语义表示。NLP 技术还能支持跨语言的信息检索，通过语言模型和翻译技术，使得检索系统能够处理不同语言的查询和文档，大大扩展了检索系统的应用范围。

（2）本体论和语义网络。本体论和语义网络为情报检索语言提供了一种结构化和层次化的知识表示框架，使得检索系统能够更准确地理解和表示信息内容及其相互关系。通过构建领域特定的本体论，检索系统可以定义一组标准化的术语和概念以及它们之间的关系，从而形成一个有机的知识体系。这样，当用户进行查询时，检索系统不仅能够识别用户查询语句中的关键概念，还能够根据本体论中定义的语义关系进行推理和扩展，支持更复杂和灵活的查询方式。如果用户查询“心血管疾病”的治疗方法，检索系统可以根据本体论中的关系，将查询扩展至包括“高血压”“冠心病”等具体疾病及其治疗方法等方面。语义网络的构建使得信息之间的关联性和相似性可以更直观地表示和检索，支持基于相似性的信息发现和推荐。

（3）用户反馈和机器学习。用户反馈和机器学习技术能够使检索系统不断自我优化和进化。通过分析用户的反馈和检索行为，检索系统可以更好地理解用户的实际需求和偏好，从而调整和优化检索策略。机器学习技术，特别是深度学习算法，在这一过程中扮演着核心角色。检索系统可以通过学习用户与检索结果之间的交互过程，如点击率、停留时间、满意度评价等，自动调整查询解析和文档排名算法，提高检索的相关性和准确性。机器学习技术还可以用于发现新的查询模式和信息需求，为检索系统的进一步扩展和改进提供数据支持。随着时间的推移，检索系统通过持续学习和优化，能够更精准地满足用户的个性化需求，提升用户体验和用户满意度。

第五节 应用语言学的研究意义

一、语言教学与习得

在语言教学与习得方面，应用语言学的研究意义体现在以下几个关键方面（图 4-5）。

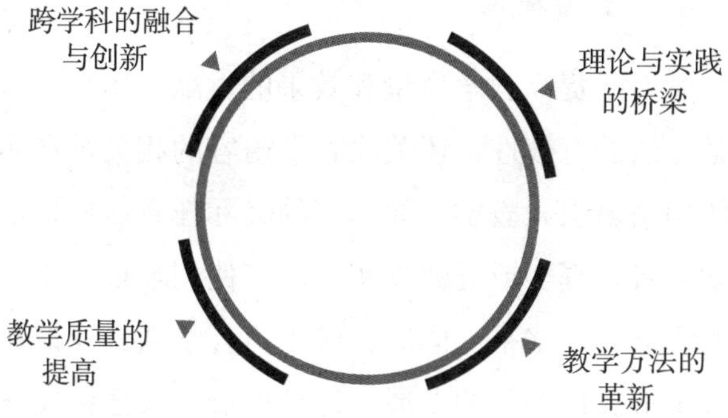

图 4-5 应用语言学在语言教学与习得方面的研究意义

（一）理论与实践的桥梁

应用语言学不仅是语言学理论和语言教学实践之间的桥梁，还是一个创新的平台，它鼓励教育工作者和研究人员不断探索新的理论，并将这些理论应用到实际的教学环境中。研究应用语言学可以使教师了解第二语言习得理论（SLA）如何指导实际的课堂教学，包括任务型学习、沉浸式教学法、以学习者为中心的教学等方法。应用语言学的研究还促进了教学评估和自我反思的实践，帮助教师更有效地调整教学策略，以满足不同学习者的需求。

（二）教学方法的革新

在教学方法的革新方面，应用语言学的贡献包含但不仅限于引入新的技术和平台。它还包括对教学内容和教学模式的深刻变革，应用语言学促进了跨文化能力的教学，让学习者能够在学习语言的同时，理解不同的文化和价值观。应用语言学研究能通过分析大数据和学习者反馈，研究如何设置个性化教学内容和节奏，以适应学习者的个人差异和学习风格。教学方法的革新不仅提高了学习效率，还提升了学习者的参与度和满意度。

（三）教学质量的提高

应用语言学对于提高教学质量和效果的贡献，体现在多个层面。它不仅关注教学方法的有效性，还关注教学内容的相关性和实时性。通过将实际语言使用情境引入教学，如真实的交际任务、模拟情境等，应用语言学帮助学习者在真实或近似真实的语言使用环境中学习，从而提高其语言能力的实际应用水平。同时，应用语言学强调反馈在语言学习中的作用，促进了形成性评价的发展，这种评价方式强调在学习过程中不断给予学习者反馈，以促进他们的持续学习。这种方式不仅提高了教师教学的质量，还增强了学习者的自信心。

（四）跨学科的融合与创新

应用语言学通过与其他学科的深度融合，推进了教学方法和学习理论的创新。将心理学、认知科学、信息科学等领域的理论与技术应用到语言学习和教学中，使得语言教育超越了传统的教学模式，走向更为深入和广泛的应用层面。

心理学的研究成果，尤其是关于记忆、动机、情感等方面的理论，为人们理解语言学习过程中的心理机制提供了重要视角。这些理论的应用使教师能够更好地把握学习者的心理状态，设计出能够激发学习者学习动力、降低学习者学习焦虑的教学策略，进而提高学习者语言学习的效率和效果。认知科学的进展，特别是在认知神经科学和认知心理学领域，为语言学习提供了新的理解框架。例如，理解大脑如何处理语言信息、如何在不同语言间转换，以及如何在大脑中形成语言能力，这些认识帮助教育者开发出与大脑学习过程相适应的教学法，如基于大脑认知机制的记忆技巧和学习策略，使语言学习更加高效。

二、语言政策与规划

应用语言学的贡献在于为语言政策提供了坚实的理论和实证基础，确保决策过程既科学又具有前瞻性。在多语言社会中，平衡不同语言群体的需求并不是一项简单的任务。应用语言学研究如何识别和评估各种语言的社会、经济、文化价值，为语言的官方认定、教育使用，甚至是法律地位的确立提供依据。在这个过程中，应用语言学努力实现语言的平等和多样性，确保每个语言群体都能在社会中找到自己的位置，促进社会的整体和谐。

三、跨文化交际

在经济全球化日益深入的今天，跨文化交际能力的重要性不言而喻。应用语言学在这一领域的作用是显著的，它深入探讨了如何在不同的文化背景下建立有效的沟通桥梁这一问题。应用语言学研究不仅聚焦语言的直接交流功能，还涵盖了非言语交流、社会礼仪、交际习惯等与文化紧密相关的方面。应用语言学的研究成果帮助人们识别和理解文化差异，从而避免误解和冲突，提升跨文化敏感性和适应能力。它还致力开发跨文化交际培训课程，为国际商务、外交、教育等领域的专业人员提供必要的跨文化交际能力训练。这些努力共同促进了不同文化间的理解和尊重，为构建和谐多元的社会奠定了基础。

四、语言技术应用

应用语言学与计算机科学的交叉为自然语言处理、机器翻译、语音识别等领域的快速发展奠定了基础。这一交汇点上的科技进步极大地拓宽了语言的使用场景，不仅使人们的日常沟通更为便捷，而且在教育、医疗、媒体等多个重要领域发挥了重要作用。

在信息化社会的大背景下，对语言文字进行高效处理成为人们的基本需求。电子计算机等现代工具的应用，使得语言文字信息的存储、分类、统计、检索及转换传输等工作变得更加高效，为建立现代语言信息系统提供了可能。这不仅优化了语言文字的利用方式，还极大地增强了知识传播的效能。机器翻译、语音识别、汉字输入等领域的发展既证明了电子计算机在语言研究中的巨大价值，也反映了语言学必须适应新时代的挑战。电子计算机不仅是语言研究者的有力工具，更是推动语言学研究创新和应用的重要驱动力。

在这个过程中，应用语言学的研究成果为语言技术提供了理论基础和实践指导。语言模型的构建、语义理解的深化以及语境分析的准确性都得益于应用语言学的研究进展。语言学的研究方向和重点也应随着科技的发展而不断调整，确保其理论和方法既能反映语言现象的本质，又能满足现代社会的实际需求。

五、社会语言学研究

应用语言学在社会语言学研究领域展现了其深远的影响力，应用语言学密切关注语言在各种社会环境中的实际使用情况，涵盖方言、社会方言、性别语言等多个维度。这一研究方向着重于探讨语言如何在不同的社会环境中体现出个体的社会身份、揭示权力结构，并反映群体间的相互关系。在社会语言学的探索过程中，研究者不仅分析语言使用中的变异现象，分析语言如何反映社会结构的变化和社会群体的差异，也关注语言变化对个人的社会身份以及整个社会的影响。这种研究不仅有助于人们理解语言的社会功能和作用，还为人们解决实际社会问题，如消除语言歧视、促进社会融合等提供了重要的参考和依据。

随着社会对语言认识需求的增加，人们开始从新的视角观察和研究语言，创造出许多新的研究工具和方法。这些研究工具和方法的创新发展不仅促进了语言研究的深入，也拓展了应用语言学的研究范畴。例如，利用仪器进行精确的语音分析，揭示语音变化与社会因素之间的联系；借助电子计算机处理大规模语料，分析语言使用的模式和趋势；评估语言教学质量，提出改进策略；解决机器翻译中的语言理解和生成问题，提高翻译的准确性和流畅性。

这些研究不仅丰富了社会语言学的理论体系，也实现了技术与方法的革新，为解决语言教学、翻译、语言规划等实际问题提供了新的视角和工具。通过这种方式，应用语言学不断推动语言研究的进步，同时促进人们对语言的有效利用，满足社会发展的需求。

第五章　文化视野下英语语言学探索

第一节 文化视野下英语词汇学探索

一、英语词汇学概述

（一）英语词汇学定义

1. 什么是词汇学

词汇学是语义学的一个重要分支，专注于探索和理论化语言中的词汇。这一学科不仅关注词汇的结构和分类，还深入研究词汇背后的规则。杰克逊（Jackson）等人在著作《词，意义和词汇：现代英语词汇学引论》中指出，词汇学的研究内容包括词的构成、意义、语义联系以及词汇的演变等。掌握词汇学，意味着人们能够深入了解词汇的系统知识，包括词汇的当前状态和历史发展，能够分析并解释现代词汇中出现的各种现象。

2. 什么是英语词汇学

英语词汇学是专门研究英语词汇体系、结构、发展和使用的一门学科。它深入探讨英语中单词的构成方式、意义演变、语义关系以及词汇的历史变化。通过学习英语词汇学，学习者不仅能够理解英语词汇的普遍规律和特性，还能分析和解释现代英语中出现的各种词汇现象，包括新词的创造、旧词的变化以及词汇使用的多样性。这门学科强调语言学的理论和方法的利用，意在使学习者能够更加深入地了解英语词汇，提高对词汇的认识、解释和应用能力，同时为英语学习者提供有效的学习策略和工具。简而言之，英语词汇学旨在为那些希望深入了解英语词汇及其应用的人们提供系统的知识和技能。

（二）英语词汇学研究领域

英语词汇学涉及的研究领域广泛且深入，包括从形态学、语义学到更专业的词汇语义学、认知语义学、词源学、词典学和认知词典学等各个领域。这些领域既有自成体系的学科，也有跨学科的融合，共同推动英语词汇学向新的高度发展。英语词汇学不仅关注词汇的现状和变迁，还包括对词汇历史发展的考察以及不同英语变体之间的比较。

英语词汇学的研究不局限于单个单词，而是对整个词汇系统的探索。这一点很重要，因为词汇不仅仅是单词的简单集合，它们在系统内部相互独立、相互关联并相互影响。因此，英语词汇学的研究目标不是孤立的单词，而是整体语言环境中的词汇，包括词汇的来源、历史、结构、意义以及使用情况。尽管有些词典可能将词汇学简化定义为研究词义和用法的学科，实际上英语词汇学的探索范围远不止于此。它不仅深入分析各个单词的属性和特点，还综合考察语言中的词项、词义以及词汇系统的结构。

（三）英语词汇学研究方法

英语词汇学的研究方法紧密联系着语言学的一般研究方法，并受到多种理论流派的影响和帮助。例如，结构主义语言学和转换生成语法为人们提供了理解和分析词汇问题的新视角。这反映了词汇学作为一门交叉学科的独特性，意味着没有单一理论或方法能完全解决词汇学研究中的所有问题。

词汇学的研究可以分为共时研究和历时研究两大类。共时研究关注的是词汇在特定时段内的状况和特色，如现代英语中 mouse 不仅指“老鼠”，还可以指电脑的“鼠标”。历时研究则探索词汇的发展与变化。结合这两种研究方法，词汇学的探索可以融合更多具体的语言学研究技术，如运用归纳法和演绎法，通过大量的实例来总结某一时期的词汇的使用特征，或者利用已知的构词规则来推理新词的构成。

语言的交际功能和语境特征，即语用学的研究，也是词汇学研究中不可或缺的一部分。在现代技术的支持下，语料库语言学为词汇学的研究带来了革命性的进展。借助语料库，研究者可以进行精确的数据统计和定量分析，这不仅为人们提供了新的词汇学的研究视角，还极大地丰富了操作手段。语料库成为词汇研究和教学的重要工具，它既能快速提供人们所需的语言材料，又能保证研究和教学所依赖的语言样本的高质量。对于英语学习者而言，学习语料库语言学不仅能加深其对英语词汇历史和现状的理解，还可以提高其分析语言问题的理论水平。

（四）学习英语词汇学的意义

英语词汇学的重要性体现在语言学习和使用的各个层面。无论是日常对话还是书面交流，选择和运用合适的词汇都是确保信息准确传递的关键。实际上，语言的魅力和表达的力量往往源自人们对词汇的精确使用。因此深入学习和研究词汇不仅能够使语言表达更为有效，还能维护语言的纯净和活力。

学习任何一种语言，特别是外语，都离不开听、说、读、写、译这五项基本技能，而这些技能的发展都建立在对词汇的深入理解和熟练掌握上。词汇学的学习不仅是积累单词那么简单，还涉及把人们对单词的直观理解提升到更高的认知层次上，实现对词汇深层次的理解和应用。这种深入的学习方法可以让学习者在语言掌握上事半功倍，不断拓展自己的语言边界，提高语言运用的灵活性和创造性。简而言之，研究英语词汇学不仅是为了学习一门语言，更是为了能够更有效地使用这门语言。

二、英语词汇学的研究内容

在文化视野下，英语词汇学的研究内容丰富多样，涉及词汇与文化之间的深层联系和相互作用。文化视野下值得人们关注和研究的英语词汇学内容主要包括以下几点内容（图 5–1）。

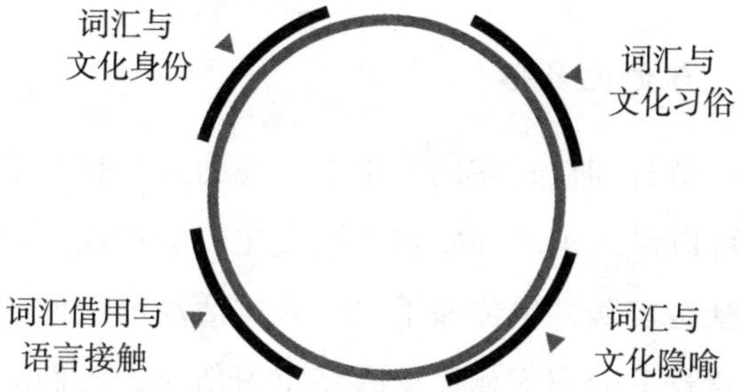

图 5–1　文化视野下英语词汇学的研究内容

（一）词汇与文化身份

特定词汇的使用不仅能反映社群的共同价值观、信仰和传统，而且还能够展现出个体在社会中的定位和归属感。专业术语或地方方言可以标示出个体在特定领域或地区社群中的身份。例如，广东话不仅是一种语言表达方式，也代表了广东人的身份认同和地域文化。广东话中的特定词，如“食茶”（意为下午茶），反映了广东地区独特的饮食文化和社交习俗。在经济全球化背景下，即使是身处海外的广东人，通过使用广东话及其特定词汇，依然能够保持与家乡文化的联系，展现出强烈的地域文化身份和归属感。

在英语中，专业术语的使用同样揭示了词汇与文化身份之间的联系。例如，在计算机科学领域，coding（编码）、algorithm（算法）等不仅是该领域的专业术语，也成为计算机科学家或程序员社群的身份标识。当人们使用这些术语时，不仅是在展示他们的专业知识和技能，也表达了他们对于该领域文化的认同。语言的演变同样影响着文化身份的发展，随着新词汇的引入和旧词汇的淘汰，文化身份也在不断地重塑和更新。还是在计算机科学领域，随着科技的发展，新的术语不断涌现，如 block chain（区块链）和 artificial intelligence（人工智能），这些词的流行不仅反映了技术发展的趋势，也影响着专业领域内人们的文化身份。

（二）词汇与文化习俗

文化习俗、节日和仪式在词汇中的体现为人们打开了一扇窗，透过这扇窗，人们可以深入了解和欣赏不同文化的独特性。词汇不仅记录了文化的历史和社会实践，也传递了关于人类活动和信仰的深层信息。在研究不同文化背景下的词汇如何反映特定习俗时，人们能够发现语言和文化之间不可分割的联系。如许多文化都有独特的词汇来描述特定的节日食物、舞蹈或庆祝方式，这些词成为连接过去和现在、个体和集体的桥梁。

春节，又称为农历新年，是汉语文化中最重要的传统节日之一。围绕春节的庆祝活动，汉语中产生了大量独特的词，这些词不仅描述了节日的习俗，也承载了深厚的文化意义。“年夜饭”指的是春节前夕全家人团聚在一起吃的晚饭，象征着家庭的团聚和温暖；“红包”指的是长辈给晚辈的压岁钱，表示长辈对晚辈的祝福。这些词反映了春节期间的各种习俗，展现了中华文化中人们对家庭的重视。圣诞节是西方文化中极为重要的节日，围绕这一节日的词汇同样丰富并富有文化意义。mistletoe（槲寄生）在圣诞节期间象征爱情和祝福，根据传统，如果两个人站在槲寄生下，他们必须接吻；另一个词 Yule log（圣诞木柴）源自古老的冬至庆祝习俗，现代则通常指一种装饰性的、模仿木柴形状的蛋糕，象征温暖和光明。这些词不仅描述了圣诞节的习俗和庆祝方式，也反映了该节日背后的文化。

（三）词汇与文化隐喻

文化隐喻在词汇表达中占有独特地位，能够深刻揭示一个文化群体的世界观和价值观。如英语中将时间视为金钱的隐喻（如 spend time、waste time、invest time）反映了西方文化中对时间效率的重视。在这种文化观念下，时间被视为一种宝贵资源，与金钱一样可以被“节省”“消耗”或“赚取”。这种隐喻揭示了西方社会强调个人努力、效率和目标导向的价值观。

在汉语中，水往往被用作描述人的品德或社会关系的隐喻，例如，“流水不腐，户枢不蠹”比喻不断更新、进步才能保持不衰败，体现了中国传统文化中对动态平衡和持续发展的重视。“水能载舟，亦能覆舟”意思是水能够承载船只，也能够翻覆它。这个成语通常用来比喻民众的力量是双刃剑，民众既可以支持统治者，也可以推翻统治者。在这个隐喻中，水象征着民众，而舟（船）则代表着国家或者统治者。这句话强调了民众对国家政权稳定的重要性，同时提醒着统治者必须尊重并妥善引导民意，否则，民众的力量足以改变国家的命运。这一表达反映了中华文化中对民本思想的重视，也揭示了统治和被统治之间微妙的关系。这一成语不仅在政治领域有着深远的影响，也常被用于描述任何依赖群体力量而存在的情形，提醒人们要正确处理个体与群体之间的关系。

（四）词汇借用与语言接触

词汇借用是语言接触过程中的常见现象，它不仅体现了语言的开放性和动态性，还反映了不同文化之间的交流和融合。通过借用他语词汇，语言能够更加丰富多彩，同时在一定程度上体现了接收语言社会的文化开放度和适应外来文化的能力。汉语中有许多从其他语言借入的词，特别是在科技、饮食和文化领域。例如，“咖啡（coffee）”一词就是从英语中直接借用而来，原词源自阿拉伯语的 qahwa。随着咖啡文化在中国的传播，这一外来词不仅被人们广泛接受，而且伴随着咖啡消费文化的普及成为人们日常生活的一部分；“沙发（sofa）”一词源自阿拉伯语，通过英语传入汉语，现在几乎每个中国家庭都会用到这个词，“沙发”一词的广泛使用，体现了西式家具在中国的普及。

英语作为一种典型的混合语言，其词汇库中也包含了大量从其他语言中借用的词。食物名称领域是英语词汇借用的明显领域，例如，sushi源自日语，指的是一种日本的饭团食品，这一词的广泛使用反映了日本饮食文化在全球的流行；Taco源自西班牙语，指的是墨西哥的玉米饼，其在英语中的普及体现了拉丁美洲文化对美国及其他英语国家的影响。这些食物名称的借用不仅有助于英语词汇的丰富，也促进了不同饮食文化在全球范围内的传播。

第二节 文化视野下英语句法学探索

一、英语句法学概述

（一）英语句法学定义

英语句法学专注于研究英语句子结构的规则和原则。作为语言学的一个分支，句法学不仅揭示了句子内部成分的组织方式，还分析了词汇如何通过特定的排列和连接达到交流意图。王希杰指出，句法学独立于句法现象本身，句法现象指的是语言中存在的客观结构规律，而句法学则涉及对这些结构规律的认识、描述和理论化，体现了研究者的主观创造性和对句法现象多角度的解读。因此，英语句法学不只是记录和描述句子如何构造，更重要的是理解和解释构造句子的规则背后的逻辑和功能，反映了人们对英语句子结构更深层次的理解和分析。

（二）英语句法学研究内容

英语句法学的研究内容覆盖了语言结构的多个方面，包括句法规则的递归性、句法结构的自治性和句法的心理现实性等关键特征（图 5–2）。

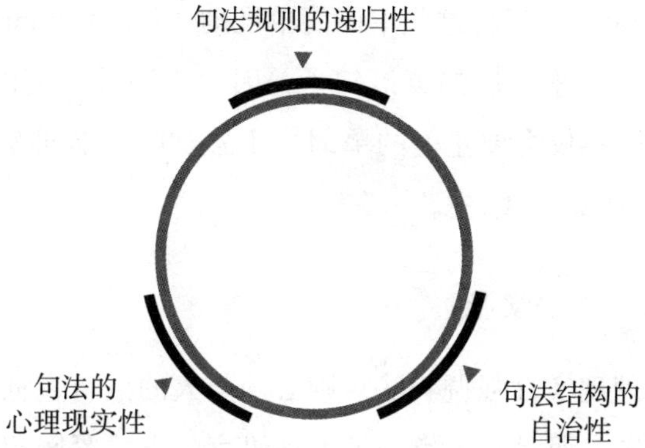

图 5-2　英语句法学研究内容

1. 句法规则的递归性

句法规则的递归性允许人们使用有限的规则生成无限的句子结构。例如，在简单的短语结构规则框架下，一个句子（S）可以由一个名词短语（NP）和一个动词短语（VP）构成，而这些短语本身可以进一步细分并包含其他短语结构，如形容词短语（AP）和介词短语（PP）。这种结构的嵌套和重复展示了语言的复杂性和创造性，使得人们能够构造和理解结构复杂的句子。

2. 句法结构的自治性

句法结构的自治性体现在句子的组成不依赖单词的简单累加，而是遵循其内在的结构规则。句子的意义和功能是由这些大于单词的短语结构通过层级关系组合而成的。这种层级结构证明了句法规则的独立性，即它们不仅是社会约定的产物，更是语言内部组织的反映。

例如，在“The cat sat on the mat”这个句子中，单词并不是随机排列的。它遵循英语的句法规则，其中，The cat 构成了一个名词短语（NP），作为主语；sat on the mat 构成了一个动词短语（VP），动词 sat 和作为宾语的介词短语 on the mat。这个介词短语又包含介词 on 和名词短语 the mat。如果仅仅将这些单词简单堆砌，如“Cat mat sat the on”，这并不构成一个合乎语法的英语句子，因为它违反了英语的句法规则。合乎语法的句子不仅需要正确的单词，还需要这些单词按照特定的规则排列以反映句子的内在结构。

3. 句法的心理现实性

句法的心理现实性强调句法规则必须与人的语言直觉相符。句法结构并非随意安排，而是与人类大脑处理语言的方式紧密相关。正确的句法结构能够与说话者和听话者的心理预期相匹配，从而确保语言交流的效率和准确性。

例如，“The quick brown fox jumps over the lazy dog”，根据句法的心理现实性，大多数英语使用者在直觉上会将这个句子理解为一个完整的语言单位，而不是随机分割的词组。

常见的错误分割包括“The quick / brown fox / jumps over / the lazy dog”和“The quick brown / fox jumps / over the lazy / dog”，这些分割方式都违反了英语句法的直觉规则。正确的句法结构识别出 The quick brown fox 作为主语的名词短语（NP），而 jumps over the lazy dog 作为谓语的动词短语（VP）。人们对这种结构的认知和理解是下意识的，说明句法规则在心理上是现实的，与人类语言处理系统的工作方式密切相关。

（三）英语句法学研究方法

英语句法学的研究方法紧扣语言学作为经验科学的根本特性，依靠观察和分析说话者的语言直觉来认定何为合乎语法的表达。这些语言事实不仅被视作社会行为的体现，更重要的是它们被认为是人类心智能力的直接产物，揭示了人脑与语言经验相互作用的复杂机制。

句法学研究侧重于所谓的I-语言——一种内在的、生成性的语言系统。I-语言能力表明人类拥有以创造性方式使用语言的能力，这种能力基于人类从语言环境中提取和构建语言规则的天赋。从更宏观的视角来看，语言学家致力理解和阐释普遍语法——一套全人类共享的、决定I-语言选择的规则体系。普遍语法的研究不仅是语言学领域内极具挑战性的理论问题，也是连接自然科学和社会科学的桥梁。

在研究方法上，英语句法学通常采用观察归纳法和演绎推导法，尤其偏重演绎推导法。观察归纳法使研究者能够充分描述I-语言的系统性特点，而演绎推导法则助力深入解释I-语言的内在机制和原则。儿童能在短时间内掌握复杂的语法系统，创造并理解无限的句子，这一事实强调了人类语言能力生成句子的简约性原则。因此，英语句法学的研究不只是对句子形式的描述，更关注句子生成的底层逻辑和规则，从而揭示语言的深层结构和功能。

二、英语句法学的研究内容

在文化视野下，英语句法学的研究内容丰富多样，不仅涵盖语言的内在结构，还包括语言如何反映和塑造文化现象。以下是本书认为文化视野下英语句法学几个值得关注和研究的内容（图5-3）。

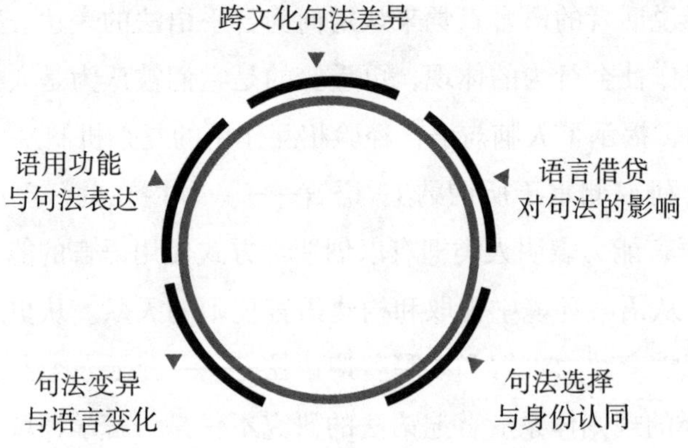

图 5-3 文化视野下英语句法学的研究内容

（一）跨文化句法差异

跨文化句法差异探讨不同文化背景下英语使用者如何采用不同的句法结构来表达相似的概念。如某些文化可能更频繁地使用被动语态以表达礼貌或避免直接责任归属，而其他文化则可能偏好主动语态以强调行动的主体。

在英语中，被动语态经常用于强调句子的动作而非动作的执行者。例如，在商务或学术写作中，人们可能会说“The project was completed ahead of schedule（项目提前完成了）”，以避免直接指出责任主体。

汉语中虽然也存在被动语态，如“这篇文章被发表了”，但在日常交流中，人们往往更倾向于使用主动语态，即使在表达被动含义时。汉语中的被动语态通常需要通过特定的被动标记，如“被”或“受”来明确表示，而这种结构在汉语口语中的使用频率低于英语。

（二）语言借贷对句法的影响

语言借贷对句法的影响主要研究的是由语言接触导致的语言借贷（如单词、短语）影响句法结构的过程。某些英语表达方式可能直接受到其他语言结构的影响，导致非典型的句法结构出现在英语中，进而反映特定文化的语言习惯。

随着中英文化交流的加深，一些汉语词被借用到英语中，这些词的使用方式有时会反映汉语的语言习惯。例如，“给……打电话”在汉语中的直译是“give someone a call”，该句子在英语中虽然也是正确的表达，但这种结构的使用可能受到了汉语结构的影响，实际上，英语中更自然的表达可能是“call someone”。

在一些双语者的英语使用中，这种现象尤为明显。例如，其在英语中通常遵循主语—谓语—宾语的顺序，如果一个句子中出现时间状语如“我明天去商店”，则可能会产生“Tomorrow I go to the store”的译句。虽然这在英语中是可以接受的，但汉语的这种句式安排对于英语句法结构的影响是显而易见的，尤其是在时间、地点状语的位置安排上。

（三）句法选择与身份认同

句法选择与身份认同探讨个体和群体如何通过特定的句法选择来表达身份认同和社会归属。这可能涉及对特定社会群体（如青少年、专业团体）使用的独特句法结构的研究以及这些选择如何服务群体内的沟通和群体间的区分。在英美国家的青少年群体中，使用俚语和非正式表达方式是常见的，例如，缩略语和网络语言。他们可能倾向使用更简洁的句子结构，如省略主语或使用非标准的动词形式，如用 gonna 代替 going to，以此来彰显他们的年轻身份和与传统语言规范的区隔。在中国的专业团体中，如法律人或学者，倾向使用充满术语的、结构复杂的句子来表达专业性和权威性。例如，法律文本中常见的长句和并列结构，他们通过使用特定的连接词（如“以及”“并且”）来构建复杂的信息，展示了自身的专业性。

（四）句法变异与语言变化

句法变异与语言变化研究的是在经济全球化和多语环境中，句法变异对语言变化和文化融合的反映过程。英语学习者可能将母语的句法结构带入英语中，进而创造出新的句法结构。例如，中文学习者可能在英语句子中使用“的”来连接形容词和名词，如“interesting 的 book”，这反映了从汉语到英语的直接语法转换尝试。随着英语在中国的普及，一些英语句法结构开始影响汉语，尤其是在年轻人的网络语言中。例如，人们直接采用英语的主动语态结构，而不是传统汉语中常见的被动语态来强调行为的主体。

（五）语用功能与句法表达

语用功能与句法表达研究的是句法结构如何用于实现特定的语用功能，如请求、命令、建议等，以及这些功能的句法表达如何受到文化习惯和期望的影响。英语中表达请求的句子通常是间接请求句，如“Could you please...?”，在汉语中，人们表达建议时往往使用条件句式，如“如果你……会更好”，这种句法结构体现了人们提出建议时的谨慎。

第三节 文化视野下英语语义学探索

一、英语语义学概述

（一）英语语义学定义

英语语义学是一门研究语言意义的科学。它涵盖了从单个词到复杂句子和篇章的所有语言单位，着重分析这些语言单位所承载的意义、意义之间的相互关系以及构成这些意义的基本规则。英语语义学关注的是那些超越具体语言使用情境的、普遍存在于自然语言中的意义，这些意义反映了人类的思维模式和现实世界的各种现象。

英语语义学并不是一个孤立存在的领域，它与众多其他学科（如符号学、心理学、人类学和哲学）有着紧密的联系，形成了一个跨学科的交叉领域。这种跨学科的性质使得语义学能够从多角度分析语言单位的意义，既包括意义的结构和发展（词汇语义学的关注点），也包括句子层面的意义构造和联系（句法语义学的研究重点）。从更广泛的视角来看，英语语义学的研究可以分为内部和外部两个方面。内部研究侧重于探究语言单位本身的意义特征和组织方式，以及不同语言单位意义之间的内在联系。外部研究则着眼于语言符号与它们所指代的现实世界之间的关系，以及如何借助语言之外的信息来理解句子的真实含义。

（二）英语语义学起源与发展

作为探索语言意义的科学领域，英语语义学始于法国语言学家布雷阿尔（Michael Breal）于1897年发表的《语义学探索》。该作品的问世不仅奠定了语义学作为一门独立学科的基础，也开启了学者对语言单位意义及其相互作用规则系统研究的新纪元。自那时起，英语语义学经历了几个重要的发展阶段，并逐步成为一个多学科、多维度和多层次的研究领域。

1. 准备时期

语义学发展的准备时期大约是从1825年到1880年。这一时期，历史比较语言学的兴起与浪漫主义诗人对词语意义的关注共同催生了人们对语义变化的初步探索。

2. 词源学研究时期

准备时期结束后，英语语义学进入了以词源学研究为主的时期，从1880年持续到了1930年。这一时期研究者集中探讨了语义变化的原因、形式和过程，深入分析了词义随时间演变的过程。

3. 结构主义时期

结构主义时期约从 1930 年持续到了 1962 年。在这一时期，语言学家尝试将结构主义语言学的原理和方法应用于语义变化的研究，其中特里尔（Trier）的语义场理论成为这一时期的标志性研究成果。此外，乔姆斯基通过对转换生成语法的不断完善，强调了句子意义研究的重要性，他认为句子的意义并非词义简单组合的结果，而是一个独立的研究领域。

4. 多元化发展时期

从 1970 年开始，语义学进入了一个多元化发展的时期。这一时期，语义学研究融入了语言哲学、心理学等多种学科的理论和方法，从多角度、多层面深入探讨语义。认知语义学和形式语义学成为未来发展的两个重要方向，标志着语义学研究的不断深化和拓展。

认知语义学强调语义不仅是语言符号与客观世界的对应关系，更反映了人类的认知过程和心理 状态。① 这一领域的发展促进了人们对概念结构、隐喻理解、概念范畴化等现象的研究，揭示了语言、思维和现实之间的复杂联系。形式语义学通过逻辑和数学工具来精确描述语言的意义结构。随着计算机科学的发展，形式语义学在自然语言处理和人工智能领域发挥了重要作用，特别是在语言理解和生成、机器翻译、语音识别等技术的进步中有重大意义。

（三）英语语义学研究内容

英语语义学的研究内容涵盖了语言意义的多个层面，这些研究内容可概括为以下几个主要方向。

① JACKENDOFF R S. Semantics and Cognition [M]. Cambridge: The MIT Press, 1983: 25.

1. 词汇语义研究

在词汇层面，英语语义学研究的关注点集中在探索单词的意义、分析词义的基本成分（义素）、探讨词语如何在语义上组合（词汇聚合）以及研究词汇场的概念等方面。例如，对同形异义词和多义词的分析揭示了语言的复杂性和动态性。如多义词 bank 既可以指“银行”，也可以指“河岸”，显示了一个单词可能蕴含的多重意义。

成语和短语的语义研究则深入探讨了固定表达方式所承载的文化和语境含义。如英语短语 bite the bullet 的字面意思是“咬住子弹”，这个短语源自过去战场上士兵疗伤时的做法，由于当时缺少麻醉剂，受伤的士兵在接受治疗时要咬住一颗子弹以忍受疼痛。如今 bite the bullet 通常用来指某人不得不面对某些极其困难或不愉快的情况，勇敢地采取行动或做出决定。这个短语不仅表达了人们面对困难和挑战时的勇气，也反映了英语文化中直面困难不退缩的价值观。

又如汉语成语“画蛇添足”。“画蛇添足”的字面含义是“在画蛇后，给它添上脚”，源自《战国策》中的一个故事，讲述了一个人在画蛇时因为过于自信而多画了蛇的脚，结果反而失去了原本应得的奖赏。这个成语用来比喻做某事时做了不必要的附加，不仅不能带来好处，反而可能导致负面的结果甚至是自取其辱。“画蛇添足”这一成语不仅生动形象，而且承载了深刻的文化含义，反映了中国传统文化中对于行事做人的一种哲学思考。它提醒人们在行动时要考虑某项操作是否必要和适宜，要时刻避免不必要的浪费和失误。这个成语体现了中国传统文化中的中庸之道和谨慎行事的价值观。

2. 句子语义研究

句子层面的研究依托真值条件语义理论、配价理论、生成理论等，旨在解析句子的意义构造、句法结构和词序等方面的问题。

真值条件语义理论试图解释句子如何表达事实状态的真或假，即一个句子在特定条件下的真值性。

配价理论关注词语（尤其是动词）与其他成分的组合规则，如 give 需要一个施事、一个受事和一个宾语来完成意义的表达。

生成理论是由美国语言学家诺姆·乔姆斯基于 20 世纪 50 年代提出的一种关于语言学的理论，开拓了语言研究的新视角。它主要致力理解和描述人类语言能力的内在规则和原则，尤其是语言的句法结构。生成理论假设所有人类语言都基于一套共享的普遍语法，这套语法是人类天生具有的，并指导着语言的习得和使用。生成理论的核心目标是揭示能够生成（即产生）所有可能合乎语法的句子的规则体系。生成理论的一个关键概念是“深层结构”和“表层结构”。深层结构是句子的抽象语法结构，决定了句子的语义解释；而表层结构则是句子的具体语法形式，包括词的排列和句法标记，决定了句子的发音和表达方式。通过变换规则，深层结构可以被转换成表层结构，这些变换规则是生成语法中用来解释句子如何从基本形态变化为实际出现在语言使用中的形态的规则。

例如，“The cat chased the mouse”和“The mouse was chased by the cat”。这两个句子的意义是相同的，都描述了同一事件：一只猫追赶一只老鼠。但在句法结构上，它们却有所不同。第一个句子是主动语态，而第二个句子是被动语态。根据生成理论，这两个句子在深层结构上是相似的，因为它们都表达了同一个意义。这个共同的深层结构通过不同的变换规则，转换成了两个不同的表层结构：一个是主动句的表层结构，另一个是被动句的表层结构。生成理论通过这种方式，说明了即使句子在表面形式上有所不同，它们仍然可以基于相同的深层语义生成。

3. 话语语义研究

当研究对象超越单个句子，扩展到更广泛的话语层面时，研究内容包括话语的标准、衔接、连贯性以及照应等方面。这些研究探讨了人们如何通过语义学的视角来理解和分析较大语言单位中的意义流动和结构组织，以及话语如何在不同情境中保持意义的一致性和连续性。例如，话语中的衔接标记（如 however 和 therefore）能够帮助人们理解不同句子或语段之间的逻辑和关系；通过照应关系，话语能够在不同部分间建立起指代和关联关系，如代词 he 用来指代前文提到的某位具体人物。

尽管语义学作为一个研究领域在全球范围内越来越受到重视，其研究内容也不断拓展和深化，但在某些地区（如中国），由于语义学的发展起步相对较晚，其研究领域的发展仍显不平衡，研究方法有待丰富，应用性研究也需加强。这些挑战促使语义学研究者不断寻求创新的研究方法和视角，以促进该领域的全面发展。

二、文化因素与英语语义学

在文化视野下，英语语义学的研究内容丰富多元，涉及语言意义与文化实践、信仰、身份和社会结构之间的复杂关系（图 5-4）。

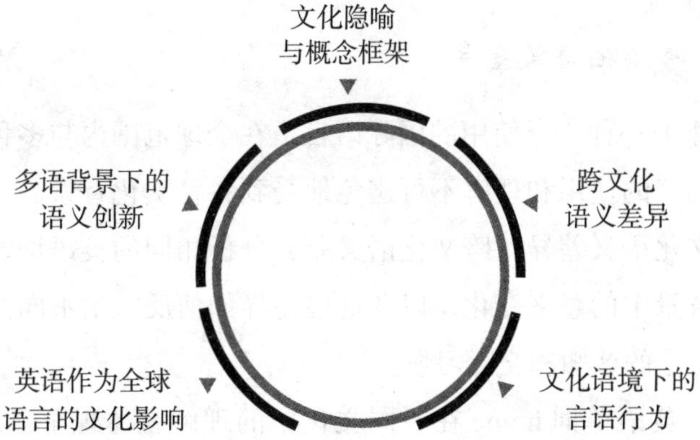

图 5-4 文化视野下英语语义学的研究内容

（一）文化隐喻与概念框架

文化视野下英语语义学的研究内容丰富而深刻，关注于如何通过语言——特别是使用隐喻和比喻的方式——来表达和传达特定文化的世界观和价值观。这一研究领域探索了语言作为沟通工具的功能以及语言如何反映和塑造社会成员的思维方式和生活态度。英语中的文化隐喻尤其能够揭示这些深层次的文化特性和认知框架，通过了解这些文化隐喻，人们能够窥见不同文化群体对于共通概念的独特理解和感知。

在英语中，一个经常被人们探讨的文化隐喻是将“生命”视为“旅程”。这种隐喻在英语表达中随处可见，如“He’s at a crossroads of his life（他站在他人生的十字路口）”或“She’s come a long way（她取得了骄人的成绩）”。这些表达不仅描述了生命的进程，还隐喻了生命中的选择、挑战和成长。

英语语义学在文化视野下的研究还涉及如何通过语言构建和理解复杂的社会现象和人类经验。例如，英语中关于“战争”的隐喻使用广泛，体现在对竞争、冲突和挑战的描述上，如 war on poverty（反贫困战争）和 battle with cancer（与癌症的斗争）。这些隐喻反映了人们在解决问题和面对挑战时的积极态度和斗争精神。

（二）跨文化语义差异

英语作为一种广泛使用的国际语言，在全球范围内与多种文化发生接触，其词汇的使用和理解不可避免地受到各种文化背景的影响，从而产生了跨文化语义差异。跨文化语义差异分析相同的英语词汇或表达在不同文化背景中的意义变化，以及这些差异如何反映出不同文化背景下的人们的特定的认知和交际习惯。

例如，英语单词 home 在不同文化中的理解就体现了显著的差异。在许多西方文化中，home 通常指一个人居住的地方，强调的是物理空间的概念。然而在许多亚洲文化中，如日本文化，人们对于 home 的理解则不仅是一个物理空间，而且是家人团聚和情感交流的场所。这种差异反映了不同文化对于家庭和个人空间的不同价值观和情感寄托。另一个例子是 privacy 的跨文化语义差异。在许多西方文化中，隐私被视为个人权利和自由的重要组成部分，强调个人隐私不受他人侵犯。而在一些集体主义文化背景下，人们对于 privacy 的理解可能更加宽泛，社会成员之间分享个人信息和生活细节被视为建立信任和亲密关系的一种方式。这种差异不仅体现了人们对隐私概念的不同看法，也揭示了文化对个体与社会关系认知的影响。

通过深入探讨这些跨文化语义差异，英语语义学不仅有助于揭示语言与文化之间的互动关系，还为跨文化交际提供了重要的洞见。了解和尊重这些差异是实现有效跨文化交流的关键，也是经济全球化背景下促进不同文化理解和融合的重要途径。

（三）文化语境下的言语行为

在不同的文化语境中，言语行为的语义实现方式体现了各自的文化礼貌原则和交际策略。这一研究领域关注于理解和分析言语行为如何在特定的文化背景中被构造和解读，以及这些行为背后所蕴含的文化价值观和社会规范。

在英语交际中感谢的表达方式通常体现了西方文化对于个人价值和平等的重视。英语中的“Thank you for your help”不仅是对他人的帮助表示感谢，也隐含了对个人努力的认可和尊重。这种表达方式反映了西方文化中对于个体贡献的重视以及基于这种贡献所给予的正面反馈的文化习惯。

相比之下，在许多亚洲文化中，特别是在中华文化中，感谢的表达往往更为丰富和细腻，包含了对关系维持和社会和谐的深层考量。当一个人在工作中接受了同事的帮助后，他可能会说“辛苦你了”，这不仅表达了对对方所做工作的感激，也暗含了对对方付出努力的肯定和尊重。在中华文化中，这种表达方式不仅是礼貌的交际用语，更是维护和谐人际关系的一种方式。它体现了中华文化中重视集体协作、尊重个体贡献的价值观以及在日常交流中体现对他人辛劳的敬意和理解。“劳驾了”常在请求他人帮助时使用，这既是一种礼貌的请求方式，也隐含了提前感谢对方即将付出的努力。这种用法反映了在请求帮助的同时，表达对对方即将作出贡献的预先肯定和感激，体现了中华文化中对礼貌和谦逊的重视，以及对人际关系细腻和敏感的处理方式。汉语中感谢表达的语言不仅是日常语言的一部分，更是中华文化对于和谐社会关系、尊重与感激他人努力的一种反映。这种文化特定的言语行为在汉语语义学研究中占有重要地位，揭示了语言、文化和社会价值观之间的紧密联系。

拒绝和不同意的表达方式在不同文化中也有着显著差异，这种差异体现了不同文化对于冲突处理和面子保护的不同策略。在英语交际中，拒绝往往通过缓和语气和提供理由来进行，如“I’m afraid I can’t agree with you on that”，旨在减轻拒绝带来的负面影响，同时保持双方的尊严和面子。这种表达方式反映了西方文化中对个人意见差异的接纳和尊重，以及在保持交际和谐的同时，如何妥善处理分歧的文化智慧。

（四）英语作为全球语言的文化影响

在文化视野下，英语语义学需要深入探讨英语作为全球语言所产生的文化影响，以及这一现象对语言学、跨文化交流以及文化多样性的意义。随着经济全球化的深入发展，英语的普及在促进全球沟通和信息交流的同时给人们带来了对本土文化影响和文化同质化的担忧。这种复杂的文化动态成为英语语义学研究的重要内容，研究者需要分析英语在不同文化背景下的使用及其变化情况，探讨英语对全球文化格局的深远影响。

英语作为国际性语言，其在国际商务、教育、科技和娱乐等领域的重要地位不仅促进了世界各地文化的交流与理解，也使得英语成为全球对话的共同语言。这种普及不仅为非英语母语国家的人们打开了参与全球化进程的大门，也极大地增加了跨文化交流的机会。英语语义学在这一背景下关注于如何通过英语作为介质来促进文化的相互理解和尊重，分析英语在经济全球化过程中的角色和功能，以及这一过程中可能产生的文化融合和文化冲突。

在某些情况下，英语的重要地位可能会对本土语言的使用和发展构成威胁，引发文化同质化的担忧。英语语义学需关注并分析英语如何影响本土文化的表达和传承，以及如何在经济全球化背景下的语言环境中保持和促进文化多样性。研究者可通过考察英语与本土语言之间的互动，探讨如何在经济全球化的背景下平衡英语的普及与本土文化的保护和发展这两项内容。事实上，为了应对英语全球普及可能带来的文化冲突和同质化问题，很多国家和地区已经开始采取措施，例如，强调双语或多语教育，鼓励人们在学习英语的同时保持和发展本土语言和文化。英语语义学在这一领域可研究双语或多语环境下的语言使用、语言政策以及教育实践，探讨如何有效地促进语言和文化的多样性。英语自身也在不断吸纳其他文化元素，反映出英语作为一种全球语言的适应性和多样性。

（五）多语背景下的语义创新

在文化视野下，英语语义学越来越多地关注多语环境中的语义创新及其对英语表达资源的丰富和扩展。这一研究领域探索了在全球多语言和多文化交流的背景下英语如何适应不同社会群体和文化的交际需求，通过创造新的词汇和表达方式来反映语言的适应性、活力和创造性。这种语义创新不仅揭示了语言使用在不断变化的社会文化环境中的动态性，也展现了语言如何作为文化交流和全球互联的工具。

多语背景下的英语使用经常涉及从其他语言借用词汇，以丰富英语的表达资源并满足特定的交际需求。这种词汇的借用过程体现了不同文化之间的互动和融合，也是语言适应性的一个重要体现。例如，karma（来自梵文，意指行为或行动的道德果报）和 glitch（源于意第绪语，意为小故障、小毛病）等词，已经成为英语中描述特定概念和现象的标准用语。这些从其他语言中借用的词，不仅丰富了英语的词汇量，也带入了其他文化中的观念和世界观，促进了跨文化的理解和交流。随着社交媒体和网络文化的快速发展，全球英语使用者也在不断创造出适合数字时代的新的表达方式。这包括缩写（如“LOL”表示“大笑”，“BRB”表示“马上回来”）、表情符号以及网络流行语（如“meme”表示在网络上迅速传播的概念、图片或视频）。这些创新不仅满足了新的交际需求，也反映了英语在不同文化和社会群体中的变化和发展。这种语言的创新和适应性展现了英语作为全球语言的活力，同时对语言标准化和语言教学提出了新挑战。

在文化视野下的英语语义学研究通过分析多语环境下的语义创新，不仅提供了对英语适应性和创造性的深入理解，也促进了对全球文化多样性和语言多样性的认识。这些研究帮助人们理解语言如何在经济全球化的背景下发挥作用，促进不同文化之间的沟通和理解。通过探讨英语在全球多语和多文化交流中的角色，英语语义学为理解语言变化、文化交流和全球互联提供了重要的视角和工具，对促进全球理解和文化多样性的保护具有重要的现实意义和价值。

第四节　文化视野下英语语用学探索

一、语用学概述

（一）语用学的定义与内涵

语言的使用简称语用，它受到诸多原则、准则的制约，包含复杂的推理过程。对语用现象进行研究的学科是语用学，语用学是语言学、哲学和心理学的一个分支学科。语言在使用过程中，并没有那么简单。人们不仅要表达出语言的表面意义，还要表达出隐含在字面背后的意义。

英语语用学探索的是语言理解和使用的深层规则。它超越了语音、词汇和语法的表层结构，深入语言如何在实际交际中发挥作用的本质。语用学关注的是，语言不仅是一系列符号的组合，更是一个充满意图和推断的交流过程。这包括词语字面意义以外的含义、对话中的背景假设、说话者的目的及听话者的解读等。简而言之，语用学揭示了语言的双重意义：一方面是词语自身的直接意义，另一方面是说话者试图传达的深层意义。

在语言的合适性和得体性方面，语用学同样发挥着关键作用。它使人们明白，有效的沟通不仅需要语法上的正确，更要求语言的使用贴合具体的社交场合和文化背景。这意味着，理解何时何地使用何种表达方式是恰当和适宜的，对于任何一名英语学习者来说都至关重要。语境的动态性是语用学的一个重要概念。语境不是一直固定不变的背景，而是随着对话的进行而不断发展和变化的。它涉及的不仅是物理环境，还包括交际双方的社会关系、心理状态和语言本身。说话人和听话人都在这个过程中选择和构建对话的语境，以便更准确地传达和理解信息。这种对动态语境的认识有助于人们深刻理解语言与语境之间的相互作用关系，是解读语用现象不可或缺的一环。

（二）语用学的形成与发展

英语语用学的形成与发展历程是一个人们由逐渐关注到广泛认可的过程，体现了人们对语言使用深层次理解的追求。

在 20 世纪初期，语言学的研究主要集中在语音、词汇和语法等语言形式上。然而，随着时间的推移，学者开始意识到仅凭这些因素无法完全解释语言的使用和理解问题。特别是在 20 世纪 20 年代，人们开始关注那些长期被忽视的问题，如语言的隐含意义、说话者的意图以及听话者如何理解这些意图等，这些问题的探讨标志着语用学的早期形成。到了 20 世纪 30 年代后期，美国哲学家查尔斯·莫里斯（Charles William Morris）在其著作《符号理论的基础》中首次系统地提出了语用学这一术语，并将其定义为符号学的一部分，专注于语言的使用和效果。这一定义为语用学的后续发展奠定了理论基础。50年代中期至60年代末，语用学研究取得了重大进展。

20世纪70年代是语用学发展和成熟的重要时期。在这一时期，语用学作为一个独立的学科领域得到了国际学术界的广泛认可，象征性的事件是1977年《语用学杂志》在荷兰正式出版发行。这一期刊的发行为语用学研究提供了一个专门的平台，促进了学术交流和理论发展。进入20世纪80年代后，语用学经历了快速发展阶段，得益于如杰弗里·利奇（Geoffrey Leech）的《语用学原则》和列文森（Levinson）的《语用学》等重要著作的出版，以及1986年国际语用学学会的成立。这些成就不仅夯实了语用学的理论基础，也拓展了其研究领域和应用范围。

自那时起，语用学在理论和应用层面都取得了长足发展，与认知科学、社会语言学、人工智能等多个领域产生了交叉融合。今天，语用学不仅关注语言的形式特征，更注重语言在实际交际中的作用，尤其是在多语环境下，语用学在促进跨文化理解和沟通方面发挥着越来越重要的作用。

（三）语用学分科

语用学研究兴起后，其他学科的学者也开始关注语用学，并对语用学做不同角度的研究，出现了诸如形式语用学、描写语用学和应用语用学等分支学科（图5-5）。

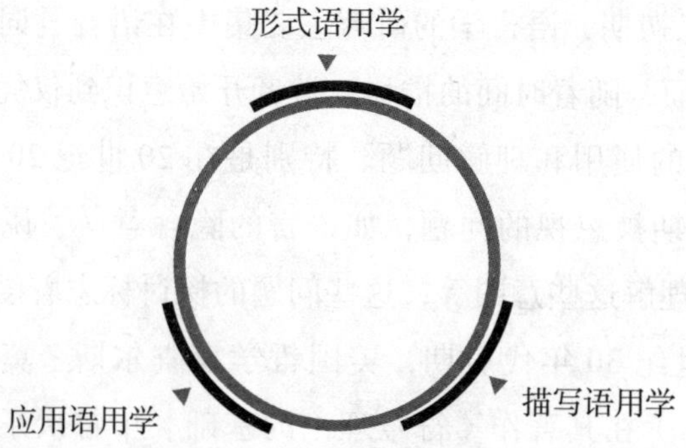

图5-5 语用学分科

1. 形式语用学

形式语用学致力研究语言的逻辑结构和表达方式，尤其关注语言如何精确表达思想和信息。它借助数学模型和逻辑理论，深入探讨诸如指示代词、人称代词和时态等语言元素的使用规则和语境依赖性。形式语用学的开创者之一蒙塔古（Montague），通过模型理论语义学的方法，为语言的形式化表达和理解提供了坚实的理论基础。此外，盖士达（Gazdar）等学者探讨了会话含义和前提等概念，进一步丰富了形式语用学的研究内容。

2. 描写语用学

描写语用学专注于对自然语言使用中的各种现象进行细致的描述和分析，包括语言如何与其使用环境相结合的各种规则和原则。它探讨了指示语、预设、会话含意、言语行为等语用现象如何受到语境的影响和制约。通过对这些现象的深入研究，描写语用学揭示了语言使用中的隐性规则和意义构建过程。

3. 应用语用学

应用语用学将语用学的理论和方法应用于更广泛的领域，如文学分析、人机交互、语言教学和跨文化交际。它涵盖了从技术沟通到教育实践的多个层面，探讨如何在实际应用中有效利用语用学知识。随着技术的发展，应用语用学成为连接理论与实践的重要桥梁。

随着语用学研究的深入，还衍生出了跨文化语用学、教学语用学、医学语用学等许多细分领域。这些分支学科不仅展示了语用学理论在特定领域的应用潜力，也反映了语用学作为一门独立学科日趋成熟和多元化的研究方向。通过对这些分科的研究，英语语用学加深了人们对语言使用复杂性的理解，为各种实际问题提供了理论指导和解决方案。

二、文化因素与英语语用学

在文化视野下，英语语用学探索语言使用在不同文化背景中的多样性和复杂性。这一视角不仅揭示了语言与文化之间的相互作用，还提供了理解跨文化交际障碍和促进有效沟通的关键洞见（图 5–6）。

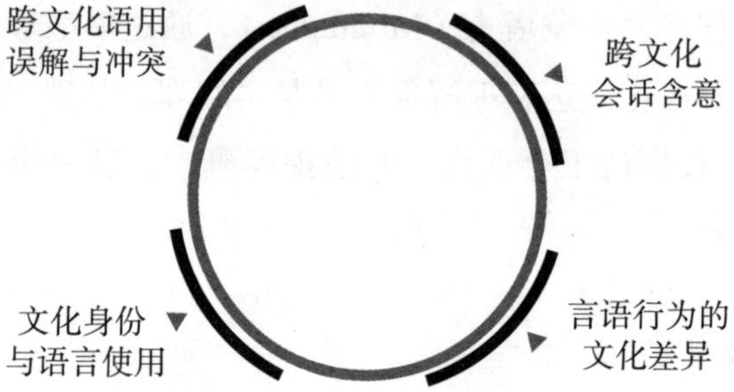

图 5–6　文化视野下英语语用学的研究内容

（一）跨文化会话含意

在文化视野下，英语语用学的研究内容关注跨文化会话含意，特别是人们在不同文化背景下如何通过语言传达隐含意义，以及如何解读这些非直接表达的信息。这种研究深入探讨了言语行为中的隐含意义、礼貌表达方式的文化差异，从而揭示了语言使用中的深层文化规范和价值观。通过对这些跨文化差异的分析，英语语用学不仅加深了人们对语言交际功能的理解，也促进了跨文化交流和理解的深化。

跨文化会话含意的研究对于理解经济全球化背景下的语言交际具有重要意义。随着全球交流的增加，来自不同文化背景的人们在使用英语进行交流时，经常会遇到理解和解读对方非直接言语表达的挑战。不同文化中对于言外之意、暗示以及礼貌的理解和表达方式各不相同，这些差异可能引发跨文化交际误解和冲突。例如，在英语交流中，使用间接性语言表达请求和建议被视为礼貌的行为，如人们会用“Would you mind...?”来委婉地提出请求。而在其他文化中（如中华文化），请求和建议的表达可能更加间接，使用者可能通过暗示或预设对方将会同意的方式来表达，以避免对方感到压力。

英语语用学在文化视野下的研究进一步探讨了不同文化对于礼貌性、直接性与间接性的不同偏好及其在会话中的实现方式。这包括如何通过语言暗示来建立和维护社会关系、如何通过言语来遵循或挑战社会规范，以及如何通过语言选择来反映社会身份和权力关系。例如，拉丁美洲文化中可能更偏好使用情感丰富、个人化的语言来建立亲密和友好的社会关系，而北欧文化则可能更重视保持交流的客观性和简洁性。对于如何处理跨文化会话含意的差异，英语语用学提供了一系列策略和建议，旨在促进更有效的跨文化交流。这包括培养跨文化意识、学会识别和理解不同文化中的隐含意义和暗示；学习和适应不同文化中的礼貌表达方式，以减少交流中的误解和冲突；发展灵活的语用策略，以应对多样化的文化交际场景。

（二）言语行为的文化差异

言语行为的文化差异，特别是如何在不同文化背景中理解和实践诸如赞扬、拒绝、建议等言语行为是跨文化视野下英语语用学的研究重点。通过分析不同文化中的言语行为模式，英语语用学不仅增进了人们对特定文化礼貌原则和交际策略的理解，也为有效的跨文化交际提供了指导。

在赞扬这一言语行为上，不同文化背景下的人们可能采取截然不同的表达和解读方式。例如，在美国文化中，直接和明确的赞扬通常被视为鼓励和正面反馈的一种形式，如在工作场合对同事说“You did a great job!（你干得很棒！）”以示认可。然而，在一些亚洲文化中，尤其是中华文化中，过于直接的赞扬可能会让接受赞扬的人感到不舒服或尴尬，因为它可能会给人造成自我突出和不谦虚的印象。在这些文化中，人们的赞扬可能会更加含蓄或通过第三方间接传达，以避免出现尴尬的情况。拒绝作为另一种言语行为，在不同文化中的处理方式也大相径庭。

在英国文化中，拒绝通常需要非常谨慎和委婉地表达，以避免冒犯对方或破坏彼此之间的关系。例如，如果有人提出邀请，英国人可能会使用“Thank you，but I'm afraid I have other plans（谢谢，但恐怕我有其他计划）”这样的表达来委婉拒绝。相比之下，在美国文化中，拒绝可能会更直接和明确。这种文化差异要求跨文化交流中的参与者了解并适应不同文化背景下的交际策略，以确保沟通的顺畅和有效。

在提出建议时，不同文化之间的差异也非常显著。在一些拉丁美洲文化中，给予建议往往是一种表达关心和友善的方式，人们可能会直接且自然地提出建议，如“你应该尝试……”。而在一些东亚文化中，直接提出建议可能会被人们视为过分干涉他人或缺乏敏感性，因此人们在提建议时可能会更加小心谨慎，采用更加委婉或间接的方式，甚至可能先询问对方是否愿意接受建议。

通过对这些跨文化言语行为差异的深入研究，英语语用学不仅揭示了言语交际中的文化维度，也为人们理解跨文化交际的复杂性提供了重要的理论和实践基础。这些研究有助于促进不同文化背景下人们的相互理解，减少文化冲突，增强全球交流的效果。

（三）文化身份与语言使用

语言如何成为表达和塑造文化身份的重要工具是英语语用学在文化视野下的另一个关注重点。这包括个人或群体如何通过使用特定的语言，包括方言、词汇选择、语法结构等，来标识其文化归属、社会地位和群体认同。语言不仅是沟通的工具，还是个体和集体文化身份表达的载体，反映了使用者的社会和文化背景，以及他们在社会中的位置和角色。

语言在文化身份的表达方面扮演着核心角色。例如，在加勒比地区，英语的使用和变体（如牙买加克里奥尔语）不仅反映了该地区复杂的殖民历史，也体现了人们对于本土文化和身份的认同。使用这些特定的语言，为人们提供了一种表达自己独特文化背景和社会身份的手段，同时反映了地区内部的多样性和社会结构。语言使用同样与社会地位密切相关。在英国，接受过公立学校教育的人往往通过其发音、词汇选择以及语言风格，展示出不同于其他社会阶层的特定身份标志。这种语言使用上的差异，不仅展示了个人的教育背景，也反映了英国社会的阶级结构和社会流动性。

随着经济全球化和网络文化的发展，年轻一代通过语言的创新使用，形成了新的文化身份和群体认同。在全球各地，年轻人越来越多地采纳和创造网络流行语、俚语和新词，这些新兴的语言形式不仅体现了他们对全球流行文化的追随和接受，也标志着一种新的社会群体和文化身份的形成。通过使用特定的网络流行语和表情符号，年轻人在社交媒体上构建了一种共同的交流方式和文化归属感，这种归属感跨越了地理和文化的界限，展现了语言在塑造跨文化身份中的作用。

（四）跨文化语用误解与冲突

在文化视野下，英语语用学深入探讨了跨文化语用误解与冲突的成因和解决策略，揭示了文化差异如何在日常交际中引发误解，以及如何利用语用学的知识来预防这些误解的产生。随着经济全球化进程的加快，不同文化背景下的人们使用英语进行沟通的机会越来越多，跨文化语用的问题也随之增加。这些问题不仅限于礼貌的表达方式，还包括语境的理解、隐含意义的解读以及交际预期的差异等方面，这些都可能成为跨文化交际的障碍。

跨文化语用误解的主要成因在于文化背景的差异，这些差异影响了人们对言语行为的预期和解读。在英语文化中，沟通的直接性被视为效率和透明度的体现，如直接表达意见和反馈被认为是积极的交际行为。然而在许多亚洲文化，尤其是中国和韩国等国家的文化中，人们之间的沟通更加间接和含蓄，强调维护面子和社会和谐，很多时候，直接表达反对意见可能会被视为不尊重他人，人们更倾向于通过暗示和非言语手段来表达不同意见。

例如，在商务会议中，一位来自美国的经理可能会直接询问亚洲合作伙伴对方案的看法，期待一个直接和具体的反馈。然而，亚洲合作伙伴可能受文化习惯的影响，不愿意直接表达反对意见，而是选择更加委婉的方式来表达疑虑，这种间接的沟通方式可能会被美国经理误解为缺乏明确的立场或决断力，从而导致沟通的效率降低和双方的不满。

为了预防跨文化语用误解的产生，人们在英语语用学的研究中提出了一系列解决策略。首先，增强人们的跨文化意识。了解不同文化中的交际习惯和预期能够帮助人们正确解读对方的言语行为，避免误解的产生。其次，学习和适应不同文化中的语用规则。通过调整自己的交际方式以适应对方的文化背景，可以有效减少冲突和误解。最后，培养良好的解决冲突的技巧。例如，明确询问对方的意图、表达自己的关切以及寻求共同点。这些都是促进跨文化交流的有效方法。

第六章　文化视野下应用语言学探索——语言教学的开展

第一节　语言教学概述

一、语言教学的定义

语言教学是一种专门的教育活动，它的目标是帮助学生掌握一门语言，不仅包括掌握这门语言的基本知识（如语音、词汇、语法和文字），还包括习得使用这门语言与他人进行有效沟通的能力。这意味着，语言教学不只是传授语言本身的规则，更重要的是培养学生的理解和表达能力，包括他们的听说读写技能，以及跨文化交际的能力。

语言是文化和信息的载体，语言教学的过程也涉及文化知识的传递。了解和掌握与目的语相关的文化背景是理解语言、有效使用语言的不可或缺的一部分。因此，语言教学也是一种文化教育，旨在帮助学生理解不同文化的价值观、风俗习惯和行为方式。语言教学是一个复杂的系统工程，它涉及多个学科的知识，包括语言学、心理学和教育学等。语言学提供理论基础，帮助人们理解语言的结构和功能；心理学使人们了解学习者的认知过程和心理特点；教育学则为教师的教学活动提供方法和策略。这些学科的综合运用，使得语言教学既是科学又是艺术。

在实际的教学过程中，语言教师扮演着关键角色。教师不仅需要具备扎实的语言知识，还应具备高超的教学技巧和良好的跨文化交际能力。教师的任务是通过有效的教学策略，激发学生的学习兴趣，帮助他们克服学习中的困难，促进他们语言能力的全面发展。

二、语言教学的类型

划分教学类型是为了适应不同的教学对象和教学目的，有针对性地组织教学。所以，对语言教学类型的划分应该从不同角度和层次上进行。以下是语言教学的常见分类。

（一）第一语言教学与第二语言教学

第一语言教学通常指的是母语教学。这种教学从儿童早期开始，贯穿个体成长的全过程，目的是帮助学习者掌握日常交流、阅读和写作等基本语言技能。第二语言教学则关注非母语的学习。无论是学习英语作为第二语言的非英语国家的学生，还是学习其他任何非母语的情况，第二语言教学旨在帮助学习者掌握一门新的语言，以便其更有效地进行跨文化交流。

（二）常规教学与业余教学

常规教学按照学校的教育体系安排，可能包括普通教学、预备教学、专业教学和特殊目的教学。这些教学形式为学习者提供了系统的语言学习路径，覆盖了从基础到高级的不同层次。业余教学则是利用学习者的空闲时间，如周末或假期开展教学活动，为学习者提供更加灵活的学习机会。业余教学更适合那些希望在工作和生活之余提高语言水平的学习者。

（三）长期教学与短期教学

长期教学通常指一学年及以上的语言学习计划，适合那些希望深入学习、全面提升语言能力的学习者。长期教学往往更注重语言能力的系统构建和深化。短期教学则着眼于快速提高学习者在某一特定领域或技能上的语言水平。短期教学常常具有速成性质，适合需要应对特定语言使用场景的学习者。

（四）班级教学与个别教学

班级教学是最传统也最常见的教学形式，它将一群学生集中起来，由教师引导整个班级学习语言。这种方式便于统一管理和教学，但要求教师在设计课程时考虑大多数学生的需求和水平。个别教学则是一种更为定制化的教学模式，通常是一对一的教学形式，允许教师根据学生的具体需求、兴趣和学习速度制订个性化的教学计划。这种教学方式灵活性高，能够有效地满足学生的个人学习目标。

（五）儿童教学与成人教学

儿童教学关注 14 岁以下儿童的语言学习，不仅包括母语学习，也可能涉及第二语言的早期教育。这一阶段的教学注重语言学习的基础性和趣味性，以适应儿童的认知发展和学习特点。成人教学则面向成年学习者，通常侧重第二语言的学习。成人学习者拥有更明确的学习目标和动机，因此成人教学往往更注重语言的实际应用能力，如职业沟通、学术研究或日常交流。

（六）初级、中级与高级阶段教学

分阶段的语言教学的教学内容和方法会根据学习者在语言学习过程中的不同阶段进行调整：初级阶段的教学着重对学习者的语言基础知识和语言基本技能的培养，如基础语法、词汇及简单的日常交流能力；中级阶段的教学则在此基础上进一步深化，扩大词汇量，提高学习者的语法理解和应用能力，增强学习者的阅读和写作技巧；高级阶段的教学目标是使学习者达到流利使用语言的水平，包括复杂的口头和书面表达能力，以及专业领域的语言应用能力。

三、语言教学的过程

语言教学是一个涵盖广泛领域、跨越多门学科的综合性过程。它不仅是教授语言知识和技能的活动，更是一个深受社会、政治、经济以及文化影响的教育事业。从广义上讲，语言教学的过程可以概括为以下几个关键步骤。

（一）制定政策

语言教学始于对一个国家或地区语言教育的全面规划和政策制定。这包括确定教育目标、官方语言、教学语言等，同时要考虑到国家的文化身份和国际交流的需要。如中国的普通话推广政策旨在统一国家语言，促进不同地区和民族之间的沟通与理解。

（二）总体设计

总体设计在语言教学过程中扮演着至关重要的角色，它是根据教学目标、学习者的需求以及教育环境来制订教学计划和策略的过程。设计阶段要求教育专家、语言学家和教师深入分析第二语言学习的各种主客观条件，并在此基础上综合考虑，选择最适合的教学方案。

进行语言教学的总体设计需要先明确教学目标，这些目标不仅要覆盖学习者语言知识的学习，如语音、词汇和语法等，还应包括学习者语言技能的培养，如听、说、读、写的能力，以及学习者跨文化交际能力的提高。明确的教学目标为教学活动的开展提供了明确的方向和依据。教学内容的选择和安排是总体设计的关键部分。教学内容需要符合教学目标，同时要考虑学习者的实际语言水平、学习兴趣和文化背景。对于不同年龄和不同水平的学习者，教学内容应有所不同，以确保每位学习者都能在适合自己水平的基础上进行学习。

教学方法和手段的选择也是总体设计中不可忽视的一环。有效的教学方法能够促进学习者的积极参与，提高学习效率。现代语言教学倾向采用互动式和任务驱动式的教学方法，强调以学习者为中心，鼓励学习者通过实践和交流来掌握语言。教学时间和进度的安排也是总体设计的一部分。教学进度需要既能保证教学目标的实现，又能适应学习者的学习节奏，避免过于仓促或拖沓。合理的时间安排和进度控制有助于保持学习者的学习热情。

（三）教材编写

教材编写是语言教学准备工作中至关重要的一环。教材编写不仅要围绕总体设计的教学目标和内容进行，还要结合教学方法和学习者的具体需求。优秀的教材应当具备以下几个特点。

1. 全面性

全面性要求教材不仅要涵盖语言的基础元素，如语法规则、常用词汇和正确发音，还应包括与之相关的文化背景知识。一本英语教材不仅要包括时态、动词的正确使用方法等专业知识，还要包括英美节日、饮食习惯等文化元素，使学习者能在掌握语言的同时，理解和欣赏英语文化的多样性。

2. 实用性

实用性强调教材内容应与学习者的真实生活和潜在使用场景紧密相关。教材可以设计模拟场景，如在餐馆点餐、在机场办理登机手续等日常情境，让学习者通过角色扮演等方式，练习实际生活中可能用到的对话。这种实用性的设计能够提高学习者的学习动力和语言应用能力。

3. 适宜性

适宜性要求教材内容和难度要与学习者的年龄、背景和能力相匹配。例如，针对儿童的语言教材应该包含丰富的插图和游戏，使用简单、有趣的故事来吸引他们的注意力；而成人教材则可以包含更多的新闻、文章和专业领域的内容，以满足他们对深入学习的需求。

4. 互动性

互动性鼓励教材设计中包含多种促进师生及学生之间互动的活动。如小组讨论、同伴评审和角色扮演活动可以鼓励学生之间的交流，提高他们的沟通能力和团队合作精神。通过这种互动，学习者可以更深入地理解教材内容，并在实践中提升语言技能。

5. 多样性

多样性体现在教材应提供多种形式的学习资源，以适应不同学习风格和需求。教材可以结合文本、音频讲解、视频示例和互动软件，为学习者提供丰富的学习体验。对于视觉学习者，图表和视频材料尤其有用；听觉学习者则可能更偏好音频材料和讲座。

编写教材的过程需要教师、教育专家和语言学家的密切合作，共同创造出既科学又富有吸引力的学习材料。

（四）师资选拔和培训

语言教师的选拔和培训是确保教学质量的关键步骤。优秀的语言教师不仅要精通自己所教授的语言，还需要具备以下素质和能力。

1. 学科知识

语言教师所掌握的学科知识是教学成功的基础。学科知识不仅包括对语言结构的深入理解，如语法规则、词汇量和正确的发音方法，还涉及广泛的文化知识。教授英语的教师需要了解英语国家的历史、文学、艺术、社会习俗和日常生活方式等，这样才能在教学中提供丰富的语境，帮助学生更全面地理解语言背后的文化。

语法教学是基础，但并非孤立教授。当教授过去时态时，教师可以结合英美国家的历史事件或者重要节日文化，让学生练习描述这些事件发生的时间和经过，从而在学习语法的同时增加文化知识的学习。词汇教学也应超越单词本身的意义，延伸到词汇的文化内涵和使用情境中。例如，tea 在英国有着丰富的文化含义，其不仅是一种饮料，还是一种社交活动，这些是学习者难以获得的知识。在发音教学中，教师不仅要指导学生正确发音，还要介绍不同英语口音之间的差异，如英式英语与美式英语的发音区别，以及这些区别背后的文化和地理因素，增加教学的趣味性和实用性。

2. 教学技能

教学技能是教师在教学过程中需要掌握的一系列能力，涉及多个方面，包括教学计划的制订与设计、教学方法的选择与应用、课堂管理、学生评估和反馈等。教学技能的高低直接影响教学效果和学生的学习体验。以下是对教学技能的详细分析。

（1）教学计划的制订与设计。优秀的语言教师能够根据学生的需求和教学目标制订详细的教学计划。具体包括确定课程的主题、学习活动的类型、所需材料和评估方法。例如，为了教授日常对话技能，教师可能设计一系列基于情景的交流练习，如在餐馆点餐或在机场办理登机手续的模拟对话。

（2）教学方法的选择与应用。有效的教学技能还体现在教学方法的选择和应用上，多样的教学方法可能包括直接教学、合作学习、项目式学习、翻转课堂等。例如，通过合作学习，学生可以在小组讨论中一起完成任务，提高语言交流和团队合作能力。

（3）课堂管理。高效的课堂管理技能对于创建一个积极、互相尊重的学习环境至关重要。这包括管理学生的行为、维持课堂秩序、鼓励学生参与和表达意见。教师可以通过明确的规则和合理的激励机制来鼓励学生积极参与课堂活动。

（4）学生评估和反馈。教师需要掌握如何通过作业、考试、口头表达和项目等多种方式评估学生的语言能力。有效的评估不仅能够反映学生的学习进度，还可以为教学提供反馈，帮助教师调整教学策略。例如，通过口头报告的形式评估学生的口语表达能力，教师可以更直观地了解学生的语言应用水平。

（5）跨文化沟通能力。在当今的教育背景下，跨文化沟通能力对于语言教师而言变得尤为重要。这项能力使教师能够理解来自不同文化背景的学生，尊重文化的多样性，从而在多元文化的教学环境中建立有效的沟通桥梁。

跨文化沟通能力涉及对自身文化偏见的认识和管理以及对学生文化背景的深入了解。教师应能识别和避免文化刻板印象，采用更加包容和敏感的教学方法。教授国际班的英语教师，面对来自亚洲、拉丁美洲和中东等地的学生时，需要了解这些区域的文化特点和交际习惯，避免使用可能导致误解或不适的教学材料和例子。跨文化沟通能力还包括使用适当的语言和行为来表达对学生的尊重，如适时使用学生的母语名称、了解并尊重学生的文化节日和习俗。通过这种方式，教师不仅能够促进课堂的和谐，还能够激励学生更积极地参与学习，增强他们的学习动力。教师的培训应包括专业知识学习、教学法培训、实践教学等多个方面，以全面提升教师的专业能力和教学效果。同时，参与研讨会、工作坊和继续教育项目等可以帮助教师不断地充实自己，适应教育的最新发展趋势。

（6）持续学习能力。在快速变化的现代社会中，教师的持续学习能力尤为重要。语言本身以及教学法的不断演进要求教师持续更新自己的知识库和教学技巧，以保证教学内容的现代性和教学方法的有效性。持续学习不仅涉及教师对新的语言学、教育心理学研究的跟进，也包括教师对新兴技术工具的掌握，以及教师对学生需求变化的敏感度。教师需要定期阅读教育和语言学的最新研究资料，参与专业发展研讨会和在线课程。例如，近年来任务型教学法受到了人们的广泛关注，教师通过学习这种方法可以更有效地设计课堂活动，提高学生的实际语言使用能力。

随着教育技术的发展，越来越多的教学工具和平台被引入课堂，如在线协作工具、语言学习应用和互动平台。教师通过对这些工具的有效利用，可以丰富教学手段，提高教学互动性，例如，教师可以使用Quizlet进行词汇教学，利用Kahoot进行课堂小测验，或通过Zoom进行远程教学。

学生的需求在不断变化，教师需要通过持续学习来适应这些变化。例如，当前社会，人们对跨文化交流能力的需求日益增长，教师就需要学习如何在语言教学中融入跨文化教育元素，帮助学生在学习语言的同时，理解和尊重不同文化的多样性。持续学习也意味着教师需要定期进行自我反思和评估，了解自己的教学哪些方面做得好，哪些方面需要改进。通过写教学日志、参与同行评议或接受教学辅导，教师可以从不同视角获得反馈，持续提升自己的教学水平。

第二节　文化视野下外语教学理论

一、语言与文化的关系

语言和文化之间存在着密不可分的关系。语言不仅是文化的一部分，同时还是文化传递和实践的重要工具。这种关系可以从以下几个方面来探讨。

（一）语言是文化的载体

语言不仅是交流的工具，还是文化的载体。每一种语言都是其背后文化的反映，承载着丰富的历史、传统和习俗。例如，日语中的“侘寂（Wabi-sabi）”这一概念，强调了简朴与静谧的美学观点，体现了独特的日本文化。

（二）文化影响语言的发展

文化背景和特点影响语言的结构和词汇。不同的社会活动、生活方式和文化价值观会导致新词汇的产生以及人们对某些语言表达方式的偏好。例如，生活在气候多变地区的人们可能拥有丰富的描述天气变化的词汇；而在某些文化中，由于尊重长辈和权威的传统，可能发展出表达敬意的复杂语言形式。

（三）语言反映文化差异

语言中特有的礼貌用语、称谓系统、谚语和习语等，都深受其文化背景的影响。例如，中华文化中对长辈和社会地位较高者使用敬语的传统，反映了人们对年长者的尊重以及人们的等级观念；而英语中的“please”和“Thank you”在任何情况下都频繁使用，展现了西方文化中对礼貌的普遍要求。此外，不同文化背景的人们对幽默的理解也各不相同，一些笑话或俏皮话在一种文化中可能引发欢笑，但在另一种文化中可能被认为是无礼的。

（四）语言、思维和文化的相互作用

萨丕尔－沃尔夫假说引发了人们对语言、思维和文化之间关系的深入探索，其核心观点是语言塑造人们对世界的认知方式。这种观点强调了语言不仅是表达思想的工具，更是影响和决定思维方式的关键因素。

第一，语言影响思维。语言的结构和词汇的分类决定了人们对世界的观察和描述方式，进而影响人们的思考模式。汉语中将时间视为一种空间，如“上午”和“下午”这样的词将时间概念空间化；而英语中则有诸如 long time 和 short time 等直接描述时间长度的表达。这些语言特征反映了不同文化中的人们对时间概念的不同认知方式。

第二，文化塑造语言。每种语言都具有其所属文化的特征，文化习俗、价值观和社会结构都深深影响着语言的发展。多种族融合的社会会借用或创造新词汇来描述新兴的文化现象；在重视集体主义的文化中，语言可能更多地体现出对群体的关注，而在强调个人主义的文化中，语言则可能更侧重于表达个体的感受和意见。

第三，思维影响语言选择。人们的思维方式也会影响他们的语言选择和使用。思维习惯和认知风格可以决定个体对经验、事件的描述方式。乐观的人在描述某一事件时可能使用积极向上的词汇，而悲观的人则可能选择使用更多负面的表达。这种个体差异在跨文化交流中尤为明显，不同文化背景下的人在表达同一概念时可能会选择完全不同的词汇和结构。

第四，语言、文化和思维的相互作用。这三者之间的关系是动态循环的，互相影响和塑造。语言反映并传递文化，文化塑造语言并影响思维方式，而思维方式又会通过语言的使用反馈给文化，进一步影响语言的发展。理解语言、文化和思维的相互作用关系对于人们的跨文化交际能力培养和语言学习至关重要，它强调了人们要想深入学习语言必须涵盖对其文化背景的理解，以及对使用该语言的社群的思维方式的认识。

二、语言教学与文化教学的关系

语言是一种文化现象，每种语言都承载着其特定文化的价值观、思维方式和行为习惯。在教学过程中，如果忽略了语言所携带的文化内容，学习者可能会成为所谓的“流利的傻瓜”，即他们可能能够熟练地使用外语进行基本交流，却无法深入理解和恰当地参与当地的文化活动。因此，语言教学和文化教学是相辅相成的。语言教学与文化教学之间的关系密切且不可分割，它们共同构成了外语学习的核心。在外语教学中，文化教学的重要性日益突显，因为掌握一门语言不仅意味着学习者学习语法规则和词汇，更意味着学习者对该语言背后的文化的理解。

（一）文化教学的必要性

文化教学不仅是外语教学的补充，它实际上是构成学习者语言能力的基础。深入了解目的语的文化背景，能够使学习者在语言学习中获得更全面的视角。当学习者掌握了与目的语相关的文化知识，他们在使用该语言时会更加得体和自信。例如，当学习者掌握了西班牙语国家的拜访礼仪，其在拜访西班牙语国家的朋友时，就能够展现出对该文化的尊重和理解，从而促进双方的友好交流。同样，理解了中文中敬语的使用规则，可以帮助学习者在正式场合下正确表达，展现出对中华文化的尊重。通过学习和理解不同的文化，学习者能够在交流中避免潜在的文化误解和冲突，建立起更加积极和谐的人际关系。

（二）调整认知框架

将目的语文化与母语文化进行对比，是一种推动学习者心智成长的有效方式。这一过程促使学习者跳出原有的文化框架，学习并理解不同的文化观念和行为模式。在这个过程中，学习者逐渐形成了更加包容和多元的思维方式，他们能够更容易地理解并接受不同文化背景下人们的行为和习惯。这种心智的成长不仅限于语言学习，它还影响了学习者对多元化世界的理解。通过这种认知框架的调整，学习者的跨文化理解力和同理心得以增强，为他们将来在经济全球化背景下的交流和合作奠定了坚实的基础。这一过程不仅提升了学习者的语言能力，更重要的是使他们能够在多元化的世界中找到自己的位置，并与不同文化背景的人建立积极有效的沟通。

三、文化视野下外语教学的目标

文化视野下的外语教学目标强调同时提升学习者的外语交际能力和跨文化交际能力。这意味着，外语学习不仅关注学习者对语言基本知识的掌握，包括语法、词汇和发音等，而且强调学习者了解和使用这门语言所需要的文化背景知识。通过深入学习目的语文化，学习者能够在交际中正确理解和使用目的语，有效避免文化误解，从而在国际化的交际环境中更加自如地表达自己的看法。此外，跨文化外语教学还致力培养学习者的多维视角和灵活思维能力，使他们能够从不同文化角度审视问题，并具备与多元文化背景下的人有效沟通的技巧。这样的教学目标不仅提高了学习者的语言技能，而且增强了他们的文化敏感性和全球视野，为他们在多元文化的世界中成功交流和互动打下了坚实的基础。

文化视野下的外语教学目标是实现语言技能和文化理解的有机结合，从而培养学习者的跨文化交际能力。这一目标始于教学的宏观目标的设定，即抽象地概括教学所追求的最终效果，然后通过具体的教学目标和衡量达成这些目标的标准加以实现。这些教学目标不仅涉及语言知识的传授，而且通过对目标文化的深入了解和比较，使学习者能够在实际交际中恰当地运用目标语言，理解并尊重不同的文化价值观和习俗。教学目标的具体化不仅指导课堂教学活动的设计和实施，也为教学评估和学习效果的测试提供了依据，确保外语教学能够全面地、有效地促进学习者的语言技能发展和文化意识提升。这样的外语教学目标体现了对跨文化外语教学本质特征的深刻理解，是外语教育工作者追求的终极目标。

文化视野下的外语教学旨在全面培养学习者的外语交际能力和跨文化交际能力，以促进他们在多元文化背景下的有效沟通和理解。这些目标不仅涵盖语言知识和技能的学习，还包括深入理解和应用文化知识，在认知、知识和能力层面综合发展。

（一）知识层面

1. 语言意识

外语教学的目标是提高学习者对语言的基本特征和功能的认识，使他们理解语言与社会文化之间的密切关系。这不仅涉及语言结构的学习，如语法、词汇和发音，而且帮助学习者认识到语言的使用方式、交际风格与特定社会文化背景人间的紧密关系。通过这样的教学，学习者能够在使用外语时，更加注意语言选择和表达方式对社会交往的影响。

2. 文化意识

加强学习者对文化的基本概念和特点的认识，包括了解不同文化之间的相互作用及其对语言使用的影响。学习者将学会如何通过语言表达来体现特定文化的价值观、习俗和行为准则，进而在跨文化交际中展现出对不同文化背景的尊重和理解。

3. 目的语文化

目的语文化包括社会习俗、交际风格、非语言交际特点、社会结构、价值观念、历史地理背景、文学和艺术等方面。深入了解目的语文化不仅可以使学习者掌握语言知识，还能够使其在跨文化交流中准确理解他人的语言和适应不同的文化场景，进而有效地进行沟通。

（二）能力层面

1. 外语交际能力

外语交际能力包括语言技能的提升、非语言交际能力的培养、社会文化能力的加强和交际策略的应用。教学目标不仅要使学习者能够熟练运用外语进行基本交流，还要能够在复杂的社会文化背景下恰当地使用语言和非语言符号，以达到有效沟通的目的。

2. 跨文化交际能力

跨文化交际能力强调学习者能够在跨文化环境中自如地与他人交际和互动。它包括对不同文化现象的观察与分析、将目的语文化与其他文化以及本族文化进行比较、接受和理解文化差异，以及根据不同的交际场合调整自己的行为和言语。通过对这些能力的培养，学习者将能够跨越文化障碍，以开放和多元的视角理解世界，成为有效的文化沟通者和协调员。

四、文化视野下外语教学的内容

文化视野下的外语教学内容构建于四个核心模块之上：目的语和目的语文化、其他文化、跨文化交际能力及综合运用语言和文化，旨在全面提升学习者在知识、能力和态度层面的综合素养。

（一）目的语和目的语文化

目的语学习不仅涉及学习者对语法、词汇等语言形式的掌握，还包括对该语言使用背后的文化理解。将“语言意识”引入教学内容，鼓励学习者通过对比目的语与母语，深入了解语言的社会文化属性，反思语言使用中的文化差异。例如，通过分析日常用语中的礼貌表达，学习者可以了解不同文化对礼貌的不同看法和表达方式，从而在实际交际中更加得体地运用目的语。同样，培养“文化意识”要求学习者不仅要了解目的语文化的表面现象，如节日、习俗，还包括对该文化的价值观、社会结构、历史背景等深层次理解。这种深入的文化学习有助于学习者建立对目的语文化的全面认知，为跨文化交际奠定坚实的基础。

（二）其他文化

其他文化的教学在外语教学中占据了独特而重要的位置。通过引入多元文化的内容，外语教学旨在打破学习者仅限于本族文化和目的语文化的局限，拓宽其视野，促进全面的跨文化意识和交际能力的发展。这种教学不仅增强了学习者对全球多样性的认识，也为他们提供了比较不同文化的机会，从而提高了他们灵活应对跨文化交流挑战的能力。

（三）跨文化交际能力

文化视野下外语教学内容的另外一个范畴是跨文化交际能力的培养。跨文化交际能力是一个宽泛的概念，指在不同的文化背景下，人们能够进行有效的沟通、理解和合作的能力，它包含的内容很多。其中，跨文化意识指的是人们对不同文化之间的差异的认识和敏感度；跨文化交际实践是外语教学内容之一，主要是由教材和教师提供或创造跨文化交际的机会或情景，让学习者发现跨文化交际过程中可能出现的问题，如文化冲突、误解等，进而在教师的帮助下，掌握解决问题的方法。除此之外，外语教学内容还包括跨文化研究方法的教学。跨文化交际能力的培养是一个长期的过程，学习者不可能在学校教育期间学习世界上的所有文化，外语教学也不可能穷尽学习者将会遇到的所有跨文化交际情景，因此，掌握跨文化研究的方法是提高跨文化交际能力最现实、最有效的途径。

（四）综合运用语言与文化

外语教学的终极目标是使学习者能够在跨文化背景下有效地使用目的语进行沟通。因此，教学内容的设计需要密切结合语言使用和文化交流，通过真实或模拟的跨文化交际活动，让学习者在实际语境中运用所学知识。

第三节　文化视野下外语教学原则

在外语教学中，将文化元素融入教学过程中是极为关键的。将文化元素融入教学过程，不是将文化知识作为语言学习的补充材料随意添加，而是应该把跨文化教学视为教学设计的核心，引领整个教育和教学过程。为了实现这一目标，教师需要遵循一系列明确的教学原则。

一、以学生为中心的原则

这一原则强调教学活动应围绕学生的需求和兴趣进行设计和实施，将学生置于教学的核心位置。这意味着，与其单向地向学生传授文化知识，不如加强学生学习文化知识的积极性。在这一过程中，教师扮演的角色从传统的知识传递者转变为学习引导者、知识咨询者、文化意义的解读者等，学生的学习积极性增加，其对文化也会更有深入的理解。这种以学生为中心的教学方式有利于学生实现从被动接收知识向主动探索和学习知识的转变，能提高他们的学习动力和效率。

二、文化平等原则

文化平等原则是外语教学中不可忽视的一个重要原则，特别是在文化教学环节中。这一原则强调：世界上不同民族和文化群体的文化都是在特定的地理环境、历史背景下经过长期积累形成的独特体系，每种文化都有其存在的价值和独到之处，因此，教师在教学过程中，不应用一个单一的标准来衡量不同文化的优劣。

根据文化平等原则，外语教师在进行文化教学时应鼓励学生以开放和平等的心态去理解和接纳不同的文化，同时要弘扬中华优秀传统文化。在教学实践中，教师应通过多种方式展示不同文化的多样性和复杂性，帮助学生认识到每一种文化都是其社会群体为满足生存和发展需求而形成的合理选择。这意味着教师要摆脱文化中心主义的偏见，不将一种文化的视角和标准强加于另一种文化。同时教师应促进文化间的相互学习和尊重，鼓励学生发掘和欣赏不同文化中的优秀元素，从而将他们培养成具有全球视野和跨文化交流能力的人才。

三、兴趣引导原则

在文化视野下的外语教学中，兴趣引导原则占据着核心地位，因为兴趣是学习动力的重要来源。兴趣引导原则强调利用学生对不同文化的好奇心和兴趣，激发他们学习外语和探索目的语言文化的热情。教师通过将教学内容与学生的兴趣爱好相结合，提高学生的学习积极性，使学习过程变得更加生动有趣，从而达到更好的教学效果。

在实施兴趣引导原则时，教师需要深入了解学生的个人兴趣和文化背景，精心设计包含丰富文化元素的教学活动。例如，讨论不同国家的风俗习惯、观看国际电影、学习国外节日和传统、参与模拟跨文化交流场景等。通过这些富有创意的活动，学生不仅能够学习语言知识，还能够深入理解和体验不同文化，增强他们的跨文化交际能力。兴趣引导原则还鼓励教师引入多媒体和网络资源，利用文字、图片、视频等多种方式展示目的语国家的文化特色，这些多样化的教学手段能够有效吸引学生的注意力，提高他们的学习兴趣。同时，通过参与项目式学习、国际交流活动等，学生可以在实践中深化对文化知识的理解，增进对不同文化的尊重和欣赏。

四、宽严结合原则

在文化视野下的外语教学中，宽严结合原则指恰当处理学生在学习过程中出现的错误，帮助学生在语言准确性与流利性之间找到平衡。外语学习是一个从完全不了解到最终掌握另一种语言系统的漫长过程，在这个过程中，学生的语言使用会经历多个阶段，他们所表达的往往是一种中介语，其既不完全是母语的直译，也不完全符合目的语的规范，因而难免会产生错误。

从中介语的角度来看，学习者在不同学习阶段犯下的错误可以归纳为三类：前系统错误、系统错误以及系统形成后的错误。前系统错误出现在学习者对新语言的规则缺乏清晰认识的摸索阶段；系统错误则是学习者在对某一语言规则形成了错误假设后，持续错误使用该规则所造成的错误；系统形成后的错误发生在学习者已经掌握了正确规则，但由于各种原因暂时遗忘或混淆时所出现的错误。在宽严结合原则下，教师在外语教学中需要灵活应对学生的错误，既不能完全忽视错误，导致学生无法达到准确表达的要求，也不能对每一个错误都严格纠正，以免打击到学生的学习积极性和语言表达的流畅性。正确的做法是教师在鼓励学生大胆尝试和表达的同时，适时给予指导和纠正。

宽严结合的外语教学原则鼓励教师根据学生的语言发展阶段和具体情况灵活处理错误。对于初学者的前系统错误，教师可能需要采取更宽容的态度，鼓励学生大胆尝试，不因担心犯错而限制自我表达。当学生的语言水平有所提高，对目的语有了更深入的理解时，教师则可以适当提高对学生语言准确性的要求，帮助学生纠正系统错误，提升语言运用的准确度。至于那些偶尔出现的系统形成后的错误，教师只需适时提醒或不做过多干预。

在文化视野下的外语教学中，宽严结合原则不仅关乎对学生在语言学习中出现的错误的处理，更涉及教师如何在教授语言的同时融入文化教学，平衡准确性与流利性之间的关系。这一原则强调，在外语教学过程中，教师应根据学生的学习阶段、交流场合及文化理解程度，灵活采取宽松或严格的态度。

对于初学者而言，教师教学的重点应在于激发他们使用外语进行交际的勇气，让他们在实践中感受语言的魅力，并逐步了解与之相关的文化背景。在这个阶段，过分纠正语言中的错误可能会阻碍学生的语言输出和文化探索的积极性，因此教师应鼓励他们大胆表达，即使表达中充满了“支离破碎”的语言形式。这一阶段的教师更多是作为一个支持者和引导者，通过提供丰富的文化背景知识，帮助学生建立语言学习与文化理解之间的联系。

随着学生外语水平的提高，特别是当他们已经能够较为流畅地进行基本交流时，教师可以适当提高对学生的语言准确性的要求，尤其是在涉及文化细节表达时。其原因在于，随着学习者跨文化交际能力的增强，对语言的精确使用变得尤为重要，精确使用语言能在很大程度上避免因语言错误而导致的文化误解或交流障碍。然而，纠正的方式应当建立在鼓励的基础上，避免打击学生的自信心。同时，教师应根据不同的交际场合调整教学焦点，如在轻松的交流环境下，教师应强调语言的流利性，鼓励学生自然地运用语言和文化知识；而在正式的写作或演讲中，教师则应强调语言和文化表达的准确性。通过遵循宽严结合的教学原则，外语教学不仅能帮助学生打下扎实的语言基础，同时能培养他们的跨文化交际能力，使他们能够在不同文化背景下自信地使用外语进行有效沟通。

五、语言文化相结合原则

语言文化相结合原则在文化视野下的外语教学中占据着重要位置，它强调的是外语教学目标不能只局限于让学生掌握词汇、语法等语言基础知识，更重要的是让学生深入了解并掌握这门语言所承载的丰富文化内容。这是因为语言和文化之间存在着密不可分的联系：语言是文化的重要表达形式和载体，文化的多样性和复杂性又直接影响着语言的使用和发展。在遵循语言文化相结合的教学原则过程中，外语教师应当实施以下策略。

（一）引入和传授文化知识

外语教师在确保学生掌握语言基础知识的同时，应重视对目的语文化的介绍和传授。这不仅可以帮助学生拓宽视野，加深学生对目的语文化的认识，还能激发学生学习外语的兴趣，使他们更好地理解语言中的文化元素，如习语、谚语及其背后的文化故事和含义。

在引入和教授文化知识的过程中，外语教师通过将文化元素与目的语相结合，可以极大地丰富教学内容，提升学习效果。例如，在英语教学中，教师不仅要教授单词和语法规则，更应深入介绍英语国家的历史背景、文化习俗、社会规范等，使学生在掌握语言的同时，能够理解语言背后的文化内涵。

当教授与节日相关的英语词汇时，教师可以介绍美国的感恩节、独立日、圣诞节的起源和庆祝方式，通过分享节日背后的故事和习俗，使学生了解这些节日的文化意义。探讨在不同文化背景下相同节日的庆祝差异，如圣诞节在美国和英国的不同庆祝习惯，可以帮助学生理解即使是使用相同语言的国家，其文化实践也可能大不相同。在教授习语和谚语时，如“Every cloud has a silver lining（黑暗中总有一线光明）”或“It’s raining cats and dogs（倾盆大雨）”，教师可以解释这些表达的字面意思和实际应用，同时分享这些习语的起源和文化背景。这样不仅能增加课堂的趣味性，也能帮助学生更深入地理解英语表达方式的多样性和丰富性。

（二）利用教材渗透文化知识

在文化视野下的外语教学中，利用教材渗透文化知识强调外语教师在使用教材时，应穿插介绍与教学内容相关的文化背景知识，将语言学习与文化理解紧密结合，使学生在学习语言的同时深入理解文化内涵。

例如，在教授西班牙语的过程中，教师可以在介绍与“家庭”相关词汇时，介绍西班牙和拉丁美洲国家对家庭的看法和价值观。在这些文化中，家庭被视为生活的中心，这些文化强调家庭成员之间的紧密联系和相互支持。通过对比这一观念与学生所在文化中的家庭观念，学生不仅学会了相关词汇，还了解了不同文化背景下家庭概念的差异。在法语教学中，教师讲解与“餐桌礼仪”相关的词汇时，可以引入对法国餐桌文化的介绍。法国人非常重视餐桌礼仪，从餐具的摆放到用餐的顺序都有一定的讲究，这反映了法国社会对礼仪和传统的重视。通过这样的文化介绍，学生不仅学习到了相关词汇，还能感受到法国文化的魅力。当教授德语中与“节日庆祝”相关的表达时，教师可以引入德国的传统节日如“慕尼黑啤酒节”，介绍该节日的起源、活动内容和文化意义。这种文化背景的介绍，使学生在掌握语言的同时，了解了节日在德国文化中的地位和意义，增强了学生学习的趣味性。

通过这种方法，外语教师将语言知识与文化知识相结合，不仅提高了教学效果，也培养了学生的跨文化交际能力和全球视野。这种教学方式鼓励学生在学习语言的同时，对不同文化持开放和尊重的态度，从而为他们将来的跨文化交流和国际合作打下坚实的基础。

（三）保证文化知识与语言水平相适应

在文化视野下的外语教学中，确保文化知识与学生的语言水平相适应是实现语言与文化结合原则的关键一环。这意味着教师在设计和实施文化教学活动时，必须考虑学生的语言能力，按照从简到难、从具体到抽象的原则，逐步引导学生深入理解目的语背后的文化。

例如，在初学西班牙语时，由于学生的语言基础较为薄弱，教师可以选取与学生生活密切相关的文化主题，如西班牙的日常饮食习惯、节日庆祝方式等。这些主题不仅贴近学生的实际生活，而且对词汇和语法的要求相对简单，有利于学生在轻松愉快的氛围中学习语言和文化。进入中级阶段，随着学生语言能力的提升，教师可以引入一些更复杂的文化内容，如探讨西班牙的历史人物、著名的艺术作品及其创作者等。这一阶段，学生已具备一定的语言基础，能够应对稍微复杂的文化话题，从而深化对目的语文化的理解。到了高级阶段，教师可以引导学生探讨更为抽象和复杂的文化现象和观念，如西班牙语国家的社会问题、跨文化交际中的文化差异等。此时，学生已具备较强的语言能力，能够理解和分析复杂的文化背景信息，因此，复杂文化现象与观念的引入能拓宽他们的文化视野，提高跨文化交际能力。

在不同学习阶段针对性地选择适合学生语言水平的文化内容，不仅能够保证文化教学的有效性，还能够激发学生的学习兴趣，促进他们在语言和文化学习上的双重进步。这种按学生语言水平逐步深入的教学方法，既避免了学生因学习难度过大而导致的学习挫败感，也保证了学生能够在不断提升语言技能的同时，深入理解和欣赏不同文化的独特魅力。

第四节　文化视野下外语教学方法

在文化视野下的外语教学中，除传统的教师讲解法外，其他教学方法也能够有效地促进学生的文化理解和跨文化交际能力的发展。这些方法包括但不限于情境教学法、交际教学法、项目式教学法和角色扮演教学法。

一、情境教学法

（一）概念内涵

情境教学法是一种将学生置于模拟或真实的语言使用环境中，通过各种教学活动，激发学生的情感，提高他们的语言实际运用能力的教学策略。这种方法的核心在于，教师通过创建贴近真实生活的学习情境，让学生在具体的语言文化环境中学习和实践，从而增强他们的主动学习能力、判断力和适应交际需求的灵活性。

情境教学法强调教师在教学活动中的引导和示范作用，教师需要确保自己使用的目的语是准确和标准的，同时应灵活运用各种教学资源，创造丰富多样的学习情境。在必要时，教师也可以适当使用学生的母语进行解释，以确保学生能够充分理解。情境教学法旨在使学生在轻松愉快的学习氛围中，提高语言交际能力及跨文化理解力。

（二）理论支撑

情境教学法的理论基础主要来源于构建主义学习理论、交际语言教学理念以及心理学中的情境认知理论。以下是上述理论支撑的简要说明。

构建主义学习理论认为：知识不是被动接受的，而是学习者在与环境的互动、解决问题和反思的过程中主动构建的。情境教学法提供了一个丰富的、接近真实的学习环境，使学生在实际或模拟的语言使用情境中通过亲身体验和实践来构建知识，理解语言和文化。交际语言教学理念则强调语言学习的目的是有效的交际，该理念认为学习语言的最佳方式是通过使用语言进行真实的社会交际。情境教学法通过模拟真实生活中的交际场景，让学生在特定的文化和社会背景下练习和使用语言，从而提高他们的交际能力。情境认知理论强调知识和技能是在特定情境中获得的，并且最好在获得知识的那个情境中使用。这一理论认为学习应当是情境化的，与学习者的实际经验和需要紧密相关。情境教学法正是通过创设具体的学习情境，让学习者在情境中学习和应用知识，使学习内容更加贴近学习者的实际生活，从而提高学习的有效性和意义。

（三）教学原则

1. 体验性原则

体验性原则是情境教学法中的核心原则之一，强调通过直接体验和实践来促进学习。这一原则基于认识论的观点，认为知识和技能的获取是通过亲身参与和经历而非被动接收来实现的。在外语教学中，体验性原则要求教学活动能够为学生提供丰富的、接近真实情境的语言使用经验，使学生在具体的、生动的语境中使用语言，从而提高他们的语言理解和表达能力。

2. 互动性原则

情境教学法强调教学过程中师生之间以及学生之间的互动。通过互动，学生可以完全沉浸在学习的情境中，更有效地理解和掌握知识点。教师应设计多种形式的互动活动，如角色扮演、小组讨论、情景对话等，以鼓励学生主动参与互动，提高他们的交际能力和团队合作精神。互动性原则不仅有利于知识的吸收，还能激发学生的学习兴趣，增强他们的学习动力。

3. 反思性原则

情境教学法倡导在教学活动结束后进行反思，这是学习过程的重要组成部分。反思能够帮助学生总结学习经验，认识自己的进步和不足，进而调整学习策略，提高未来学习的效率。教师应该引导学生进行系统的反思，包括对学习内容的理解程度、对学习方法的掌握程度以及对自己学习态度的评价等。同时，教师自身应进行教学反思，以不断优化教学设计，提高教学质量。

（四）设计应用

语言学习与文化密切相关，因为语言不仅是沟通的工具，也是文化的反映。人们在社会互动和发展过程中不断使用语言，这使得语言学习必须在特定的社会文化情景中进行。通过结合实际交际场景，学生能够将新获得的知识与已有的经验联系起来，促进对新知识的理解和整合。因此，在外语教学中，创建能促使学生回顾既往经验并积极投入新的交流活动的生动实际情境至关重要。为了打造这样的学习环境，教师可以从多个角度着手，精心设计课程和活动，确保学习过程既有效又吸引人。

1. 提供示例

理解和解决问题的能力建立在对问题的认识及利用个人经验构建解决方案的心理模型上。学生不可能对所有情境都有直接经验，所以教师应提供相关示例来弥补学生的认知空白，为解决问题提供基础。同时，教师给出的示例应涵盖多种解决问题的方法和视角，促进学生扩展思维，激发他们的想象力和创造力。

2. 呈现任务

任务的呈现关键在于教师如何向学生展示学习任务。采用情境教学法时，任务的呈现需要介绍与任务相关的社会文化背景，如目的语国家的历史、地理、社会结构和行为模式，以增进学生对该文化的理解。同时，任务的介绍应尽量生动有趣，要为学生留出足够的操作空间和自由度，以吸引他们积极参与。

3. 教师引导

构建主义学习理论强调学生是学习过程的主体，应主动构建知识的意义。而教师则扮演组织者和引导者的角色，通过精心设计的教学活动促进和辅助学生的知识构建。教师的指导对于维持教学活动的有序进行至关重要，无序地探索难以达到预期的学习效果。在涉及外语文化知识的教学中，面对学生对目的语文化的疑惑，教师应提供适当的解释和指导，确保学生能顺利完成学习任务。

4. 确定所需信息

在设计教学情境时，教师必须明确学生所需的信息类型和信息量，这有助于构建问题模型和提出解决策略。为此，教师应向学生提供必要的信息资源，包括文本、图像、实物、音频、视频和动画等，以及其他可通过不同途径获得的相关文化知识。这些资源不仅要能吸引学生的兴趣，还要能助力学生认识和解决问题。

5. 提供认知支持

考虑到学生的知识背景和信息处理能力的局限，他们在接触认知资源时可能会遇到困难。在这种情况下，认知工具成为关键。这些工具旨在为学生提供认知支持，包括可视化的智能信息处理软件（如专家系统和数据库）等。学校和教学机构需要在其教学系统或数据库中整合文化教学内容，使教师和学生能够方便地访问这些重要资源。

二、交际教学法

（一）概念内涵

交际教学法起源于20世纪70年代的欧洲，是一种强调语言学习的实用性和交际能力培养的教学方法。它的诞生背景与当时社会的历史情况有着紧密的联系。特别是在西方国家，随着经济的快速发展和交通的便利化，不同国家和民族之间的政治、经济、文化交流变得日益频繁。然而，语言障碍成为人们沟通交流的一大阻碍，许多学习过外语的人士在实际交际中却无法有效使用语言，这直接影响了他们的日常生活和工作效率。

为了解决这个问题，交际教学法强调语言学习的目标不仅是掌握语言结构和词汇，而且是能够在实际生活中有效地使用语言进行交流。这种教学法倡导通过模拟真实的交际场景，提供丰富的交际实践机会，让学习者在真实或接近真实的语言使用环境中学习语言，培养他们的语言理解能力、表达能力，以及处理语言中的不确定性和模糊性的能力。

（二）理论支撑

交际教学法的理论支撑主要来自社会语言学和心理语言学两大领域。

社会语言学强调语言不仅是一套语音、词汇和语法规则的系统，更是社会交际的工具。社会语言学研究人们如何在不同的社会文化背景和交际情境中使用语言，揭示了语言的多样性和变异性，以及语言使用与社会身份、权力结构和社会互动等因素之间的关系。这些研究成果为交际教学法提供了理论基础，促使教学焦点从单纯的语言形式转移到使用语言进行有效交际的能力培养上。心理语言学则关注语言习得和处理的心理机制，探讨个体如何获取、理解和输出语言。心理语言学强调语言习得不仅涉及语言知识的内化，也包括学习者在实际交际中灵活运用语言知识的能力。心理语言学的观点认为，模拟真实的交际场景和提供交际实践机会，可以促进学习者的语言交际能力的发展。

（三）教学原则

1. 真实性原则

在交际教学法中，真实性原则要求教学内容和活动尽可能反映真实的交际情境，目的是让学习者在类似的真实场合中能有效使用语言。这意味着在教学过程中，教师要采用日常对话、社交媒体交流、真实的新闻报道、书信等多样的真实材料，而非局限于课本中的标准句型。例如，学生通过分析真实的客户服务对话来学习如何在商务环境中礼貌地提出请求和解决问题，或者通过讨论真实新闻事件来培养学生的批判性思维和表达自己见解的能力。这种方法不仅能提高学习者的语言实用技能，还能增加他们对语言学习的兴趣和动机。

2. 交际功能原则

交际功能原则强调教学应注重语言的交际功能，即语言用于完成特定社会交际任务的能力。在这种原则的指导下，教学内容要围绕语言的实际使用功能展开，例如，如何在不同情境下表达感谢、进行自我介绍、请求帮助或提出意见等。这不仅限于口头交际，也包括书面交际，如编写电子邮件、撰写报告等。通过模拟真实生活中可能遇到的各种交际场景，教师帮助学生理解并实践如何在特定文化和语境下有效使用语言，从而提高他们的跨文化交际能力。

3. 任务导向原则

任务导向原则指教师在设计教学活动时应以任务为基础，鼓励学习者通过完成具体的交际任务来实践和提高其语言能力。例如，教师可能会设计一个团队项目，要求学生计划一次到目的语国家的虚拟旅行，包括行程规划、住宿预订、景点选择等，学生需要使用所学语言进行团队讨论、信息搜索和汇报呈现。这种任务不仅需要学生运用语言知识，还要求他们发挥批判性思维、解决问题的能力和团队合作技能，从而在完成任务的过程中全面提升语言能力和交际技巧。通过这种方式，学生能在实际语言使用中体会到学习的意义，激发学习动力，同时增强实际应用能力。

（四）设计应用

1. 设计交际行为

交际教学法注重通过模拟真实生活中的交际情境，来提高学习者的语言实际应用能力。这种方法不仅能帮助学生掌握语言结构，更重要的是能培养他们在具体情境中运用所学语言进行有效交流的能力。以下是几种实际应用交际教学法的交际行为设计。

在设计描述活动时，教师鼓励学生运用所学的语言知识描述自己的日常生活、兴趣爱好或对某个话题的看法。例如，学生可以描述他们的家乡特色或者分享一次他们最难忘的旅行经历。这种活动不仅能够提升学生的语言表达能力，还能提升他们的逻辑思维和组织能力，使其更加自信地参与更广泛的交际活动。猜词活动是另一种有效的教学设计，旨在通过游戏化的方式提升学生的词汇量和表达能力。在这个活动中，学生通过团队合作和竞争，用定义、同义词或反义词等方式描述一个指定的词，其他同学则需猜测这个词是什么。这种活动能够激发学生的兴趣，增加课堂的互动性，同时加深学生对新学词汇的理解和记忆。

对话活动更加贴近实际的交际场景，它要求学生就特定话题与他人进行对话和讨论。例如，教师可以设置一个模拟场景，如在咖啡店点餐、在机场询问航班信息等，让学生扮演不同角色进行对话练习。这种活动不仅能够提升学生语言表达的流利性，还能让学生在安全的课堂环境中体验真实的对话场景，增强他们的交际能力。

2. 评价交际能力

在交际教学法中，评价学生的交际能力是一项至关重要的任务，这不仅关系到学生语言技能的提升，也是其跨文化交际能力提升的关键。通过以下几个方面的设计应用，教师能够全面、有效地评价和提升学生的交际能力。

（1）关于目的语得体性的评价，教师可以设计一系列的情景模拟活动，让学生在这些模拟的真实场景中使用目的语进行交流。例如，教师可以让学生扮演不同文化背景下的人物角色，让他们在特定的社交场合中选择适当的话题进行交谈。在这个过程中，学生不仅要学会如何选择得体的话题，还要学会如何用恰当的语言进行交流。例如，在模拟西方餐桌礼仪的场景中，学生需要了解在这种文化背景下哪些话题是可以谈论的，哪些话题是应该避免的，这样的实践有助于学生恰当使用目的语。

（2）对目的语文化背景知识的评价，教师可以通过设置文化探究项目或者文化小组讨论来实现。教师可以先提出一些与目的语文化相关的问题或者提供一些引发文化误解的情景，然后让学生通过查阅资料、小组讨论等方式来探讨和解答。这样的活动不仅能增强学生对目的语文化背景知识的理解和掌握，还能提高他们解决文化差异导致的交际障碍的能力。例如，在探讨英语国家与本国节日文化差异的项目中，学生不仅能学习到与节日相关的词汇和表达方式，还能深入了解不同文化对节日的看法和庆祝方式，从而培养学生的跨文化理解力。

（3）对约定俗成语言的掌握评价，教师可以通过日常的口语练习和角色扮演等方式来观察和指导学生。在这些活动中，学生不仅需要正确使用语言规则，还要注意使用符合目的语文化习惯的表达方式。教师可以在学生完成任务后，给予及时的反馈，指出学生在语言使用中的得体性和文化适应性问题，并给出改进建议。例如，在模拟接待外国客人的角色扮演活动中，学生需要使用正确的问候语和礼貌用语，这不仅是语言技能的体现，也是文化适应性的体现。

三、项目式教学法

（一）概念内涵

项目式教学法是一种以学生为核心的教学模式，强调通过参与真实或模拟的项目活动，学生能主动探索、学习、解决问题，并在此过程中提高自己的知识和技能水平。此方法突出了学习的实践性和综合性，要求学生在真实的语境中应用所学知识和技能，解决实际问题，从而达到深化理解、提升个人能力和促进个人成长的目的。

在项目式教学法中，项目的设计和实施是核心环节。项目需要紧密关联课程目标，以学生的兴趣、需求为出发点，综合考虑他们的实际能力。项目应设定明确的学习目标，有实际应用的背景，并明确操作步骤。通过设计具有挑战性的项目，教师旨在引导学生通过动手实践和解决问题，获得知识和技能的学习，培养学生的批判性思维、信息处理能力、团队协作精神和创新能力。

学生的参与方式体现了项目式教学法中以学生为中心的教学理念。学生在项目中扮演的角色不仅是传统的知识接受者，还是主动探索的学习者、问题的解决者和创新的实践者。在教师的指导和鼓励下，学生通过集体讨论或个人研究，主动搜集信息、分析问题，提出并实施解决方案。这一过程加强了学生的独立思考能力、沟通能力和团队协作能力，对学生的全面发展具有重要意义。

评估和反馈机制是项目式教学法中不可或缺的环节。这一评估方式关注学生在整个项目实施过程中的表现，而非仅仅是项目结果的好坏。通过多样化的评估方法，如同伴评价、自我评价和教师评价，教师可以全面考查学生的知识掌握、技能运用、团队合作等情况。通过及时、具体地反馈，帮助学生明确自我优势和改进方向，促进其持续成长和发展。

（二）理论支撑

项目式教学法是一种将学习者置于真实或模拟的情境中，通过完成一个具有实际意义的项目来达到学习目的的教学方法。这种方法强调学生的主动参与、探索和合作，使学生在解决问题的过程中获得知识和技能。项目式教学法的理论支撑主要来源于以下几个理论。

1. 需求分析理论

需求分析理论主张教育活动应从学习者的实际需求出发，确保教学内容与学习者的兴趣、需求和生活实践紧密相关。在项目式教学法中，教师通过设计与学生生活经验紧密相关的项目，激发学生的学习兴趣和动机，使学习过程自然而有意义。例如，如果学生对环保有很大的兴趣，教师可以设计一个关于如何减少学校垃圾的项目。学生在项目执行过程中，不仅能学到相关的科学知识和研究方法，还能提升自己的社会责任感和团队协作能力。这种从需求出发的教学设计使学习更加贴近学生的实际生活，增强了学习的实用性和有效性。

2. 发现学习理论

发现学习理论强调学习是一个主动发现问题和解决问题的过程。学生通过探索、试验和反思，自己发现知识，从而深刻理解知识。项目式教学法恰恰提供了这样一个平台，学生在完成项目任务的过程中需要自行搜集信息、分析问题并提出解决方案，这个过程充分体现了发现学习的特点。例如，在一个设计新型节能汽车的项目中，学生需要研究当前的节能技术、汽车设计原理等，在这个过程中他们可能会遇到许多未知的挑战，需要通过实验和研究来寻找答案，这种主动探索的学习方式有助于学生构建更为坚固和全面的知识体系。

3. 多元智能理论

多元智能理论主张人类具有多种不同类型的智能，包括语言智能、逻辑数学智能、空间智能、音乐智能、身体运动智能、人际交往智能、内省智能和自然观察智能等。这一理论强调了教育应当尊重学生智能的多样性和个体差异，提供多种学习途径，以满足不同学生的需要。项目式教学法与多元智能理论之间的联系尤为紧密，因为项目式学习活动往往要求学生运用并发展多种类型的智能。

在项目式教学法中，学生通过参与设计、执行、评估各种项目活动，不仅能够锻炼和发展其逻辑数学智能和语言智能，还可以通过与他人的合作交流来提升人际交往智能；通过制作项目的实物模型等活动来加强空间智能和身体运动智能；通过研究特定主题的历史背景或文化内涵来增强内省智能；甚至通过探索自然界的项目来提高自然观察智能。此外，项目活动中的音乐、艺术元素也有助于学生音乐智能和空间智能的培养。

（三）教学原则

项目式教学法作为一种以学生为中心、注重实践和探究的教学模式，强调学生通过参与具体项目的实施，促进知识的整合应用、技能的发展以及个人素质的提升。教师在设计和实施项目式教学活动时，遵循以下原则至关重要，其能确保教学活动的有效性和学生学习的全面性。

1. 可行性原则

可行性原则是项目式教学设计的基石。这要求项目的设计与实施必须充分考虑学生的实际能力、知识水平和兴趣爱好，确保学生能够在现有条件下顺利完成项目任务。例如，如果设计一个要求学生用外语进行市场调研的项目，教师要评估学生是否具备相应的语言表达能力和调研技能，同时需要考虑项目的实施是否能够激发学生的学习动机和参与热情。教师通过将项目目标与学生实际情况相匹配，可以有效提高项目的可行性和学生的学习效果。

2. 启发性原则

启发性原则主要通过项目活动激发学生的好奇心和求知欲。项目的设计应围绕能够引起学生探究兴趣的主题展开，鼓励学生主动提出问题、寻找答案并进行深入思考。例如，教师可以设计一个关于跨文化交流的项目，让学生探讨不同文化背景下的交际习惯，这不仅能够提高学生对目的语文化的理解，还能培养他们的跨文化交际能力和批判性思维。

3. 整合性原则

整合性原则强调在项目实施过程中应充分整合和应用跨学科的知识和技能。设计的项目不应局限于语言学习，而应结合历史、地理、艺术等多个学科领域的知识，促进学生综合能力的发展。例如，设计一个关于环境保护主题的项目，学生不仅需要运用外语技能收集信息、撰写报告和展示成果，还需利用科学知识分析环境问题产生的原因和影响，提出可行的解决方案。这种跨学科的项目设计有助于学生建立知识之间的联系，促进其综合应用能力和创新思维的发展。

（四）设计应用

1. 项目规划与设计

项目式教学法的实施开始于细致入微的“项目规划与设计”阶段，这一阶段是整个教学活动成功与否的关键。在规划和设计项目时，教师扮演着项目策划者和构思者的角色，其需要基于课程目标和学生实际需求，巧妙地策划出既有教育意义又符合学生兴趣的项目主题和活动流程。

（1）在选择项目主题时，教师需结合教学目标和学生的兴趣点，精心挑选一个能够引起学生好奇心，同时能够帮助学生实际应用所学知识和技能的主题。例如，如果教师想要培养学生的跨文化理解和语言应用能力，可以选择“探索世界美食文化”作为项目主题，通过这一主题，学生不仅能了解不同文化背景下的饮食习惯，使用外语介绍和讨论项目的能力还能得到锻炼。

（2）在设计具体学习环节和活动时，教师需要根据项目主题细化具体的操作步骤，确保学生能够在参与中积极学习和探索。针对“探索世界美食文化”的项目，教师可以设计这样的学习流程：首先，用相关的短片或文章引入主题，激发学生的学习热情；其次，学生自行分组并对特定国家的美食文化进行深入研究，包括食材选择、烹饪方法及其背后的文化意义；再次，让学生准备展示材料，以小组形式分享他们的发现；最后，模拟餐厅环境，让学生用目的语讲述他们的美食故事，实现语言与文化的实际应用。

（3）项目的评估标准应包括但不限于学生对文化内容的理解、外语表达的准确性和流畅度、团队协作精神的体现以及创新思维的运用等方面。例如，在“探索世界美食文化”项目中，评估标准可以是学生对特定美食文化的准确介绍、语言使用的流利程度、团队内的分工合作以及美食展示的创意度等。

2. 团队建设与角色分配

在项目式教学法中，“团队建设与角色分配”是实现项目目标的关键步骤。这个环节的成功实施不仅能够促进学生之间的合作，还能有效提高整个项目的执行效率。

（1）学生基于自己的兴趣和专长进行自主分组，这一过程不仅能提高学生的主观能动性，还为其提供了一个展现个人才能和偏好的平台。

例如，在一个以“环保项目”为主题的学习项目中，学生可以自由组队，然后根据个人的特长和兴趣选择适合自己的角色，如项目策划者、信息搜集者或是演讲者等。这种方式能够让每位成员在团队中找到最适合自己的定位，从而最大化地发挥个人的潜能。

（2）分组完成后，团队成员共同制订合作计划，这包括明确项目的目标、计划具体的实施步骤、制定时间表和预防可能遇到的障碍。例如，在“环保项目”中，学生需要协同商讨如何调查和研究环保问题，安排时间进行野外考察，制作调查报告，并准备最终的成果展示。这个过程不仅考验学生的团队协作能力，也锻炼他们的项目管理和时间管理能力。

（3）信息的收集与共享是团队协作过程中不可或缺的一环。学生需要利用各种资源，如网络、专业书籍等收集相关信息，并通过电子邮件、云端分享等工具实现信息的快速共享和反馈。例如，在“环保项目”中，团队成员可以通过网络搜集全球各地的环保实践案例，通过访谈环保专家获取第一手资料，然后在团队内部共享这些信息，共同讨论分析，从而为项目的最终成果的展示奠定坚实的基础。

3. 成果展示与多维评价

“成果展示与多维评价”是项目式教学法的最后一个实施阶段，也是一个关键环节。这一阶段通过多样的展示形式和全面的评价机制，旨在深化学生的学习体验，促进他们的全面发展。

（1）在项目完成后，学生将有机会把自己的工作呈现给更广泛的观众。无论是通过线上展示、课堂讲解，还是通过制作展览板和实体模型，学生都需要用目的语详细介绍他们的项目过程和成果。例如，在完成一个关于“世界节日”的项目后，学生可以创建一个多媒体展示，其中包括对各个国家节日的深入研究，通过视频、音频和图文结合的方式，表达他们对节日背后文化的理解和见解。此外，学生可以在班级内外分享他们的项目，促进交流和讨论，提高自己在实际语境中运用语言的能力。为了确保对学生学习成果的全面评价，教师需要建立一个多维度的评价体系。这包括教师评价、同伴评价、自我评价乃至外部评价等多个层面。通过这种方式，学生不仅能从专业的角度得到反馈，还能从同伴和自身的角度进行反思和评估，促使学习过程的深化。评价内容涵盖了项目的研究深度、语言的准确性和流利性、团队协作的效果、创新性和呈现方式等多个方面。

（2）评价的目的在于激励学生的进一步学习和成长，而不只是作为对学生成绩的简单判定。通过对项目过程和成果的深入反思，学生能够更清楚地了解自己的强项和有待改进的地方，从而在未来的学习中作出相应的调整。教师根据评价结果进行教学方法的反思和调整，也是这一过程不可或缺的一部分，以期不断优化教学策略，提高教学效果。

四、角色扮演教学法

（一）概念内涵

角色扮演教学法是一种富有创意和互动性的教学方法，角色扮演教学法通过让学生在设定的情境中扮演不同的角色，从而使学生在模拟的社会情境中运用目的语进行表达和交流。这种方法以其模拟真实情境的特性，为学生提供了一个安全且支持性的环境，使他们能够自由地进行语言实践，探索不同的社会角色和文化背景。

角色扮演教学法的核心价值在于其对学生语言能力的全面提升，其不局限于语法和词汇的学习，更重要的是帮助学生理解在不同文化和社会情境中的交际行为和规则。这种教学方式促进了学生对目的语文化的深入理解和尊重，学生通过扮演角色的方式体验不同的文化，增进了对文化多样性的认识和尊重，从而培养了学生的跨文化交际能力。同时，角色扮演法通过激发学生的创造力和想象力，增强了他们的语言表达能力和自信心。学生在扮演过程中不仅能够自由地表达个人观点和情感，还能够通过即兴创作展现个性化的表达。这种教学方法使得学生在轻松愉快的氛围中参与语言学习，极大地提高了他们的学习动力和参与度。

角色扮演教学法还特别强调社交技能和团队合作能力的培养。在模拟的社交情境中，学生需要与他人进行有效沟通，共同解决问题，这不仅提升了他们的语言沟通能力，也培养了他们的合作意识和团队精神。通过这种教学方法，学生学会了如何在团队中发挥自己的作用，如何处理人际关系，以及如何协同工作以达成共同目标。

（二）理论支撑

角色扮演教学法在教学中的广泛应用，得益于其坚实的理论基础，这一基础跨越了语言学、心理学及教育学等多个学科。在语言学领域，角色扮演教学法的理论支撑主要来自乔姆斯基的语言获得理论和海姆斯（Hymes）的交际能力理论。乔姆斯基提出的理论强调人类天生就具有语言学习的能力，而海姆斯则进一步扩展了这一理论，认为有效的语言学习不仅要掌握语言本身的规则，更重要的是要能在真实情境中正确地使用语言进行交流。[①] 这两个理论为角色扮演法提供了语言学上的支持，使其成为一种能够有效提高学生交际能力的教学方法。

从心理学角度看，角色扮演法受到了人本主义心理学的深刻影响，特别是该领域内关于“学生为中心”的教育理念。人本主义心理学认为教育应当关注每一位学生的个性发展和自我实现，强调教师在教学过程中应充分考虑学生的个体差异。[②] 角色扮演法通过提供一个支持性的学习环境，让学生能够根据自己的兴趣和能力参与学习，从而满足了人本

① HYMES D. On Communicative Competence[M]//Pride J B, HOLMES J. Sociolinguistics: Selected Readings.Harmondsworth: Penguin Books，1972：3.

② ［美］罗杰斯.自由学习[M].伍新春，管琳，贾容芳，译.北京：北京师范大学出版社，2006：193-195.

主义心理学的这一要求。莫雷诺（Moreno）的角色理论同样为角色扮演法的应用提供了心理学基础，通过角色扮演，学生能够在安全的环境中尝试不同的社会角色，从而促进个人的心理成长和提高个人的社会适应能力。

在教育学领域，角色扮演法得到了功能主义教育思想的支持。功能主义认为教育应着眼于学生的实际应用能力的培养，重视教学方法的实践效果。[①] 因此，角色扮演法通过模拟真实的社交情境，让学生在实践中学习和应用知识，不仅提升了学生的语言技能，还加强了他们的社会实践能力和问题解决能力，完全契合了功能主义教育思想对教育实践价值的追求。

（三）主要分类

1. 形式分类法

角色扮演法作为一种有效的教学手段，通过模拟不同的社会交际情境，帮助学生提升语言技能及社会交往能力。根据列脱尔胡特（Littlewood）的分类，角色扮演可以分为六种主要类型，每种类型根据其指导原则和实施方式各具特色。

一是“由预设对话提示控制的角色扮演”，这种方式为学习者提供了固定的对话框架，特别适合语言基础相对薄弱的初学者。通过这种方式，学生可以在有限的语言环境中练习并掌握特定的语言表达方式。二是“由提示和背景信息控制的角色扮演”，这种类型不仅给出了对话提示，还提供了相关的背景信息，帮助学生更好地融入角色，从而在更丰富的语境中进行实践和交流。三是“由情境和目标指导的角色扮演”，在这种角色扮演中，学生需要在特定的情境下，根据既定的目标进行互

① ［法］涂尔干．涂尔干文集：第 6 卷：道德教育与社会学 [M]. 陈光金，沈杰．北京：商务印书馆，2020：351-378.

动和对话。这种方法促使学生更主动地思考如何使用语言达成目标，有效地提升了他们解决实际问题的能力。四是“争论或讨论形式的角色扮演”，这种类型更加注重辩论和讨论的过程，适合有一定语言基础，希望进一步锻炼语言逻辑表达能力和批判性思维能力的学习者。五是“大规模的模拟活动”，如模拟联合国会议等，为学生提供了一个宽广的交流平台，让他们在模拟的国际会议中扮演不同的角色，这种形式的角色扮演有助于学生从宏观的角度理解和应用语言，培养其国际视野和团队协作能力。六是“即兴表演”，这是一种更为开放和自由的角色扮演形式，要求学生根据实时的情境和角色特点即兴创作对话。这种方法最大限度地激发了学生的创造力和应变能力。

2. 控制程度分类法

按照控制程度的不同，角色扮演法可以进一步细分为控制式角色扮演和自由式角色扮演两大类，每类又包括几种不同形式，旨在适应学生不同的学习阶段和语言掌握程度。

（1）控制式角色扮演包括完全控制式和半控制式两种形式，帮助学生逐步提升语言运用能力。完全控制式角色扮演主要针对语言初学者，完全预设的情境和语言，降低了学生的学习难度和心理压力，使他们能在安全的环境中练习和巩固基础语言结构和常用表达。例如，教师可以设计一个餐厅点餐的对话情境，学生按照预先编写好的剧本进行角色扮演，这样的活动有助于学生熟悉和应用日常生活中的基本英语对话。半控制式角色扮演为学生的角色扮演提供了一定的自由度，允许学生在给定的框架内自由发挥，这种方式适用于具有一定语言基础的学生。通过这种活动，学生可以在理解角色特点的基础上，结合个人的理解和创意完成表演，如课本剧的改编表演，不仅考验了学生对文本的理解力，也锻炼了他们的即兴发挥能力和创造性思维。

（2）自由式角色扮演则完全放开了对学生的语言和情境控制，鼓励学生根据基本的情境设定，自主创设对话和情节。这种类型的角色扮演适合那些语言水平较高、希望进一步提升语言运用能力和创造力的学习者。自由式角色扮演如模拟法庭辩论、议会制辩论等，要求学生不仅要有较强的语言组织能力，还要能够快速思考和反应，以适应不断变化的讨论方向。

（四）设计应用

在实施角色扮演法的教学过程中，一个关键的步骤是设计应用，包括制订递进式的应用策略和创设真实的语言情境等内容，以促进学生语言能力的全面发展。

1. 角色扮演法的递进式应用

角色扮演法的递进式应用旨在通过由简入繁的活动设计，逐步提升学生的语言交际能力。在教学的初始阶段，教师可以安排一些简单的、控制性强的角色扮演活动，如模拟日常购物对话，这类活动有助于学生熟悉基础的语言结构和日常用语。随着学生能力的增强，教师则可以逐步引入更为复杂的情境，如参加工作面试、解决工作中的冲突等，这些活动不仅要求学生使用更丰富的语言表达，还需要他们灵活应对不同的交际场景，从而提高他们的应变能力和创造性思维。

2. 设计真实的语言情境

设计真实的语言情境是角色扮演法成功实施的关键之一。教师需要根据学生的年龄、兴趣和生活经验来选择贴近实际的话题和背景，使学生能够在模拟的语言环境中体验真实的交际过程。例如，为了让学生更好地了解不同文化的交际习惯，教师可以设计一个国际文化交流会的场景，让学生扮演来自不同国家的代表，就特定话题进行交流和讨论。通过这种方式，学生不仅能够锻炼自己的语言表达能力，还能增进对不同文化背景的理解和尊重。

3. 为学生提供充足的语言输入

为学生提供充足的语言输入是角色扮演活动成功的前提。在活动开始之前，教师需要通过直观教学、多媒体材料展示等方式，向学生介绍与角色扮演相关的核心词汇、关键句型以及文化背景知识。例如，如果学生即将参与一个模拟餐厅点餐的角色扮演活动，教师可以提前通过视频展示真实的餐厅点餐过程，解释常见的菜式名称和点餐礼节等。这种丰富的语言输入有助于学生构建起与即将扮演的角色相关的语言框架，为他们的表达提供素材，从而在活动中更加自信和流畅地使用目的语。

4. 执行科学的活动反馈

科学的活动反馈对于学生的学习进步至关重要。角色扮演活动结束后，教师应提供针对性的反馈，包括赞扬学生在活动中的亮点和指出可改进之处。反馈既可以是全班性的，也可以是针对个别学生的。教师可以鼓励学生进行自我反思，同时可以组织同伴之间的互评，以促进学生从不同角度的观察和思考。通过这样的过程，学生能够深刻认识自己在语言表达和文化理解方面的优势与不足，进而在后续的学习中针对性地进行调整和提升。

第七章　文化视野下应用语言学探索——语言能力的培养

第一节　文化视野下听力能力培养

一、听力培养的重要作用

（一）打造基础技能

听力在外语教学中占据极其重要的地位，是学习者掌握外语的基础。有效的听力技能是理解和使用外语的先决条件，因为它直接影响到学习者对目的语环境的适应能力和交际能力的培养。在日常生活中，大量的语言输入是通过听力获得的，这就要求学习者必须具备良好的听力理解能力，以便能够准确捕捉和理解语言中传递的信息。对于外语学习者来说，听力不仅是获取信息的主要途径，也是学习语音、语调和节奏的重要手段。通过持续的听力训练，学习者可以提高对外语语音特征的辨识能力，更好地理解不同口音和语言风格，从而有效提升语言学习的整体水平。

强化听力技能有助于增强学习者对语言结构的理解，使他们在听到复杂句型或新词汇时，能够迅速通过上下文来推测其含义，从而加深其对语言内在逻辑的掌握。听力培养还能够提高学习者的思维敏捷性，提高他们在面对真实语言环境时的应变能力。因此，听力技能的培养是外语学习中不可或缺的一环，它不仅为学习者提供了一个接触和理解外语的直接渠道，还为其他语言技能的提升奠定了坚实的基础。

（二）促进交际能力的发展

听力是语言交际中不可分割的一部分，在真实的语言使用环境中，有效的沟通往往需要学习者能够快速准确地理解对方的语言输出，这就要求学习者具备高效的听力处理能力。通过系统的听力训练，学习者能够在多变的交际情境中迅速捕捉关键信息，准确理解对方的意图和情感，从而做出恰当的响应。这种能力对于学习者建立有效的人际关系至关重要。

良好的听力理解能力还能够帮助学习者更好地适应不同的文化环境，理解跨文化交际中的微妙差异。在外语学习过程中，听力材料往往涵盖了丰富的文化背景知识，通过对这些材料的深入理解，学习者可以拓宽自己的国际视野，增进对目的语国家文化的认识和理解。这不仅有助于提升学习者的语言文化素养，还能增强他们在跨文化交际中的自信心和适应能力。

（三）增强认知和学习效率

外语听力的培养对于增强学习者的认知、提高学习效率具有重要作用。在听力训练中，学习者需要集中注意力，进行信息筛选、处理和存储，这些过程能够有效地锻炼学习者的注意力、记忆力和思维能力。随着听力技能的提高，学习者在处理语言信息的速度和质量方面都会有显著的提升，这不仅能够增强他们在学习外语时的主动探索和问题解决能力，还能提高他们在其他学科学习中的认知效率。

更重要的是，听力的培养能够为学习者提供一个语言浸入式的学习环境，使他们在输入和理解的过程中，无形中吸收语言的自然规律和文化内涵。这种浸入式的学习方式能够激发学习者的学习动机，使他们在享受学习过程的同时，无意识地提高语言运用能力。因此，听力培养不仅是外语教学中的一个重要组成部分，更是提高学习效率、促进终身学习能力的关键所在。

二、影响听力培养的文化因素

（一）物质生产活动因素

物质生产活动作为人类社会发展的基础，对语言和文化有着深远的影响。这种影响不仅体现在日常用语和习语上，也深刻地作用于英语听力的培养过程中。例如，农业生产活动对英语语言文化的影响举不胜举，其中的很多表达方式都深深植根于人们的生产生活经验之中。

例如，在农业方面，英语中有众多与农业相关的习语和表达，这些表达方式反映了英语国家人民的生活方式、思维习惯和价值观。例如，“You reap what you sow（种瓜得瓜，种豆得豆）”这一习语，就是从农业生产活动中衍生出的，它强调了行为和后果之间的因果关系；to separate the wheat from the chaff（区分精华与糟粕），源自农业的谷物筛选过程，比喻从大量信息中识别出有价值的部分。

手工业和工业生产同样对英语语言文化产生了影响。在工业革命后，与机械、工厂生产相关的语言表达逐渐融入日常英语中。例如，well-oiled machine（运转良好的机器）常用来比喻组织或团队的高效运作。

了解这些因为物质生产活动的影响而产生的语言表达，对英语学习者来说至关重要。它们不仅丰富了学习者的词汇和表达能力，也帮助他们更好地理解和把握英语国家的文化背景，从而在听力理解过程中能够更加准确地捕捉语料的深层含义和文化内涵。通过接触和学习这些特定的语言表达，学习者可以更深入地了解英语国家的历史、社会，以及人们的生活方式和思维模式。例如，了解 sail before the wind（顺风驶船）这一习语背后的航海文化，可以帮助学习者更加生动地感受到英语国家人民与海洋之间的密切关系，以及他们面对困难时积极乐观的态度。同样，通过学习 like a sheep to the slaughter（像羊羔一样被送往屠宰场）等表达，学习者不仅能够理解这些表达在日常交际中的使用场景，还能够感受到英语文化中对命运的感慨和无奈。

（二）社会生活习惯因素

社会生活习惯因素对英语听力培养的影响同样不容小觑。这些生活习惯深深植根于英语国家的日常生活中，不仅反映了这些国家的社会习俗和文化特征，而且在英语交际中经常被提及，成为英语听力理解中不可或缺的一部分。

英语国家的社交礼仪、饮食习惯、节日庆祝等是英语听力材料中常见的话题。例如，英国的下午茶文化不仅是一种饮食习惯的体现，更是一种文化象征，它展示了英国人对生活品质的追求和对时间的尊重。当学习者在听力材料中遇到有关下午茶的段落时，熟悉这一文化背景的学习者能够迅速理解其中的含义。例如，如果听到"Let's meet for tea at half past three（让我们下午三点半见面喝茶）"的表达时，了解下午茶文化的学习者会立即意识到这是一种社交活动，而非仅仅喝茶。

了解和熟悉英语国家的生活习惯，可以帮助学习者更准确地捕捉听力材料中的文化细节和隐含意义。美国的感恩节家庭聚餐、澳大利亚的圣诞节海滩派对都是富含文化内涵的社会生活场景。熟悉这些习惯的学习者能够更准确地捕捉到文化细节和隐含意义。例如，在听到"Thanksgiving is the time for family reunions and turkey dinners（感恩节是家庭团聚和享用火鸡晚餐的时候）"时，学习者不仅能理解这是美国的一个重要节日，还能感知到这一节日背后蕴含的感恩的文化意义；"Aussies love to hit the beach on Christmas Day（澳大利亚人喜欢在圣诞节那天去海滩）"揭示了澳大利亚与北半球国家不同的圣诞庆祝方式，体现了地理位置对节日庆祝习俗的影响。

三、听力能力培养的方法路径

在文化背景下，提高学生英语听力技能的同时，深化其对文化背景知识的理解显得尤为重要。以下是实现这一目标的几种有效的路径和方法。

（一）提升文化敏感度以激发学习动力

英语听力教学不仅涉及语言知识的传递，更重要的是要激发学生对英语文化的兴趣和好奇心。老师需要让学生明白，掌握英语背后的文化背景知识不仅有助于提升听力理解能力，也是通往广阔世界的一把钥匙。例如，介绍英语国家的传统节日、风土人情和社会习俗时，教师可以通过播放相关节日庆典的视频片段或者分享真实的文化故事，让学生感受到语言学习的乐趣和价值，进而增强学生的学习动力。

“Every year on the fourth Thursday of November，people in the United States celebrate Thanksgiving. It’s a time when families and friends gather to give thanks for the blessings of the past year. The traditional meal includes turkey，stuffing，cranberry sauce，and pumpkin pie. Beyond the feast，many communities hold parades and football games，making it a day rich in cultural significance and joyous gatherings. Another highlight is the Macy’s Thanksgiving Day Parade in New York City，which is famous for its giant balloons and spectacular performances，attracting viewers both on the streets and at home.”（每年十一月的第四个星期四，美国人都会庆祝感恩节。这是家人和朋友聚集一起，感谢过去一年里所收获的福分的时刻。传统的餐食包括火鸡、填料、蔓越莓酱和南瓜派。除盛宴外，许多社区还会举行游行和橄榄球比赛，使这一天成为充满了文化意义和欢乐的聚会的日子。感恩节的另一个亮点是在纽约市举行的梅西感恩节游行，它因巨型气球和壮观的表演而闻名，吸引了街上和家中的

观众。)

(二)精选教学资源以构建教学内容

在挑选英语听力材料时，教师应优先考虑那些融合了丰富文化元素的教材和资源。这些材料不仅能为学生提供语言知识学习的机会，还能深化学生对文化差异和特点的理解。选择一些国际新闻、流行文化节目、纪录片等作为听力材料，既可以为学生提供实时的语言学习环境，又能让学生在实践中学习和体验不同文化。通过这种方式，学生可以在获取信息的同时，了解和掌握英语国家的文化。

"In a significant development on the international stage, leaders from around the globe have come together in a summit to address the pressing issue of climate change. The conference, held in Paris, aims to forge a global agreement to significantly reduce carbon emissions. This event marks a pivotal moment in international efforts to combat global warming and highlights the collective resolve of nations to protect our planet for future generations"(在国际舞台上的一个重大进展中，来自世界各地的领导人聚集在一起参加一个峰会，以解决气候变化这一紧迫问题。这次会议在巴黎举行，旨在达成一个全球性协议，显著减少碳排放。这一事件体现了国际社会抗击全球变暖的努力，并突显了各国为保护人类家园以造福未来世代所展现出的决心。)

(三)利用听力材料开展多样活动

1. 情境模拟

教师可以在听力练习之后立即进行情境模拟。例如，听完一段关于餐厅点餐的对话后，教师可以设置一个模拟餐厅的情境，学生分角色扮演服务员和顾客，进行点餐的对话练习。这种模拟活动能够让学生更深入地理解听力材料的内容，同时在实际的语言使用场景中提升听力理解能力和口语表达能力。

2. 辩论与讨论

在听完一段具有争议性话题的材料之后，教师可以组织一次辩论或讨论活动，让学生根据所听的信息选择立场，并用英语表达自己的观点和理由。这种活动不仅能提升学生的批判性思维能力，还能增强他们利用听力材料进行有效沟通的能力。通过这种方式，学生能够在理解听力内容的基础上，进一步提高语言的实际运用能力。

（四）集成技能的训练拓展

1. 项目基础训练

在集成技能的训练中，教师可以设计以项目为基础的学习活动，如“环保项目报告”。学生先听一段有关环保问题的讲座，然后阅读相关的文章，接下来以小组形式讨论自己的观点和解决方案，最终合作撰写一份项目报告。这样的活动不仅提升了学生的听力理解能力，也锻炼了他们从多个角度分析问题和提出解决方案的能力。

2. 多媒体整合应用

在进行集成技能训练时，教师可以充分利用多媒体资源，如在线视频、播客等，将其作为听力材料。这些多媒体材料通常更加贴近学生的生活，能够激发他们的学习兴趣。在此基础上，教师可以引导学生利用所学知识进行创作，如制作自己的视频或播客，这类创作既能够提升学生的听力理解能力，也能锻炼学生的创造力和信息技术应用能力。

第二节　文化视野下口语能力培养

一、口语能力培养的重要作用

（一）增进词汇记忆和应用

掌握和记忆英语词汇对于英语学习者来说是一个持续的挑战。一般而言，在具体的语境中学习单词，往往比孤立记忆单词的拼写和含义更能促进理解和记忆。通过将词汇置于句子或段落中，重复阅读，学习者不仅可以更容易掌握词汇含义，还能加深记忆。口语交流训练是一种有效的词汇积累手段，学生在此过程中会遇到许多新词汇和语法结构，这对于学生扩大自己的词汇量、灵活使用词汇及短语至关重要。经验表明，口语能力强的学生通常能够有效地通过口语活动积累词汇，并进一步提升他们的口语表达能力。

（二）培养英语语感

英语语感的培养是学习英语不可或缺的一部分，它是学习者英语能力的核心。具有良好语感的人能够迅速理解英语表达的含义，并能及时用英语做出恰当反应。语感使人们能够在不刻意考虑语法规则的情况下，快速组织语言并表达想法。

语感的形成不是与生俱来的，而是通过持续学习和练习获得的。虽然学习语法规则、记忆词汇和培养英语思维对语感的建立有所帮助，但这些知识和思维方式本身并不能直接形成语感。只有通过实际应用，才能验证这些知识和规则的准确性。口语训练能帮助学生培养语感，因为在这些活动中，学生通过持续接触新的语言材料，能积累词汇知识，深入理解英语的语音、语调、语义和语气，从而逐步形成英语语感。

（三）强化交际技巧

口语训练不仅涉及语言的直接学习，还包括提高在多种社交场合中有效沟通的能力。良好的口语技巧使学习者能够在不同文化背景下进行适当的交际，理解对方的意图并做出恰当的响应。此外，通过口语交流，学生可以学会如何在团队中合作，如何在公共演讲中自信地表达自己的观点，以及如何在辩论中清晰、有逻辑地阐述自己的立场。这些技能对于学生未来的学术和职业生涯都至关重要，有助于他们成为更有效的沟通者和团队成员。

（四）促进写作技能的发展

口语训练与写作技能的提升紧密相关。在口语交流中频繁使用的词汇和语法结构，是学生用于思考和表达的基本工具。这些在口语中熟练运用的语言元素，在写作时也会自然而然地成为学生表达思想的首选材料。因此，规范的口语练习不仅有助于提升学生的语言流畅性，还能够丰富他们的表达，提高写作水平。通过口语与写作能力的双向促进，学生可以更加深刻地理解英语表达的多样性和复杂性，进一步提高他们的英语综合应用能力。

（五）提升综合语言技能

口语教学在英语学习中扮演着不可替代的角色，它不仅关乎学生能否流利表达思想，还直接影响他们对英语语音、语调、节奏等语言要素的掌握程度。通过系统的口语训练，学生能够在实际交流中深化对英语发音特点的理解，有效提升听辨能力。此外，口语练习促使学生在真实或模拟的交流场景中使用英语，不仅加强了学生的语言实践能力，也提高了他们解决实际问题的能力。因此，口语教学是完善学生综合语言技能的重要手段，能够在提高学生口语表达能力的同时，间接促进学生听写、阅读技能的提升。

二、影响口语能力培养的文化因素

影响外语口语能力培养的文化因素极为广泛和深刻，其中包括词汇文化、习语文化、社交文化等不同文化因素。这些文化因素对于语言学习者来说，既是挑战，也是学习和理解新文化的机会。

（一）词汇文化因素

词汇是语言的基石。一个人的词汇量直接影响到他理解语言和表达思想的能力。在口语交流中，丰富的词汇量可以帮助学习者更准确、更生动地表达自己的观点，也能更好地理解对方的意图和情绪。每个词背后都蕴含着特定的文化。不了解这些文化的内涵，就可能导致误解或交流障碍。例如，某些词在不同文化中可能具有不同的含义和情感色彩，使用不当可能会引起误会。

例如，在英语中，brave 这个词通常有着勇敢、英勇的正面意义。然而，在一些文化背景下，过分强调个人勇敢可能被视为鲁莽或不顾集体利益。因此，在一些语境下，过度强调个人的 bravery 可能不会受到赞扬。在英语中，chicken 除了指“鸡”这种动物，还常用作形容词，意指“胆小的”。在西方文化中，将某人称为 chicken 可能被看作是对其勇气的一种挑战或质疑。而在其他一些文化中，动物名称用作人的性格描述可能不太常见，这种用法可能会引起人们的困惑或误解。

由此可见，语言是活的，词汇的使用也随着时间和社会环境的变化而变化。因此，学习者需要不断更新自己的词汇库，理解新词汇的使用场景和语境，这样才能在口语交流中自如地应对各种情境。

（二）习语文化因素

习语是语言中极富文化色彩的部分，往往直接反映了某种文化背景下人们的生活方式、价值观念等。例如，英语习语 kick the bucket（过世）和中文的“挂了”虽然表面意思相似，但背后反映的文化态度和情感色彩有所不同。不了解这些习语的文化背景，就很难准确理解和恰当使用它们。在口语交流中，适当地使用习语可以使表达更加生动、自然，也能更好地展示说话者的语言水平和对文化的理解。然而，不恰当地使用习语可能会导致他人误解，甚至在跨文化交流中造成负面影响。不同文化背景下的人对同一事物的看法可能截然不同，这些差异直接影响人们对习语的理解和使用。例如，在一些文化中，动物可能被赋予了特定的象征意义，这些象征意义在习语中得到体现。如果学习者不熟悉这些文化特有的象征意义，他们就很难准确理解或恰当使用这些习语。

1. A wolf in sheep’s clothing.

“A wolf in sheep’s clothing” 意为“披着羊皮的狼”，比喻人面兽心、阴险狡猾的伪君子。最早出自《圣经》。在西方文化中，狼通常被视为狡猾和危险的象征，而羊则象征着温顺和无害。因此，这个习语用动物的象征意义来传达一个人表面与内心的截然不同。

2. Let the cat out of the bag.

这个习语常用来形容泄露一个秘密或意外透露了真相。关于这个习语的由来有几种说法，但普遍被人接受的解释与中世纪的市场交易有关，当时，不诚实的商贩可能会把猫装在口袋里冒充小猪卖，买家在发现真相时，就像是“把猫从袋子里放出来”一样。在这里，cat 和 bag 并没有直接的象征意义，但整个习语则通过一个生动的故事来比喻“揭露秘密”的行为。

（三）社交文化因素

中西方社交文化存在诸多差异，这些差异对学习者的口语能力培养具有重要影响。理解和适应这些文化差异是实现学习者有效跨文化交流的关键。因此，学习者有必要多了解中西方社交文化方面的异同。

1. 寒暄的文化

寒暄是社交的开场白，不同文化背景下的人有着不同的寒暄习惯。例如，中华文化中常见的问候方式，如“吃饭了吗？（Have you eaten?)”在西方文化中可能会引起误解，因为西方人可能会认为这是一个实际的邀请，而不仅仅是一种关心的表示。同样，直接询问个人信息（如年龄、婚姻状态）在西方社会中可能被视为侵犯隐私。因此，这些文化差异对语言学习者在寒暄语言的选择上产生了重要影响。

2. 表达关心的方式

关心对方是人际交往中的一个重要方面，但不同文化背景下的人表达关心的方式也各有不同。例如，中国人可能会通过询问健康状况或生活细节来表达关心，如“你最近怎么样？”。而在西方文化中，西方人可能更多地通过询问感受或个人经历来表达关心，如“What’s new with you?”或“How are you feeling?”。这种差异要求语言学习者了解和掌握在不同文化中表达关心的适当方式，以避免可能出现的文化冲突或误解。

3. 客套语的使用

客套语是人们在社会交往中用以表达礼貌的语言形式，但其在不同文化中的使用程度和方式各不相同。在中华文化中，客套语往往体现在表达谦虚或拒绝的对话中，如当被邀请参加某种活动时，人们即使愿意参加，也不会直接表示接受，而是客套、推托一番再接受。而在许多西方文化中，直接性的语言更为常见，如人们在被邀请参加活动但不想去时会直接表达“Thank you，but I can’t make it（谢谢，但我去不了）”，这种表达可能被认为是更为清晰和诚实的回应。语言学习者需要理解客套语在不同文化中的使用差异，以正确地运用在口语交流中。

（四）思维模式因素

思维模式因素对外语口语能力的培养影响深远，因为它直接关系到一个人如何组织语言并表达思想、观点。不同文化背景下的人的思维模式差异会影响到语言的结构、表达习惯以及沟通方式，进而影响跨文化交流的效果。

1. 信息组织和呈现

西方人的直线型思维模式倾向于直接、有逻辑和结构化的信息组织方式。这种模式通常是先陈述主题或观点，然后逐一陈述支持该观点的理由或细节。例如，在讨论环保问题时，他们可能会直接从陈述环保的重要性开始，然后列举具体的环保行动和其益处。而中国人的螺旋式思维模式则倾向于间接和层层深入的信息组织方式，可能会先讲述与环保相关的故事或现象，通过这些具体案例逐渐引出对环保的重要性和必要性的讨论。接下来的例子以讨论“全球变暖”为主题，来具体说明英语（代表直线型思维模式）和汉语（代表螺旋式思维模式）在信息组织和呈现上的差异。

（1）英语的直线型思维模式。“Global warming is a critical issue that demands immediate action. First，the rising temperatures are causing polar ice caps to melt，leading to higher sea levels and the loss of habitat for species like polar bears. Second，extreme weather events，such as hurricanes and heatwave，are becoming more frequent and severe，posing a threat to human lives and property. Third, the disruption of ecosystems can lead to the extinction of certain plants and animals, reducing biodiversity. Therefore, it's imperative that we reduce greenhouse gas emissions and transition to renewable energy sources to mitigate the effects of global warming."

（2）汉语的螺旋式思维模式。"近年来，我们经常会听说或见到因全球变暖导致的极端天气事件，例如，热浪、暴雨、干旱等现象。全球变暖给人类甚至是动物带来了巨大影响，例如，北极的冰盖融化不仅导致海平面上升，还使得北极熊面临失去家园的危机。另外，全球变暖还会影响到人们的生态系统，许多植物濒临灭绝。正是因为这些原因，我们更应该意识到控制温室气体排放和使用再生能源的重要性，以减轻全球变暖为人们带来的影响。"

在英语例子中，文章直接以"Global warming is a critical issue that demands immediate action（全球变暖是一个需要立即行动的严重问题）"作为开头，明确地指出了主题，并依次列举了支持这一观点的三个具体理由，每个理由都是围绕全球变暖的不同影响展开，结构清晰、逻辑紧凑。在汉语例子中，开篇先描述了与全球变暖相关的具体现象和案例，通过这些案例和现象层层递进，逐步引出全球变暖的严重性及其对生态的影响，并提出应对措施，整段内容以一种间接、渐进的论述方式呈现。

2. 表达的直接性与间接性

直线型思维模式的语言表达特点是直接和明确，倾向于直截了当地表达意见和需求。这在要求明确回应或表态的情境中尤为明显，如商务谈判或学术辩论。相反，螺旋式思维模式更强调言外之意和情境含义，表达方式更为委婉和含蓄。在这种文化背景下的语言中，直接表达某些观点或请求可能被视为不礼貌或过于冒昧。

3. 逻辑推理的差异

直线型思维模式强调因果逻辑和线性推理，讲话者倾向于通过逐步推理来支持其观点，这种方式在科学论文写作和商业报告中尤其常见。而螺旋式思维模式的人则可能更加重视整体性和环境因素，推理方式可能更加侧重于从多个角度综合考虑问题，而不是单一的线性逻辑。

三、口语能力培养的方法路径

（一）激发学生学习热情与降低学生学习焦虑

为了提高学生的英语口语能力，增强他们的学习动力并减轻学习过程中的焦虑感十分关键。克服学生的心理障碍，采用有效的教学策略，创造一个积极的学习环境，有助于提高学习者的适应性和减少负面情绪带来的影响。在这个过程中，教师应通过有趣的教学活动，激发学生的内在动机，引发他们表达的欲望，帮助他们积极参与到英语学习中来。

1. 创建支持性的学习环境

（1）建立正面反馈机制。教师要通过给予学生正面反馈和鼓励来增强学生的自信心。例如，在学生成功完成一个口语任务后，教师可以公开表扬学生；教师还可以在班级内部设立“本周之星”，表扬那些在口语表达、团队合作或个人努力方面表现突出的学生。

（2）鼓励团队合作。教师可以组织小组活动或讨论，让学生在团队中学习和练习口语，减少面对面交流的压力，同时促进同伴之间的合作。例如，教师可以组织“国际市场”小组活动，各组学生分别代表不同国家，每组学生需要用英语介绍自己国家的特产、文化等，同时询问其他“国家”的信息。这种活动可以让学生在轻松的氛围中练习口语，减少交流的压力，同时练就在多文化背景下交流的本领。

2. 设计互动和实用的教学活动

（1）角色扮演。设计与真实生活场景相关的角色扮演活动，如在餐厅点餐、旅游咨询等情境，让学生在模拟的情境中使用英语进行交流。安排一个“机场登机”模拟活动，学生可以扮演旅客、地勤、安检人员等角色。通过这样的角色扮演，学生不仅能在实际情境中运用英语进行交流，还能了解相关的专业词汇和表达方式。

（2）讨论与辩论。就学生感兴趣的话题组织讨论和辩论，激发他们分享观点的兴趣，同时练习口语表达。例如，就“是否应该禁止动物园”这一话题进行辩论。学生需要收集信息，准备论据，用英语表达自己的立场和理由。这种活动可以培养学生的批判性思维能力。在准备辩论的过程中，学生不仅需要搜集各方面的信息来支持自己的观点，还需要了解对方的观点以构建反驳的论据。这种活动促使学生深入思考问题的多个层面，从而提高他们的分析和评价能力。

（3）故事讲述。鼓励学生用英语讲述个人经历或创作故事，这不仅可以提高学生的语言表达能力，还能增进彼此之间的了解和互动。例如，教师可以组织一个“我的旅行故事”分享会。学生可以挑选他们最难忘的一次旅行经历，用英语详细叙述这次旅行的经历，包括旅行前的准备、旅途中的趣事、文化冲突的经历以及旅行后的感想。通过这种方式，学生不仅能用英语描述事物和表达感受，还能借此机会了解不同文化背景下的同学的多样化经历，促进班级内学生的相互理解和尊重。

3. 利用多媒体和信息技术资源

（1）观看英语视频。选择英文电影、电视剧或YouTube视频作为教学材料，让学生观看后进行讨论，提高听力和口语反应能力。例如，教师可以挑选与课程主题相关的演讲视频，如关于环境保护、科技创新、文化多样性等主题的视频。在观看视频后，学生分组讨论演讲中的主要观点、他们同意或不同意该观点的理由，并探讨这些观点如何与他们自身的生活相关联。这种活动不仅能够提高学生的英语听力和口语表达能力，还能激发他们对全球话题的兴趣和思考。

（2）使用语言学习软件和应用。鼓励学生使用我爱口语、iSpeak 爱口语、Duolingo 等语言学习应用，通过游戏化的学习过程增加学习的趣味性。例如，Duolingo 通过游戏化的方式教授人们语言，其设置了不同的等级和挑战，让学生在完成任务的同时学习英语。教师可以鼓励学生参加“Duolingo 挑战”，在一定时间内完成一系列的学习任务，如完成一定数量的单词学习、语法练习或者完成一篇小短文的写作。完成挑战的学生可以在班上分享他们的学习心得和需要提升的地方，以此激发学生学习英语的动力和兴趣。

（二）加强学生对语音与语调的掌握

对于英语学习者而言，正确的语音和自然的语调是口语交流中不可或缺的元素。尽管许多学生已经接触过发音训练，但在实际应用中仍存在不足。因此，在课程开始阶段，对学生进行专门的语音训练是非常有必要的。这包括在听力或阅读课程中对学生进行英语音标详解，确保学生能准确发出每个音素。此外，加强语音的实践训练同样重要。针对学生在语音连读中出现的具体问题，如重音和轻音的混淆使用等，进行系统的分析和练习，旨在让学生掌握正确的语音表达方法，从而提高他们的口语交际能力。

（三）增强学生对多元文化语境的接触

英语口语能力的培养应致力拓宽学生的文化视野，通过引入多元文化语境来丰富教学内容。这意味着教师需要创新教学方法，融入更多的自然语言元素，以真实情境中的对话内容为蓝本，展现不同文化背景下口语表达的多样性。这包括但不限于话语的重复、省略和简化等。为此，教师应搜集并利用各种真实的录音材料，如日常对话、访谈和公开演讲等，帮助学生练习并掌握在不同文化情境中的英语自然表达方式。

（四）激发学生的交际动机和文化认同感

在培养学生英语口语能力的过程中，激发学生的交际动机和文化认同感是提高学生学习积极性的关键。教师需要让学生明白，学习英语口语的根本目的是能够在跨文化交际中有效使用英语，要利用这种动机增强学生的学习主动性。随着全球文化多样性的增加，英语教学内容也需与时俱进，反映时代变化和社会发展的需求。此外，强化学生对英语文化的认同感，可以增加他们对学习英语和了解英语文化的兴趣。这要求英语教师不仅对多元文化有深刻理解，还需要教授学生一些实用的跨文化交际技巧，以确保学生能将课堂所学应用于现实生活中。

第三节 文化视野下阅读能力培养

一、阅读能力培养的重要作用

培养学习者的阅读能力对于掌握任何语言来说都至关重要，尤其是在学习英语这一非母语的过程中。阅读不仅是获取信息、知识和文化的有效途径，也是提升语言技能和语感的关键方式。

（一）增强语感

语感的培养是一种无形的语言吸收过程，它不仅是对词汇和语法的记忆，更是一种对语言韵律、语调和语法结构的深层理解。在阅读英语小说时，学习者不仅会遇到新词汇，还会不自觉地感受到句子的流畅度、作者的语气以及不同情境下语言的细微差别。例如，通过阅读简·奥斯汀的《傲慢与偏见》等经典文学作品，学习者可以从中学习其优雅的叙述风格和复杂的句式结构，从而在阅读过程中提高自己的语感和语言鉴赏能力。

（二）扩充词汇量

扩充词汇量的目的不仅在于丰富自己的词汇库，更在于理解和运用这些词的能力。例如，当学习者阅读关于环保主题的文章时，他们可能会遇到 sustainability（可持续性）、conservation（保护）、biodiversity（生物多样性）等专业词汇。通过文章的上下文，学习者不仅能够理解这些词的具体含义，还能了解它们在实际语境中的使用方式。通过阅读多篇不同主题的文章，学习者能够积累不同领域的相关词汇，这种跨领域的词汇积累对于提高学习者的语言运用能力和拓宽学习者的知识面都是极其有益的。

通过大量阅读和理解不同类型的文本，学习者不仅能接触许多新词汇，也能学会如何在不同的语境中准确使用这些词。这种方法不仅增加了学习者的词汇量，还加深了其对语言使用规则的理解，为学习者提供了一个全面提升英语能力的平台。

（三）理解目的语文化

通过阅读，学习者可以深入了解和理解特定文化背景下的语言表达方式、习俗、行为准则以及社会动态。例如，阅读马克·吐温（Mark Twain）的《汤姆·索亚历险记》不仅能够让学习者领略 19 世纪美国南部的风土人情，还能深入了解当时社会的价值观、儿童教育方式以及对自由的渴望。这类文学作品为读者提供了一扇窗口，让读者能够跨越时间和空间的界限，体验和理解一个不同于自己生活环境的世界。通过阅读关于不同节日和传统的文字介绍，如感恩节、圣诞节的历史和庆祝方式，学习者可以更深入地理解这些节日背后的文化含义，从而在与以英语为母语的人士交流时，能够更加自然地融入话题，展现出对其文化的尊重和理解。

（四）提高学习者的理解和分析能力

阅读具有挑战性的文学材料如乔治·奥威尔（George Orwell）的《1984》或者简·奥斯汀的《傲慢与偏见》可以促进学习者的深层次思考。《1984》不仅是一部科幻小说，也深刻揭示了权力、自由与人性的主题，挑战读者对于权力和社会控制的传统认知。通过阅读和分析这样的文学作品，学习者不仅能够提高自己的语言理解能力，还能锻炼批判性思维，学会从不同角度审视和解读文本。

在阅读并分析时事新闻或与社会问题相关的报刊文章时，学习者还可以练习识别作者的观点、评价证据的有效性。例如，阅读关于全球变暖影响的报告时，学习者不仅能够获取有关环境科学的知识，还能学会分析和评估不同的解决方案以及认识这些方案可能对社会和经济带来的影响。

二、影响阅读能力培养的文化因素

（一）词语文化因素

文化因素对英语阅读能力的影响在词语层面尤为明显。这是因为许多英语词和表达方式深深植根于特定的文化土壤中，它们包含了丰富的文化含义和背景知识。对于非英语母语的学习者来说，理解这些词背后的文化意义是一大挑战，但也是学习者深化语言学习和文化理解的重要一步。

如“bite the bullet”，该短语的字面意思为“直接咬子弹”，而其真正意思则是“硬着头皮做某事，勇敢面对困难”。

这个短语的起源可以追溯到早期的医疗实践，在没有现代麻醉技术的旧时战场上，受伤的士兵在接受疼痛难忍的紧急治疗时，常常需要咬住一颗子弹以免喊出声来。因此，bite the bullet 转义为在困难或痛苦的情况下勇敢地、坚决地面对问题。如果学习者仅从字面上理解这个短语，就无法准确把握其真正的意义。

又如“He finally decided to throw in the towel and retire from his teaching job after 30 years”。这句话的字面意思是“他最终决定把毛巾扔进去，从他的教师工作中退休，已经 30 年了”，而其真正意思则是“经过 30 年的教学生涯，他最终决定放弃并退休”。

在这个例子中，throw in the towel 如果按照字面意思来理解，似乎是在描述某个动作，即某人“扔进一条毛巾”。然而这个短语的实际含义远非如此。它源自拳击运动，在拳击比赛中，当一方认为无法继续比赛时，会通过将毛巾投入拳击台来示意认输。因此，在英语中，“throw in the towel”被用来比喻放弃或认输的情况。

（二）句子文化因素

在英语阅读教学中，除了词汇层面的文化差异，句子层面的文化因素也对学习者的理解构成了挑战。句子中蕴含的文化信息、比喻、隐喻以及文化背景知识，都可能影响学习者对句子深层含义的理解。

如“When in Rome, do as the Romans do”，这句话的字面含义是“在罗马，就像罗马人一样做”，而其深层含义则是“入乡随俗”。

这句成语表达了一个普遍的文化准则，即当你身处一个新的环境或文化中时，应当尊重并遵循当地的习惯和传统。这句习语可以追溯至罗马帝国时期，当时有一位基督教徒，他在访问罗马时，询问他人是否应该遵循罗马的一些宗教习俗。他得到的答复是应该遵循当地的习俗。这句习语不仅体现了人们对文化适应性的重视，也强调了灵活性和开放性在跨文化交流中的重要性。当学习者在阅读英文材料时遇到类似表达，理解其背后的文化意义是至关重要的。这不仅能帮助他们准确把握文章的深层含义，也能促进他们对英语文化的深入理解，进而在实际的跨文化交际中更加得心应手。

“All that glitters is not gold”这句话的字面含义是“所有发光的东西并不都是金子”，而其深层含义为“外表闪耀的东西不一定都有价值”。

这句话提醒人们不应仅凭外表判断事物的价值。它强调了深入探究和审慎评价的重要性，告诫人们表象之下可能隐藏着不同的真相。在英语文化中，这句话被用来比喻那些看似有吸引力但实际上并不如表面那样有价值的人或物。当人们阅读一篇讨论名人文化的文章时，这句话可能被用来批评那些看似光鲜亮丽却缺乏实质内容的公众形象。通过理解这个句子背后的文化寓意，学习者可以更深刻地领会文章的批判精神，同时能反思自己在日常生活中对于外表和实质的评价标准。

这种文化智慧的培养是英语学习中不可或缺的一部分，因为语言学习不仅是语法和词汇的积累，更是对语言所承载的文化的理解和吸收。通过阅读和理解包含深层文化含义的成语和句子，学习者可以拓宽自己的视野，提高文化敏感性和适应能力。

（三）语篇文化因素

文章的语篇结构及其背后的文化知识对于英语学习者的阅读理解能力具有深远的影响。中西方在构建文章结构上的思维差异，导致了文章呈现方式的不同。例如，西方人的直线型思维方式倾向于“直接进入主题”的文章结构，这种结构通常会在文章开始部分明确提出中心论点或观点，随后展开相关的论证，以支持开头提出的中心论点或观点。这种方式对于西方读者来说是自然而然的阅读逻辑。反观东方，尤其是中华文化背景下，一篇文章往往采用更为间接和循序渐进的方式展开。文章可能以讲述一个故事、描绘一个场景或者提出一系列相关的问题开始，逐渐引导读者深入话题，直至文章的末尾才揭示中心思想或主旨。这种“迂回前进”的结构反映了中国人更为细腻和层次分明的思维方式。

假设有一篇文章的主题是介绍美国感恩节的传统习俗。文中提到，在感恩节当天，家家户户都会准备一顿丰盛的晚餐，其中最重要的传统美食是火鸡、南瓜派和玉米面包。文章还可能提及，庆祝感恩节不仅是为了享受美食，更是家人之间的团聚以及对过去一年中所遇值得感恩之事的分享。如果学习者不熟悉美国的感恩节文化背景，可能无法充分理解文章中提到的“火鸡”作为主食的文化意义，或者无法理解为何将“感恩”作为节日名称。如果文章采用西方典型的直接提出论点的写作方式，即先明确感恩节庆祝的核心价值——家庭团聚和感恩，然后通过描述具体的庆祝活动和传统习俗来进一步展开论证，那么对于习惯了东方文章结构的学习者来说，可能需要一定的时间适应这种文章结构。

因此，英语学习者在阅读过程中，不仅需要理解词汇和句子的深层含义，还要理解整个文章的语篇结构及其背后的文化。了解和掌握这些文化和结构上的差异，对于提高学习者的阅读理解能力和跨文化交流能力都是极为重要的。通过这种深层次的理解，学习者能够更加全面地把握文章内容，提升自己的阅读效率。

三、阅读能力培养的方法路径

英语阅读能力的培养是一个系统的过程，涉及多个方面的训练和实践。

（一）广泛阅读

广泛阅读是提升学习者英语阅读能力的基石，它能够帮助学习者接触丰富的词汇和语法结构，同时增进对不同文化和观点的理解。以下是笔者对广泛阅读中两个关键方面的详细论述。

1. 多样化阅读材料

阅读不同主题和体裁的材料能够大大提高学习者的语言适应性和理

解力。

（1）小说。阅读英文小说如马克·吐温的《哈克贝里·费恩历险记》或简·奥斯汀的《傲慢与偏见》不仅能够帮助学习者积累更多丰富的词汇和精妙的句式结构，还能帮助学习者深入了解英美文化。

《哈克贝里·费恩历险记》提供了对19世纪美国南部生活的深刻洞察，包括当时的社会问题如奴隶制度以及沿着密西西比河冒险的故事。通过阅读这本书，学习者不仅能学习到当时的方言，还能对美国的历史和文化有更深的理解。《傲慢与偏见》这部作品通过描述19世纪初英国乡村贵族社会的爱情与婚姻故事，展示了不同人物的性格及其复杂的社会关系。学习者可以通过阅读该小说了解不同的文化，同时学习优美的英语表达。

（2）新闻。英文新闻覆盖了从政治、经济到科技、文化等多个方面，帮助学习者拓宽视野，理解国际事务。定期阅读英语新闻不仅可以帮助学习者紧跟国际时事，还能帮助学习者学习与新闻相关的专业词汇和表达方式，提高其英语听力和阅读理解能力。

（3）学术文章。通过阅读学术文章，学习者可以深入了解某一专业领域的相关知识，这对于提高学习者的学术英语水平和批判性思维能力非常有益。学术期刊如*Nature*、*The Lancet*等在各自领域内享有盛誉。学习者阅读这些期刊文章可以了解到最新的学术研究成果和科学发现，同时提升自己理解和使用复杂科学术语的能力。

（4）博客。订阅感兴趣的英语博客，如旅游、科技或生活方式等内容，可以使学习者在轻松愉快的氛围中学习英语，同时获取特定领域的知识。如Nomadic Matt旅游博客提供旅行技巧和目的地指南，而TechCrunch则覆盖最新的科技动态和创业信息。这些博客不仅让学习者学习专业词汇，还能让他们了解不同领域的最新趋势。

（5）杂志。阅读英文杂志，可以让学习者了解最新的科学发现、全球政治动态、文化趋势等。这些杂志通常采用高质量的语言和图片来介绍主题，既能提高学习者的英语阅读水平，又能扩展学习者的知识面。

2. 分级阅读

根据自己的英语水平选择难度适中的读物是非常重要的。

初级学习者可以阅读简单的儿童故事书、简化版的经典文学作品，如 *Charlotte's Web*（《夏洛特的网》）的简化版本或是 *The Great Gatsby*（《了不起的盖茨比》）的简化版本。这类读物语言简单，情节易于理解，有助于初级学习者建立阅读信心。

中级学习者可以尝试阅读原版的青少年小说、简单的非虚构作品，如 *Harry Potter*（《哈利·波特》）系列或是 *A Short History of Nearly Everything*（《几乎一切的简史》）等。这些书籍的语言难度适中，能够有效提升中级学习者的阅读技能。

高级学习者应挑战阅读原版的英美文学作品、复杂的学术论文和报刊专栏等。如尝试阅读艾德琳·弗吉尼亚·伍尔夫（Adeline Virginia Woolf）的《到灯塔去》或是 *The Economist* 上的文章，这些阅读材料不仅能够提高高级学习者的语言能力，还能深化其对英语文化的理解。

（二）深度阅读

深度阅读是提高学习者英语阅读能力的关键，它不仅要求学习者理解文本的表面意义，还要求他们深入挖掘文章的深层含义、文化背景和作者的意图。以下是笔者对深度阅读中两个重要方面的详细论述。

1. 精读精选文章

选择适当的文章进行深入分析是精读的核心。这一过程不仅涉及理解文章的直接内容，还包括对文章风格、结构和语言特点的分析。

假设学习者选择了马丁·路德·金（Martin Luther King）《我有一个梦想》的演讲稿进行精读。学习者应全面理解演讲的主要内容和核心论点，即种族平等和自由的梦想。随后，关注马丁·路德·金如何使用修辞手法（如比喻、重复、对比）来强化他的论点以及这些修辞手法是如何帮助演讲产生情感上的共鸣和说服力的。此外，学习者还要分析文章的结构，分析马丁·路德·金是如何通过不同部分的安排逐步展现和强化他的主张的。

2. 做好注释和摘要

在阅读过程中做笔记、标注生词和总结大意是加深理解和记忆的有效方法。

阅读奥斯卡·王尔德（Oscar Wilde）的《道林·格雷的画像》时，学习者可以边读边标注不熟悉的词和短语，如 hedonism（享乐主义）、vanity（虚荣）等，同时注意分析作者描绘人物性格及其内心世界时的细腻语言。此外，在每个章节或重要段落后，学习者还要尝试用英语总结核心内容，这种方式不仅能够帮助学习者巩固新学的单词，还能够加深学习者对文本结构和主题的理解，同时培养其批判性思维和分析能力。这种深度阅读的实践有助于学习者在学术和职业领域中更加有效地使用英语。

第四节　文化视野下写作能力培养

一、写作能力培养的重要性

对学习者英语写作能力的培养在当今社会中显得尤为重要，英语写作能力不仅对于学术成功至关重要，也是个人职业发展中不可或缺的技能。

（一）提升沟通技能

良好的写作能力是有效沟通的基石，它能够显著提升个人在不同情境下清晰、准确地表达自己的观点的能力。在日常生活中，无论是撰写电子邮件、社交媒体帖子还是正式的报告，清晰的书面表达能确保自己传达信息被他人正确理解，减少误会的发生。写作还是一个思考和反思的过程，它要求写作者对自己的思想进行整理和审视。通过有组织地表达自己的观点，写作者不仅能够更好地与他人沟通，还能深化对特定主题的理解。例如，在准备一份工作报告时，通过详细的资料收集、思路整理和草稿修改，写作者能够更深刻地把握主题，发现之前未曾注意到的细节或联系，从而使写作者对工作内容有更全面的掌握。

（二）加强学术能力

在学术领域内，写作不仅是知识传播的重要工具，更是深化学习、培养个人批判性思维的过程。学术写作要求写作者对所研究的资料进行深入分析和评估，从而提出有力的论点或发现新的知识。这一过程中，批判性思维能力的培养尤为重要，它能够使学习者不依赖感性认识，而是通过评估证据的可靠性、逻辑的严密性和论点的合理性来形成自己的见解。同时遵循学术规范、正确引用他人的研究成果是学术诚信的体现，也是保证研究质量和促进学术交流的基础。例如，在撰写一篇关于气候变化的研究论文时，写作者需要广泛收集和分析现有的研究资料，通过批判性地评估这些资料的质量和相关性，构建自己的论证框架，最终以合适的引用格式明确标注参考文献，确保研究的严谨性。

（三）有利于职业发展

在职业生涯中，英语写作能力的重要性不容忽视。不论是撰写商业计划书、项目报告，还是日常的电子邮件交流，清晰、专业的书面表达能力都是成功的关键因素之一。例如，一位市场营销专家需要编写引人注目的广告文案和分析深入的市场研究报告，这不仅要求其拥有出色的写作技能，还需要其能够有效地传达复杂的信息和创意。同样，一个项目经理可能需要编写项目提案和进度报告，清晰准确的文档能够确保项目团队和利益相关者之间的顺畅沟通。高质量的职业文档和交流信件也是个人专业形象的重要体现，它展示了个人的专业水平、对工作的重视程度以及对细节的关注。

（四）增强自信和独立性

写作不仅是沟通和表达的工具，更是自我表达和个性展现的平台。通过写作，人们可以分享自己的想法、经历和梦想，表达情感和创意，这种自我表达的过程有助于增强个人的自信心。例如，一位旅行爱好者通过撰写旅行博客，分享自己的旅行故事和见闻，不仅能与他人交流心得，还能培养自己的独立思考能力和表达能力。同时写作是解决问题的一种方式，它要求写作者分析问题、搜集信息并提出解决方案。在这个过程中，写作者能够增强自己的问题解决能力和独立性，如编写一份解决特定业务挑战的建议书，写作者不仅需要对问题有深刻理解，还需要独立思考和创新。

（五）提高跨文化交流能力

在经济全球化日益加深的今天，英语写作成为连接不同文化背景人群的桥梁。人们在写作中分享自己的文化经验，理解和欣赏其他文化的价值观和生活方式。例如，一位英国作者通过编写关于本国传统节日的英文文章，不仅能向国际读者介绍本土文化，还能促进文化间的理解和尊重。在国际合作项目中，有效的英语写作能力也尤为重要，它能够确保项目计划、合作协议和进度更新等关键信息被准确无误地传达给所有国际合作伙伴，从而促进项目的顺利进行和成功完成。事实证明，通过写作，个人能够拓宽自己的国际视野，培养成为全球公民的素质。

二、影响写作能力培养的文化因素

（一）措辞中的文化因素

在英语写作中，措辞的选择不仅反映了作者的语言能力，还体现了作者所处的文化背景。文化因素在词汇使用上的体现尤为明显，因为不同的文化对同一概念的理解和表达方式可能大相径庭。例如，在描述家庭成员时，英语中使用的词汇可能比较宽泛，如 cousin 可以指表兄妹也可以指堂兄妹，而中文中则有明确的区分，如“表姐”“表弟”“堂妹”“堂弟”等。这种差异就要求写作者在跨文化交流时必须注意词汇的精确性，确保信息的准确无误。同样，在描述日常习惯和社会现象时，文化背景的差异也会导致不同的词汇选择，如英语中的 grab a coffee（喝杯咖啡）在一些非英语国家的文化语境中可能没有直接对应的表达，因为中西方咖啡文化的普及程度和社交习惯存在差异。

措辞的文化敏感性在英语写作中尤为重要。不同文化对某些词可能有不同的情感色彩和接受度。如 frugal 在节俭的文化中可能是褒义词，而在消费主义文化中可能带有一定的贬义。因此，写作者在写作时需要深入考虑目标读者的文化背景，选择能够恰当反映其意图且不引起误解或不适的词汇。在写作面向国际读者的商务文档时，作者要使用普遍认为正面和中性的词汇，避免使用可能因文化差异而被误解的俚语或地域性表达。掌握这种跨文化的沟通技巧，能够有效提升写作的说服力和适当性，促进更有效的跨文化交流。

此外，英语词语与汉语词语尽管在分类上大致相同，但词的功能却有很大差异，尤其在动词的使用和动作的描述方面。这种差异不仅影响了写作者的语言表达习惯，还影响了其写作风格和叙事技巧。

如“John walked into the room，a smile lighting up his face，as he greeted everyone warmly”，这个句子的汉语表达是“约翰走进房间，脸上挂着微笑，热情地向每个人打招呼。”

在这个例子中，英语句子通过使用名词 smile 和现在分词 lighting up 来描述约翰的动作和状态，展现了英语表达中的静态特征。这种表达方式倾向于用非动词形式来描述动作，使句子看起来更加紧凑和集中。同时，a smile lighting up his face 这个短语间接表达了约翰的愉悦心情，体现了英语中通过静态描述来表达动态过程的特点。相比之下，汉语直接采用动词“挂着”和“打招呼”来描述动作，展现了汉语表达的动态特征。汉语更偏向于直接描述动作本身，动词的使用更加频繁和直观，这使得其叙述更加生动和具体。汉语表达倾向于直接描绘场景中发生的具体动作，使读者能够清晰地想象出场景的动态过程。

因此，在英语写作中，学习者需要适应英语的表达习惯，学会利用名词、形容词和分词等非动词形式来丰富叙述，使写作更贴近英语的思维方式和文化背景。同时，学习者在学习英语时，不仅要掌握单词的字面意义，更要深入理解单词在不同语境中的用法和内涵，以便灵活运用于写作中，有效提升文章的表达力和感染力。

（二）造句中的文化因素

在英语写作中，造句中的文化因素体现在主语的选择、句子结构的构建以及连接词的使用上。英语和汉语在这些方面的差异，不仅是语言上的差异，更是两种不同文化思维方式的体现。

1. 主语的选择

英语句子经常会使用没有生命的事物作为主语以体现客观性和科学性。这种偏好在学术写作和正式文献中尤为明显，反映了英语文化中倾向于客观描述和分析的思维方式。例如，在描述一个科学实验时，英语句子可能会这样构造："The experiment shows that..."，而不是直接使用"我们发现……"。这种表达方式将焦点放在了实验本身，而非实验的执行者，突出了结果的客观性。

2. 句子结构的构建

英语句子的构建十分注重逻辑性和条理性，各个分句之间的逻辑关系通常通过连接词明确表达。例如，当陈述一个因果关系时，英语中可能会使用 because、therefore 等词来明确指出原因和结果的关系。这种表达方式体现了英语写作中对逻辑结构和清晰条理的高度重视。相比之下，汉语写作可能更侧重于通过上下文来隐含地表达这种逻辑关系，而不是直接使用连接词。

3. 连接词的使用

英语写作中，连接词的使用非常频繁，它们是构建复杂句子和维持句子间逻辑关系的重要手段。例如，使用 however 表示转折，in addition 表示递进等。这些连接词的广泛应用，反映了英语写作中对句子间逻辑关系明确划分的需求。汉语中虽然也有连接词，但往往依赖上下文和语序来隐含表达句子之间的关系，使得句子更加流畅和自然，但对于学习英语写作的学习者来说，掌握英语中连接词的正确用法，对于提升写作的逻辑性和条理性至关重要。

如“I studied hard for the exam; therefore, I was not surprised when I received a high score”，这句话的汉语表达是“我为考试努力学习，因此，当我得到高分时并不感到惊讶”。

在这个英文句子中，连接词 therefore 被用来明确指出两个句子之间的因果关系，即努力学习是得到高分的原因。这种用法体现了英语中强调逻辑清晰、条理分明的表达习惯，连接词在句子中充当着重要的角色，帮助读者理解句子之间的关系。相对而言，汉语在表达相同意义时可能不会那么频繁地使用显式的连接词。在汉语中，上下文和语序往往足以表明句子之间的关系，读者可以通过句子的流畅过渡和逻辑推理来理解其含义。例如，上述英文例句的汉语翻译虽然保留了“因此”这一连接词，但在日常汉语表达中，人们可能会省略它，直接说：“我为考试努力学习，当我得到高分时并不感到惊讶”，即便没有显式的连接词，句子之间的因果关系依然清晰。

这种差异不仅反映了语言结构的不同，也揭示了中英两种文化在表达思想、处理信息时的不同倾向。英语使用者倾向于通过连接词明确表达句子之间的逻辑关系，而汉语使用者则更多依赖语境和语序来隐含地传递信息。对于学习英语的汉语母语者来说，理解并正确使用英语中的连接词是提升写作条理性和逻辑性的关键。这要求学习者不仅要掌握单个词的意义，还需要了解它们在句子中承担的连接和转换功能，以及如何有效地应用这些连接词来构建清晰、有逻辑的英文表达。

三、写作能力培养的方法路径

（一）进行写作对比

培养英语写作能力的有效途径之一是进行英汉写作对比分析。这种方法不仅有助于学习者发现英语和汉语在写作上的根本差异，也能够促使学习者在写作实践中主动采用英语思维，从而提升写作的自然度和地道性。

1. 对比文章结构

在探讨英汉写作结构的差异时，一个值得注意的方面是叙述方式的选择和对细节的处理。英语叙事文章往往采用直线式结构，这意味着故事按照时间顺序展开，从起始事件直接进入高潮，然后迅速落幕。这种结构使得英语叙事清晰、紧凑，读者可以很容易地跟随故事线索读懂文章内容。而汉语叙事可能采用更为复杂的结构，如环状叙事或倒叙，这些方式经常在古典文学中见到。这种叙事方式可能先揭示故事的结果，再逐步展开事件的来龙去脉，最终回到故事的起点，形成一个闭环。

例如，假设有一篇讲述历史事件的文章，英文版本可能会这样开始："In 1941, the event that changed the course of the war unfolded dramatically"。然后按照时间顺序，一步步讲述事件的发展，直至结束。相比之下，同一事件的汉语叙述可能会先揭示事件的影响："这一年发生的事件，彻底改变了战争的进程。"接着通过回顾历史背景、人物关系等，逐步揭示事件本身，结尾再次强调该事件对未来的深远影响。

通过这种对比，英语教师可以指导学生认识英语写作中直线式叙述的特点，鼓励学生在撰写英语文章，尤其是叙事类文章时，采用清晰、直接的叙事结构，以便于国际读者理解。同时，教师可以强调细节描述的重要性，使学生在写作过程中保持叙事直线发展的同时，恰当加入细节描述以增强故事的生动性和可信度，进而使文章既符合英语写作的习惯，又具有吸引力。

2. 分析句子结构

英语写作中的句子结构通常反映了英语文化中直接和有效率的沟通风格，而汉语在句子结构上的偏好则显示出了一种更为间接或含蓄的表达方式。

如“The company will launch a new product next month”，这个句子的汉语表达是“公司计划下个月推出一款新产品。”。

在这个例子中，英文句子使用了将来时态，明确了主体（The company）和将要进行的动作（will launch）。这种句式结构直接、明了，无需进一步解释即可理解句子的意图。相比之下，对应的汉语表达虽然保持了相同的信息内容，但在语气上可能更加温和。汉语中通过使用诸如“打算”“计划”等词来代替“将”，从而使表达显得更加柔和。

在教学过程中，英语教师可以通过这样的例子来指导学生识别和理解英汉句子构造上的差异。特别是在教授主动语态和被动语态时，教师可以强调英语倾向于直接表达行为的主体和动作，这不仅使句子更加清晰和有力，也是英语交流中高效沟通的体现。教师可以鼓励学生在英语写作中尽量使用主动语态，以便更好地适应英语的表达风格和习惯。同时通过对比分析，学生可以更加深刻地理解语言的文化背景，学会根据不同的语境选择恰当的句子结构，进一步提升他们的英语写作能力。

（二）发挥阅读、背诵的作用

英语写作能力的提升是一个系统而复杂的过程，涉及语言输入、语感培养、记忆与实践等多个方面。在这个过程中，大量阅读和有目的的背诵是提高学习者写作能力的有效方法。

1. 大量阅读：构建语言输入的基础

阅读是提高英语写作能力的基石。通过广泛阅读，学习者不仅可以吸收丰富的词汇和句式，而且能够接触多种写作风格和表达方式，从而在无形中加深对英语语言结构和英语表达习惯的理解。当阅读量达到一定程度后，学习者在写作时能够自然而然地模仿和运用这些语言元素，使写作更加流畅和自然。在练习写作的初始阶段，学习者应选择难度适中、篇幅较短、内容吸引人的读物，如简短的故事、新闻报道或博客文章，逐渐培养阅读习惯，并不断扩大阅读范围和深度。

2. 有目的的背诵：强化语言输出的能力

背诵是语言学习中的一种传统而有效的方法，尤其对于提高学习者的英语写作能力具有重要意义。通过背诵精选的英语材料，学习者可以在不知不觉中吸收地道的英语表达方式，加深对语言结构的理解，培养英语语感。在背诵过程中，学习者应注意选择内容丰富、结构完整的材料，从简单到复杂，逐步提高难度，以适应自身的认知能力和记忆规律。例如，学习者在开始时可以选择背诵一些常用短语和简单的句子，然后逐渐过渡到较长的段落和文章。同时，模仿原声朗读可以帮助学习者掌握准确的发音和适当的语调，即使学习者在一开始并不能完全理解句子的含义，随着时间的推移，也能在反复练习中加深理解，最终提高语言输出的能力。

将阅读和背诵所获得的知识运用到写作实践中，是检验学习者学习成果的关键。学习者应该尝试将阅读中遇到的表达方式和背诵中熟悉的句型应用于自己的写作中，通过写作练习来巩固和深化对语言的掌握。同时，学习者应定期复习笔记和背诵的内容，以防遗忘，并在实践中不断发现和解决问题，进一步提升写作水平。

（三）坚持练习，熟能生巧

培养英语写作能力的关键之一是坚持不懈地练习。通过反复练习，学习者可以将所学知识内化为自己的能力，实现从量变到质变的飞跃。

1. 日常造句练习

每日造句是基础英语能力培养的重要环节。例如，教师可以根据学生当前学习的词汇和语法点，设计具体的造句任务。如果学生正在学习过去时态，教师可以要求学生写出描述昨日活动的句子，如“Yesterday, I visited the museum and saw an interesting exhibition”，通过这样的练习，学生不仅能够巩固语法知识，还能提高运用所学知识描述实际情境的能力。

2. 逐步扩展写作任务

随着学生英语基础的加强，教师可以逐步增加写作任务的难度和范围。从最初的简单句造句，到段落写作，再到完整的文章写作。例如，教师可以先让学生尝试写一个关于他们最喜欢的电影的段落，要求使用新学的形容词和副词。随后，教师可以要求学生将其扩展为一篇完整的电影评论文章，增加对电影情节、角色和主题的讨论。

3. 融合旧知识与新知识

在写作练习中融合旧知识和新知识可以帮助学生加深理解和记忆。例如，当引入一个新的语法点时，教师可以让学生尝试在写作中同时使用这个新语法点和之前学过的语法点，即先让学生用新学的语法点编写简单的句子，然后逐步提高难度，要求他们在更复杂的段落或文章中应用。如从使用新学的过去进行时构造基本句子开始，接着编写一个包含对比时态（如一般过去时和过去进行时）的故事段落。这种练习方法能够让学生在实际的语境中复习和巩固旧知识，同时学习新知识。此外，教师还可以选择一个能够同时应用多个语法点或词的主题，组织写作活动。例如，以“我的理想假期”为主题，学生可以综合运用不同的时态、形容词和副词来描述过去的旅行经历、现在的感受和未来的计划。

4. 创造性写作练习

鼓励学生进行创造性写作，如编写短故事、日记或信件，可以大幅提升他们的写作兴趣和动机。这些练习允许学生自由表达思想和情感，同时运用所学的语言知识。例如，教师可以设计一个写作主题“如果我是一名宇航员”，要求学生设想自己在太空的经历，这样不仅能激发学生的想象力，还能使他们在写作过程中尽量使用描述性语言。

使用图片或视频作为写作的灵感来源是另外一个有效的方法。教师可以先展示一个场景或事件的图片，然后让学生基于这张图片编写一个故事。这种方法能够帮助学生在写作过程中展开更具体的思考。又或者要求学生选择一个星期中的某一天，写下那天的情绪变化及其原因。这种个人化的写作练习可以增强学生对自我情感的觉察，同时提高他们用英语表达个人经历和情感的能力。

5. 口头造句与书面练习相结合

在时间紧张时，口头造句也是一种有效的练习方式。它不仅能够即时检验学生对所学知识的掌握情况，还能提高课堂的互动性和学生的参与度。在课堂上，教师可以提出与课程内容相关的问题，要求学生即兴回答。例如，如果本节课学习的是描述天气的英语表达，教师可以问学生“How’s the weather today?”，学生需要用学过的词汇和句型即兴回答。教师还可以给学生分配特定的角色，让他们用英语进行对话。这不仅能提高学生的口头表达能力，还能让他们在实际的语境中使用英语，提高语言运用的自然性和流畅性。教师还可以组织学生进行小组讨论，让他们用英语探讨一个主题或解决一个问题。通过这种互动，学生不仅能锻炼口头表达能力，还能学习如何在团队中有效沟通。

书面练习则能够让学生有更多时间组织语言，是深化学生学习和理解的重要环节。教师需要鼓励学生保持用英语写日记的习惯，记录每天的所见所闻及感想。这种持续的书面练习有助于学生定期复习和使用新学知识，同时增强其写作技能。教师还要定期给学生分配写作主题，让他们练习书面表达。这些主题可以与学生的兴趣或当前社会热点相关，以增加学生的参与度和写作动力。

（四）教师评价，同伴评价

开展教师评价和同伴评价是提升学生英语写作能力的重要环节，这不仅能帮助学生获得及时反馈，还能增进学生间的交流与合作，从而共同提升写作水平。

1. 教师评价

教师评价应该关注学生写作的多个方面，包括内容的丰富性、语言的准确性、逻辑的清晰性等。例如，在学生提交一篇描述他们最难忘的一天的文章后，教师不仅要指出文章中出现的语法和拼写错误，还应评价学生在表达个人感受和细节描写方面的能力。如果学生写道："That day was unforgettable because I felt very happy"，教师可以让学生对此句话展开描述，即如何让读者感受到这份快乐，是什么原因导致了这种感觉。教师的评价应鼓励学生深入挖掘和精确表达自己的思想和情感，从而提升写作的深度和感染力。

教师的评语应当既包含正面的鼓励也包含建设性的批评。对于学生作文中出现的优秀句式表达，教师应当给予充分肯定，激发学生的自信心和继续努力的动力。如果学生作文中出现了一些不恰当的表述，教师也应及时指正。

2. 同伴评价

同伴评价可以让学生在批改同学的文章的同时锻炼批判性思维，并从他人的写作中学习写作知识。在进行同伴评价时，教师可以让学生按照一定的评价标准，如内容的相关性、语言的流畅性、逻辑结构等，对同伴的作文进行评价和提供建议。例如，学生 A 在评价学生 B 的文章时，可能会注意到学生 B 在文章中过度使用了 very 这个词，缺乏变化和精确性。学生 A 可以建议学生 B 使用更具体的形容词来增强文章的表现力。这种互评过程不仅能帮助学生 B 意识到问题所在并改进自己的写作，也让学生 A 在评价过程中学会如何更精确地使用语言。

为了提高教师评价和同伴评价的有效性，采取一系列实施策略至关重要。首先，制定明确的评价标准是基础，这要求教师在评价过程开始之前，向学生清晰地阐述评价的标准和侧重点，使学生明白哪样的写作被视为优秀，哪些方面是评价的重点。其次，对学生进行同伴评价的培训同样不可或缺，这不仅涉及评价技巧的传授，也包括如何为同伴提供建设性的反馈，确保学生在参与评价时既能够有效地识别作品的优点和不足，又能以恰当的方式表达自己的观点。最后，鼓励学生真诚反馈。在这一过程中，教师不仅要鼓励学生之间保持尊重，坦诚交流，自己也应对学生的反馈持积极态度，以实现与学生的共同成长。这些策略的实施，有助于建立一个更加开放、互助和有效的英语写作教学环境。

第八章　文化视野下应用语言学探索——实用口语研究

第一节　文化视野下日常用语研究

一、日常用语的概念与特点

（一）日常用语的概念

日常用语是人们生活中不可或缺的一部分，它涉及个体在日常生活中与他人进行交流时的语言表达。日常用语包括简单的问候、寒暄以及用于表达个体思想、情感和意图的更复杂的语句。日常用语不仅是人与人之间交流的工具，更是人际关系建立和维护的重要媒介。

在日常用语中，语言的选择和使用方式直接影响着交流的效果和人际关系的质量。一句温暖的问候或者一句适当的赞美，可以快速拉近彼此的距离，促进人们关系的和谐；反之，不恰当或粗鲁的言语则可能伤害到他人，造成人际关系的疏远。因此，日常用语不仅需要关注言语的内容，还需要注意语言的形式和表达方式，如语调、语速和选词等。

有效的日常用语需要以个人对交流情境的理解和对交流对象的尊重为基础。这意味着，日常用语的运用要灵活多变，根据不同的场合、对象和目的做出适应性调整。在正式场合下的用语往往更加规范和严谨，而在非正式场合则可以更加随意和亲切。理解和尊重对方的文化背景和价值观也是有效交流的关键。在跨文化交流中，人们需要特别注意对方文化中的特定习俗和禁忌，以避免引起不必要的误解和冲突。

（二）日常用语的特点

日常用语是人们在日常生活中进行交流时的常用语言，它具有几个显著特点，这些特点使得日常用语与书面语、正式演讲或学术讨论等其他形式的语言有所区别。

1. 简略

日常用语倾向于使用简短、直接的句子结构，避免复杂或冗长的表达。这种简化的语言使用方式有助于人们快速交流信息，适应日常生活的节奏。例如，人们可能会用“早！”来代替“早上好，祝你有美好的一天！”。简略的用语还体现在使用缩略语、俗语或非正式表达上，这些都是为了提高语言的效率和亲切感。

2. 松散

日常用语往往不像书面语那样严格遵循语法规则。在日常对话中，人们可能会使用不完整的句子、省略主语或动词，或者在句子中插入口头禅。这种松散的语言风格反映了口语交流自然和非正式的特性，同时显示了语言的适应性和灵活性。

3. 暂留

日常用语的内容通常是即兴的，反映了当下人们的思考和感受。与精心准备的演讲或写作不同，日常用语中的表达往往是临时构思的，可能随着对话的进展而变化。这种暂留性使得日常用语更加真实和生动，但也可能导致表达上的不确定性和模糊性。

4. 临场

日常用语强调的是与特定情境紧密相关的交流，这意味着语言的使用会根据对话发生的具体情境、参与者之间的关系以及交流的目的而有所不同。例如，在与朋友的轻松聊天中使用的语言与在工作会议上的用语明显不同。临场性要求讲话者能够灵活调整语言风格和用词，以适应不同的社交环境和沟通需求。

二、日常用语的应用能力

说好日常用语是个人语言综合运用能力的体现，涉及听、看、背、想、说等多个方面。掌握这些能力不仅可以使个人在日常交流中更加自如，还能提高个人的社交能力和语言魅力。

（一）听的能力

有效的沟通源于良好的倾听。听力的培养不仅能提高倾听者接收信息的能力，而且能使倾听者学到他人的表达技巧和用词习惯。一个好的听众会通过对方的言辞、语调和非语言信号，来全面理解对话内容。通过听广播、演讲和与他人的日常对话，个体能够吸收不同的观点和信息，以此来丰富自己的知识库和拓宽自己的视野。

（二）看的能力

观察和阅读是人们获取信息和学习新知识的重要途径。通过广泛阅读书籍、文章和其他文本材料，个体不仅能够提升理解和分析能力，还可以了解不同风格和体裁的语言表达方式。同时，观看电影、电视节目和现实生活中的交流场景，能够帮助个体学习如何在不同情境下有效地使用语言。

（三）背的能力

背诵是加强语言记忆和提升表达能力的有效方法。背诵诗歌、名言或经典文本不仅能够强化个体的记忆力，还能帮助个体深入理解语言的韵律和美感。这种习惯有助于个体培养良好的语感，使其在表达时能够更加自然和流畅。

（四）想的能力

批判性思考和创造性思维是说话艺术的核心。个体需要养成在听取和阅读信息后进行深入思考的习惯，这不仅能够帮助个体清晰地表达自己的观点，还能使其在人际交流中提出独到的见解。持续地思考和分析可以帮助个体更好地组织语言，从而使对话更加有逻辑性和说服力。

（五）说的能力

说话能力的提升需要通过不断实践来实现。无论是在公众演讲中，还是日常对话中，多说可以帮助个体更好地理解和运用语言。同时，模仿优秀的说话示例和接受反馈能够使个体不断地改进和完善自己的说话技巧。

三、文化视野与日常用语

在文化视野下，日常用语的使用需要考虑语言背后所蕴含的文化意义，以避免沟通中的误解和冲突。

（一）文化敏感性

在跨文化交流的背景下，文化敏感性是一个至关重要的概念，它要求人们在使用日常用语时不仅要考虑词汇的字面意义，还要深入理解和尊重语言背后所蕴含的文化意义。这种理解和尊重有助于人们避免沟通过程中的误解和冲突，实现更为和谐的人际关系。例如，在西方文化中，直接询问一个人的收入被认为是不礼貌甚至是侵犯隐私的行为。这种看法根植于西方社会对个人隐私和个体主义的高度重视。在这样的文化背景下，人们倾向于保护个人信息，不愿意公开讨论自己的财务状况，尤其是在与陌生人交流时。因此，在这些文化环境中提出关于收入的问题，可能会让人感到不适，影响双方的交流氛围。相比之下，在一些汉语使用的文化环境中，尤其是在熟人之间，询问对方的收入情况可能会被看作关心和友好的表现，而不是侵犯隐私。在这些文化中，个人的成功和价值往往与其社会和经济地位密切相关，因此，讨论收入在某种程度上有助于加深彼此之间的了解。然而，即便在这样的文化背景下，这种提问在正式场合或与上级交流时仍需谨慎处理，以避免潜在的不适感或尊重度的缺失。

这些差异说明了在日常用语的使用中考虑文化敏感性的重要性。了解和尊重对方文化中的习俗和价值观，可以帮助人们更有效地进行沟通，避免不必要的误会或冲突。因此，人们在进行跨文化交流时，应学会观察和遵守不同文化中的交流规范，以表示对他人的尊重。

（二）避免使用负载文化偏见的表达

在经济全球化日益加深的今天，语言不仅是沟通的工具，也是文化交流的桥梁。然而，由于历史和文化的复杂性，某些词或表达在长期的使用过程中积累了文化偏见，成为沟通中的障碍。在日常交流中，识别和避免使用这些负载文化偏见的语言，是实现尊重和包容的跨文化交流的关键。如“to gypped someone”，这个短语在英语中指欺骗或欺诈某人，它起源于人们对吉卜赛人的刻板印象，认为他们以欺诈为生。这种表达不仅基于对一个特定族群的偏见和误解，还通过语言的形式持续传播这种负面形象，加深了人们对吉卜赛人的歧视和误解。随着社会对于文化尊重和平等的倡导，这样的表达被越来越多的人摒弃。

避免使用这类负载文化偏见的语言，不仅是对被歧视群体的尊重，也是对自己的语言使用的负责。这要求人们在日常交流中更加细致地观察语言的使用情况，学会从不同的文化视角审视和理解词汇的含义。在经济全球化背景下，选择中性、尊重的语言不仅能够减少误解和冲突，更能够促进不同文化之间的理解和尊重。要实现这一目标，人们需要不断学习和了解不同文化背景下的语言习惯和表达方式，通过教育和文化交流提高对语言中文化偏见的敏感度。同时，人们需要在社会层面上加强对文化多样性的尊重和包容，使用更加中性的语言进行交流，共同构建一个和谐的多元文化社会。

（三）适应目标听众的文化背景

在跨文化交流中，适应目标听众的文化背景是实现有效沟通的关键。不同的文化有着不同的沟通风格，语言表达方式也大相径庭。一些文化倾向于直接和简洁的沟通方式，而另一些文化则偏好间接和含蓄的表达。理解并适应这些差异能够显著提高沟通的效率和质量，减少误解的发生。例如，在英语交流环境中，直接性被视为一种效率和清晰性的体现。如当请求帮助时，直接使用"Could you please help me?（你能帮助我吗？）"是一种能被人们普遍接受的表达方式。这种直接的请求方式有助于人们明确表达需求，避免不必要的误会。在这种文化背景下，间接或含蓄的表达可能会被解读为犹豫或不确定等意思，从而降低沟通的效率。

相反，在汉语交流环境中，含蓄和间接的表达往往更受欢迎。在请求帮助时，人们可能会使用类似"不好意思，麻烦你了"这样的表达方式。这种表达不仅体现了请求者的礼貌和谦逊，也给予了被请求者足够的思考空间。在这样的文化背景下，过于直接的表达可能被人们视为粗鲁或不礼貌的表现。因此，适应目标听众的文化背景不仅涉及语言的直接性和间接性的选择，还包括对话语调、礼貌程度、个人空间和身体语言等非语言因素的考虑。例如，在某些文化中，直视对方的眼睛被视为坦率和自信的表现，而在有些文化中则可能被视为不礼貌或挑衅的行为。

为了更好地适应不同文化背景的听众，开展跨文化交流前的准备非常重要。这包括对目的语文化的基本了解、在交流中保持开放和尊重的态度，以及根据对方的反馈对自己的沟通方式进行灵活调整。有效的准备可以极大地增强跨文化交流的效果，帮助人们建立起更加和谐的人际关系。

第二节　文化视野下导游用语研究

一、导游用语的概念与原则

（一）导游用语的概念

导游用语是导游在向游客介绍景点、历史背景、文化特色等信息时使用的专业语言。它是导游工作的重要组成部分，具有传递文化信息的作用。导游用语不仅需要具备信息准确、语言清晰的特点，而且还应富有吸引力和感染力，以提高游客的参与度和兴趣。导游用语还应考虑不同听众的不同文化背景，适当使用故事化、情感化的表达方式，使游客不仅能了解景点的基本信息，还能深入感受当地的文化。在多语种的旅游环境中，导游用语的语种选择和翻译准确性也至关重要，它直接影响着外国游客的旅游体验和满意度。因此，导游用语不仅是一种实用的工作技能，更是一种艺术，需要导游通过不断学习和实践来精进。

（二）导游用语的原则

一名优秀的导游不仅要具备深厚的语言功底，还必须在语言的使用上遵循“正确性、清晰性、生动性和灵活性”这几个基本原则，以保证讲解的科学性和艺术性。

1. 正确性

正确性是导游语言的基石，它涵盖了语音、语调、语法的准确性以及内容和观点的真实性。导游在讲解时应确保所用的成语、引用的名人名言等都是准确无误的，这不仅体现了导游语言的规范性，也是导游专业性的体现。

2. 清晰性

清晰性要求导游的讲解思路清晰、重点明确、表述清楚，并尽可能使用通俗易懂的语言。这样可以确保所有游客都能理解讲解的内容，无论他们的文化背景和知识水平如何。

3. 生动性

生动性是使导游语言具有艺术魅力的关键。使用形象化的语言、幽默风趣的表达、恰当的比喻以及适时的表情和动作的配合，可以增加讲解的趣味性和吸引力，使游客在轻松愉快的氛围中学习景点的相关知识。

4. 灵活性

灵活性体现了导游对讲解内容的自如掌握和调整能力。导游应根据游客的兴趣、文化水平和反应灵活程度调整所讲内容的深度和讲解方式，结合当地的文化特色、历史故事和风土人情等元素，为游客提供个性化且富有教育意义的旅游体验。

二、文化视野与导游用语

在文化视野下，导游用语不仅要传达信息，还要体现出对不同文化的尊重，以增强交流的有效性和亲切感。以下是在文化视野下导游用语的注意事项。

（一）言之有物

导游在进行讲解时，充分展现目的地的文化特色是至关重要的。这不仅要求导游对所讲内容的历史、艺术或习俗有深入的了解，更要求其能够挖掘这些内容背后的文化背景和社会价值。一段精彩的讲解可以使游客在短暂的旅程中获得深刻的文化体验，从而加深其对目的地的记忆。

例如，导游在介绍中国的长城时，除介绍其作为世界文化遗产的历史和建筑特点外，更重要的是探讨长城所象征的中华民族精神。长城不仅是中国古代边防工程的代表，也是中国人民坚韧不拔、勇于拼搏的精神象征。导游可以通过讲述长城的建造历程、历代修缮的故事以及长城对中国文学和艺术的影响，来描绘这一文化符号所承载的丰富内涵。同时，导游在讲解中可以引入关于长城在不同历史时期的社会、军事和文化作用的讨论，使游客从多个角度理解长城的文化意义，从而激发游客对中国历史和文化的兴趣和尊重。

（二）言之有据

在跨文化交流的背景下，确保讲解信息的准确性尤为重要。错误或误导性的信息不仅会影响游客的体验，更可能引发文化误解和冲突。因此，导游在介绍具有特定文化或宗教意义的内容时，必须确保所有信息来源可靠、准确，避免传播有偏见或错误的观点。

例如，在介绍宗教圣地时，导游应事先进行充分的研究，确保讲解的内容符合该宗教的教义和历史记载。导游应避免使用可能引发争议的表述，而应采取尊重和客观的态度介绍，以体现对不同文化和宗教信仰的尊重。针对敏感和复杂的宗教或文化话题，导游可以通过引用权威的历史文献和宗教教义，提供客观且全面的视角，帮助游客理解不同文化和宗教背景下人们的生活方式和思维方式。

（三）言之有理

在文化多样性日益增长的今天，导游在讲解不同文化背景下的历史、节日或习俗时，采取理性和尊重的态度变得尤为重要。这不仅关乎信息的准确传达，更关乎其对文化差异的理解和尊重。言之有理的原则要求导游在介绍文化现象时，避免任何形式的偏见和刻板印象，而是以一种开放、包容和客观的态度，向游客呈现不同文化的深层价值和意义。

在面对可能引发争议的文化现象时，导游的角色应是桥梁而非裁判。例如，在介绍一些特定的文化习俗或宗教信仰时，可能存在着不同的解读视角。在这种情况下，导游应从多个角度出发，客观地呈现不同的观点，而不是单一地表达个人偏好或文化立场。这种多角度的介绍不仅可以帮助游客全面理解文化现象的复杂性，也能促进游客之间的讨论和思考，增强他们对不同文化的理解。在文化交流日益频繁的今天，促进不同文化背景下人们的理解和尊重变得尤为关键。导游在讲解某种文化现象时，应努力挖掘和传达文化现象背后的共通人性和普遍价值。例如，在介绍某个国家的传统节日时，导游可以详细介绍该节日中的家庭聚会、感恩、纪念等主题，这些主题通常跨越文化界限，能够引起不同文化背景的游客的共鸣。通过强调不同文化之间的共性，导游可以帮助游客理解不同文化的深层联系，从而促进文化之间的理解和尊重。

在讲解可能引起争议的文化现象时，导游应避免发表主观评价或使用带有贬义的词汇。对于不同文化中存在的敏感话题，如宗教信仰、政治立场或社会问题，导游应采取中立的态度，客观介绍事实，避免夹杂个人观点。在必要时，导游可以提供不同来源的信息，让游客自行判断和思考，而不是试图引导游客接受某一特定的观点。

（四）言之有情

导游用语应体现出对不同文化的尊重，通过友好、温馨的语言营造一种包容的交流氛围。在涉及跨文化的交流时，导游可以适当使用一些简单的当地语言词，表达欢迎和尊重，如用当地语言问候，或介绍一些特色词，让游客感受到文化的独特魅力。

此外，导游讲解时的声音还应适应不同的文化背景和听众的期望。在某些文化中，温和的语调更受欢迎，而在另一些文化中，热情且富有感染力的语调可能更能吸引游客。例如，导游在向西方游客介绍亚洲的寺庙或历史遗迹时，使用平和且充满敬意的语调，可以体现出这些地方的神圣和庄严。节奏的控制也非常关键，导游在讲解时适时变换节奏不仅能够保持游客的兴趣，还能反映出文化的多样性和丰富性。

第三节　文化视野下服务用语研究

一、服务用语的概念、特点与分类

（一）服务用语的概念与特点

服务用语是在服务行业中，服务人员在与顾客进行沟通和交流时使用的专业语言。这类用语的特点是礼貌、简洁、明了，旨在传达服务意图、满足顾客需求，同时体现服务的专业性和礼貌性。服务用语在不同的服务场合和行业中有所差异，但都遵循以下基本原则。

服务用语要体现出对顾客的尊重和礼貌，通过敬语、礼貌用语的使用，营造出良好的服务氛围；服务用语应清晰明了，避免专业术语或复杂表达的出现，确保顾客能够理解服务内容和服务流程；服务用语要积极向上，即使是在处理顾客的投诉或不满时，相关服务人员也要保持积极的态度，寻求解决问题的方法；在保证信息准确传达的前提下，服务用语应尽量简洁，避免冗长的解释，使沟通更加高效；根据不同顾客的特点和不同情境的需要，服务人员要灵活运用服务用语，确保每位顾客都能享受到优质的服务。

（二）服务用语的分类

1. 问候语

用于与顾客的初次见面或交流，如“您好”“早上好”等，目的是营造友好和尊重的氛围。

2. 征询语

服务人员用以询问顾客需求或意见的语言，如“请问有什么可以帮助您的？”“您需要更多的帮助吗？”等，表现出服务人员的主动性和对顾客的关注度。

3. 尊称语

在与顾客交流时适当使用尊称，如“先生”“女士”“博士”等，可以表现出对顾客的尊重。

4. 道别语

顾客离开时使用的告别用语，如“再见”“欢迎再次光临”等，留给顾客良好的最后印象。

5. 赞美语

对顾客的某些行为或选择给予正面评价的语言，如“您的选择非常好”“真是明智的决定”，用来增加顾客的满意感和自信。

6. 请求语

在需要顾客协助或理解时使用的礼貌请求语，如“请稍等一会儿”“劳驾，请这边走”。

二、文化视野与服务用语

在文化视野下，使用服务用语时需要特别注意以下几个方面，以确保沟通的有效性和避免文化冲突。

（一）尊重个人隐私和空间

在跨文化服务中，了解并尊重不同文化对个人隐私和空间的看法至关重要。例如，在西方国家，与人握手、拥抱等可能是日常的问候方式，而在亚洲的一些文化中，尤其是日本和韩国，人们更倾向于鞠躬，这种行为体现了对个人空间的尊重。因此，服务人员在与来自不同文化背景的顾客互动时，应避免采取可能被认为侵犯个人空间的行为，如不必要的身体接触等。

对于个人隐私的尊重也是服务行业中的一项重要原则。服务人员在询问顾客信息时，应避免涉及敏感话题或私人信息，如家庭、财务状况等。这种文化敏感性不仅有助于与顾客建立信任关系，还能避免可能带来的尴尬和不适。

（二）使用恰当的尊称

恰当的尊称是跨文化沟通中体现尊重和礼貌的重要方面。在不同的文化中，尊称的使用规则可能截然不同。在一些文化中，直接称呼名字可能是友好的表现；而在另一些文化中，直呼其名则可能被认为是不礼貌的。例如，在许多西方国家，同事或业务伙伴之间可能会很快转为使用名字进行称呼，但在中国和日本等亚洲国家，使用姓氏加上一个尊称（如“李先生”“史密斯女士”）是更为常见和恰当的做法，特别是在正式场合和初次见面时。

服务人员应根据顾客的文化背景和偏好选择合适的称呼方式。在不确定的情况下，采用较为正式的称呼方式，如“先生”“女士”等，通常是安全且被人们普遍接受的做法。此外，服务人员还要注意观察顾客的反应和偏好，如果顾客表示希望使用自己的名字称呼自己，服务人员应作出相应调整，以展现对顾客的尊重。

（三）了解并尊重节日和习俗

在提供跨文化服务时，对顾客所处地区的文化节日和习俗有深入了解并给予尊重是与其建立良好关系的关键。圣诞节是许多西方国家的重要节日，而在中国，春节有着同等的重要性。服务人员在这些特殊时期给顾客发送祝福时，应该确保祝福内容贴合其文化背景和传统习俗。

（四）避免文化偏见和刻板印象

在服务用语中避免文化偏见和刻板印象是保持文化敏感性的基础。服务人员应避免使用可能带有文化偏见的语言。例如，服务人员在赞美一个亚洲顾客的英语说得好时，可能已经无意中传达了预期他们英语说得不好的刻板印象。因此，服务人员在表达赞美或评论时，应采用更加中性和具体的表述方式，避免可能引发误解的泛化陈述。

（五）适应性交流

适应性交流要求服务人员不仅理解顾客的文化背景，还要能够灵活调整交流策略，以符合顾客的预期和沟通习惯。与来自高语境文化（在交流中依赖非言语信息较多）的顾客交流时，服务人员可能需要更加注重非言语信号，如肢体语言和面部表情。此外，适时地融入顾客的母语词汇或短语（在确保准确性的前提下），也是增进彼此信任的有效方式。

第四节　文化视野下礼貌用语研究

一、礼貌用语的概念与使用

（一）礼貌用语的概念

礼貌用语是指在日常交流中，为了表达对他人的尊重、友好和展现自己的良好教养而使用的言语表达形式。礼貌用语包括问候语、感谢语、道歉语、请求语等，旨在促进人与人之间的和谐相处。礼貌用语是人际交往中不可或缺的社交润滑剂，通过礼貌的言语和行为，个体能够在社会中更有效地与他人建立积极的关系。

礼貌用语的作用体现在多个方面。其一，它有助于构建和谐的社会环境。礼貌的言语能够缓和潜在的冲突，减少误解和矛盾，使人际交往更加和谐。其二，礼貌用语是个人文化素养和教养的外在表现，使用礼貌用语可以体现个人的教育水平。其三，使用礼貌用语能够提升个人形象，给人留下良好的印象，有助于建立积极的人际关系和社会网络。在不同文化背景下，礼貌用语的具体表达形式和应用场景可能有所不同，但其核心目的——尊重和友好——是普遍存在的。了解和掌握不同文化中的礼貌用语，对于跨文化背景下的有效沟通和交流具有重要意义。

（二）礼貌用语的使用

礼貌用语的使用不仅能体现个人的教育程度和文化修养，也是维护和谐人际关系的重要手段。正确地运用礼貌用语可以使人与人之间的交流更加顺畅，从而营造相互尊重和友好的社交氛围。

1. 表达感谢

无论别人给予的帮助是大还是小，被帮助者都应诚恳地表示感谢。正确使用表示感谢的礼貌用语不仅能使言语充满魅力，还能让对方感受到温暖。如果对方对自己的感谢表示不理解，简明扼要地说明感谢的原因是有必要的。

2. 及时道歉

在社交互动中，无论是因为失误、误解还是无意中伤害了他人，及时的道歉都是必要的。一句真诚的道歉可以迅速化解误会，重建信任。道歉的艺术在于诚意和及时性，道歉者要让对方感受到自己的歉意是发自内心的。

当一个人道歉时，语气应真诚，眼神交流也非常重要，这可以让对方感受到道歉者的歉意。使用像“我真的很抱歉”或“我对我的错误感到非常抱歉”等表达，能更有效地传递道歉者的诚意；道歉者在道歉时应避免立即为自己辩解的行为，因为这样做往往会减少道歉的效果，甚至可能加剧矛盾。

3. 礼貌请求

在请求帮助或服务时，使用礼貌的请求语不仅是表现自己良好教养的方式，被请求者也会更愿意提供帮助。礼貌请求的关键在于使用“请”字，并且以尊重对方的方式提出请求。在请求开始时使用“请”，如“请问”“请帮忙”“请允许我……”等，这不仅能显示出礼貌，也表明了请求者对对方时间和能力的尊重；请求者应尽量使请求听起来不那么直接和强硬，这样对方会感到更轻松，更愿意提供帮助。例如，“您能否帮我看一下这个问题？”比“我要你现在帮我解决这个问题”更为礼貌和温和；请求者应在请求结束时提前感谢对方，如“非常感谢您的帮助”，即使对方还没有开始帮助你。这种预先的感谢可以提高请求的成功率。

4. 使用敬语

敬语是社交礼仪中一个至关重要的组成部分，适当使用敬语，不仅能够表达对他人的尊重，还能在多种正式场合中树立个人的良好形象。在不同的文化和语言环境下，敬语的使用各有特点，但都体现了对个人或团体的尊重。英语中常用“Mr.”“Mrs.”“Dr.”等称呼来表达敬意，而在汉语中，人们则可能使用“先生”“女士”“教授”等尊称。

敬语的使用不仅限于称呼，还包括请求、感谢、道歉等语境中的礼貌表达。使用“恭请”“劳驾”等词提出请求时，可以使语气显得更加柔和，体现出对对方意愿的尊重；而在感谢或道歉时使用“感激不尽”“深表歉意”等表达，则能更有效地传达自己的情感和态度。敬语的使用应根据具体场合和对象灵活调整。在正式商务会议、学术交流等场合中，适当地使用敬语能够体现自己的专业性和礼貌；在日常交往中，恰当的敬语则能增进人与人之间的和谐关系。

二、文化视野与礼貌用语

在文化视野下使用礼貌用语时，需要注意以下几个方面。

（一）语境适应

在使用礼貌用语时，对语境的正确判断至关重要。例如，商务会议通常要求参会者使用更加正式、严谨的语言，如“非常感谢您的参与”“敬请您的指导”等，旨在营造一种正式且尊重他人的氛围。相反，在一个非正式的社交聚会中，过于正式的语言可能会显得生硬和不自然，这时参加聚会的人使用较为随和的语言，如“谢了”“辛苦你了”更能营造轻松友好的交流氛围。因此识别语境并适应其对礼貌用语的具体要求是确保交流顺畅和有效的关键。

（二）注意个人偏好

即便在相同的文化背景或语境中，个人对于礼貌用语的偏好也可能存在显著差异。这些偏好可能受个人性格、个人经历、社交习惯等多种因素的影响。例如，有的人可能更倾向于直接和简洁的交流方式，而有的人则可能偏好更为温和和细腻的表达。尊重这些个人差异是建立有效沟通的基础。在未充分了解对方偏好的情况下，采取一种礼貌的交流方式是一种安全的策略。随着了解的加深，交流者可以逐渐调整自己的用语，以更好地适应对方的交流偏好。例如，当发现一位合作伙伴更偏好正式的称呼时，即使在较为随意的对话中，交流者也应尽量使用相应的敬语和称呼，以表示尊重和理解。

（三）适应性和灵活性

在跨文化交流中，适应性和灵活性是关键。例如，在一些文化中，直接的眼神交流可能被视为坦率和诚实的象征，而在另一些文化里则可能被认为是侵犯隐私或不礼貌的行为。因此，观察并模仿对方的交流习惯可以有效地增进理解和沟通，同时展现出对对方文化的尊重。

（四）跨文化学习和开放性

持续的跨文化学习和对新文化的开放性态度为礼貌用语的恰当使用提供了坚实的基础。这要求人们不仅要学习并遵守不同文化中的交流规范，还要尝试理解这些交流规范背后蕴含的文化和价值观。开放性意味着人们愿意接受和尊重他人的文化观点，即使它们可能与自己的观点不同。

（五）明智使用翻译工具

在跨文化交流中，翻译工具是强有力的辅助工具，能帮助人们更准确地传达信息。然而，人们在使用这些工具时也应认识到这些工具的局限性，尤其是在处理具有细微文化差异的表达时。例如，直接翻译可能无法完全传达某些特定文化中特有的敬语和礼貌用语的细微差别。因此，人们使用翻译工具时，应当结合自己的跨文化理解和判断，必要时寻求专业翻译人员的帮助，确保沟通的有效性。

第九章　文化视野下应用语言学探索——文学语言研究

第一节 文化视野下戏剧语言研究

一、戏剧语言的概念内涵

戏剧语言是戏剧艺术中的基本元素，包括人物语言（台词）和舞台说明两部分。它通过角色之间的对话、独白和旁白等形式，揭示剧情，展现人物性格，推动故事发展，同时为观众提供情感和思想的共鸣点。戏剧语言不是对实际语言的简单复制，而是经过艺术加工、创新和提炼的产物，目的是在舞台上更有效地传达剧作的主题和情感。

（一）人物语言（台词）

台词是戏剧中角色的语言，是人物的性格、思想感情活动的直接体现。它通过不同形式的对话和独白，旨在突出剧中人物的个性，体现其内心世界，推动剧情发展。台词包括以下几种类型。

1. 对白

对白是戏剧中最常见的表达形式，它通过角色之间的交流和互动，展示了剧中的主要事件和冲突。对白的艺术处理包括语言的选择、对话的节奏和情感的投入，这些都对角色塑造和剧情推进有着决定性的影响。优秀的对白能够引起观众的共鸣，激发他们的想象力，使得戏剧的情节更加生动和引人入胜。例如，在莎士比亚的《罗密欧与朱丽叶》中，主人公之间的爱情对白不仅描绘了他们之间深切的爱情，也推动了整个故事的发展。

2. 独白

独白是角色内心世界的直接反映，通常在剧情发展的关键时刻出现，能帮助观众更深入地了解角色的内心想法和情感变化。独白可以是自问自答，也可以是对自己或对未来的反思，是戏剧中情感和思想表达的高潮。在处理独白时，演员需要通过语言、情感和身体语言的配合，准确地反映角色的内心世界。例如，在《哈姆雷特》中，哈姆雷特（Hamlet）的独白“生存还是毁灭”，深刻揭示了他对生命、死亡和复仇的复杂思考。

3. 旁白

旁白通常由剧中角色或第三者完成，向观众介绍背景信息、解释情节或表达剧作家的观点。旁白可以连接场景，过渡时间，也可以提供剧情的背景知识，帮助观众更好地理解故事。旁白的使用需要精心设计，以确保它不会打断剧情的自然流动，同时能有效地补充和丰富剧情内容。例如，在古希腊悲剧中，合唱团的角色常常用旁白的形式来叙述神话背景，为观众提供了更深层次的思考。

（二）舞台说明

舞台说明在戏剧作品中扮演着极其重要的角色，它不仅是对物理空间的描述，更是创造特定情绪、氛围和深化人们对剧情理解的重要工具。通过详细的舞台说明，剧作家能够向导演、演员和观众传达场景的视觉和听觉效果，以及人物之间互动的方式。

1. 场景布置

舞台说明中的场景布置详细描述了剧情发生时的物理环境，包括地点、时间、天气条件以及周围的物品布局等。这些描述不仅帮助观众在心中构建起剧情发生的具体场景，还能够增强剧作的现实感和观众的沉浸感。在《樱桃园》中，作者通过精细的场景布置，描绘了一个旧时代的庄园和即将到来的新社会，为观众提供了丰富的历史和社会背景。

2. 人物动作

舞台说明中还会包含人物的具体动作，如走动、表情变化、身体语言等，这些动作细节对于观众理解人物性格和情绪状态至关重要。通过精确的动作描述，剧作家能够加强人物之间的互动，增加戏剧的张力和表现力。在《等待戈多》中，贝克特（Beckett）通过对主角不断重复的无目的行走和对话中断的精确描述，表达了作品的荒诞主题和人物的心理状态。

3. 光线变化

光线在舞台说明中也占据重要位置，它能够影响观众的情绪反应，强化某一时刻的氛围。光线的变化可以预示剧情的转折，强调重要场景或突出某个角色。例如，在《死亡之屋》中，光线的变化用来突显剧中人物面临的内心挣扎和情绪波动，增强戏剧的情感冲击力。

戏剧语言区别于日常语言，它需要具备一定的艺术性和表现力。这不仅包括台词的选择和构造，也涉及表达方式、语气、语调的艺术处理。良好的戏剧语言能够有效激发观众的情感共鸣，增强戏剧的吸引力和感染力。因此，戏剧语言要求既通俗易懂，又具有一定的深度和美感，能够适应舞台表演的需要，满足不同观众的审美需求。戏剧语言需具有强烈的口语化特征，使之适合舞台表演，并能直接触及观众的情感。口语化不仅意味着语言的自然流畅，还要能够体现出角色的社会地位、教育背景、个性特点和心理状态。性格化的语言能够使角色的对话和独白与其个性特征紧密相连，增强人物形象的真实感和深度。

潜台词是戏剧语言的一个复杂层面，指的是角色台词未明确表达但可以感知到的意义，如角色的真实动机、隐藏的情感和未言明的意图。通过潜台词，剧作能够留给观众更大的想象空间，促使观众深入思考角色的内心世界和剧情的深层含义。戏剧语言的动作化指的是语言与角色的身体动作、表情和整体演出形式的结合。在戏剧中，语言不仅是沟通的工具，更是一种行动，能够显现人物的思想和情绪。动作化的语言强调了语言与肢体语言的和谐统一，使得角色的每一句台词都充满了行动性和生命力，加深了剧情的感染力和说服力。戏剧语言的这些内涵要素共同作用，使得戏剧作品能够在舞台上生动呈现，触动观众的心灵，引发观众深层的情感共鸣和思考。

二、文化视野与戏剧语言

在文化视野下，戏剧语言不仅是表达和沟通的工具，而且是文化交流和文化冲突的载体。戏剧语言的特征在不同文化背景下展现出独特的风貌，以下几点是其主要特征。

（一）文化特色的体现

戏剧语言深深植根于其所属的文化之中，通过特定的词汇、成语、俗语等表达方式，反映出该文化的价值观、习俗和历史。例如，中国古典戏剧在语言上运用了大量的诗词和典故，展示了深厚的中国传统文化底蕴；而西方戏剧则更多地反映了个体主义和探索人类心理的主题。

（二）语言和身份的关系

在戏剧中，语言是构建和表达角色身份的关键工具。角色使用的语言风格、方言、词汇选择以及说话方式往往直接反映其社会地位、文化背景、教育水平和个人性格。例如，在莎士比亚的作品中，贵族角色如哈姆雷特通常使用较为复杂和富有象征意义的语言，而底层人物如《罗密欧与朱丽叶》中的护士，则使用更直接、朴素甚至粗俗的语言。这种差异不仅揭示了角色的社会地位和文化身份，也增加了戏剧的层次感和真实感，使角色更加饱满和立体。

通过细致入微的语言描写，戏剧作品能够在没有直接描述的情况下，通过角色的言语为观众描绘出一个人的生活环境、教育背景和社会关系网络，使角色的社会身份和个人特质得以充分展现。

（三）文化冲突与融合

跨文化戏剧作品中，语言成为文化差异、冲突与融合的生动载体。通过不同文化背景角色之间的交流，戏剧能够展示文化间的相互作用和影响，如误解、偏见、冲突以及最终的理解、尊重和融合。例如，在托尼·库什纳（Tony Kushner）的《安琪拉的灰烬》中，多样化的角色背景和他们之间复杂的交流，展现了不同的文化观念和价值冲突以及人与人之间相互理解的可能。

在这样的戏剧作品中，语言不仅是角色交流的工具，也成为展现文化碰撞、探索身份认同的场域。对话和冲突中的语言选择、表达方式，甚至误解和沟通障碍，都深刻地反映了文化间的差异和共通之处。通过角色之间的互动，观众得以见证不同文化背景下的人们如何通过交流和相互理解，克服心理障碍，实现对文化的相互尊重和文化融合。

（四）语言的象征意义

戏剧语言的象征意义在于它将抽象的文化主题和社会现象浓缩于具体的言语或对话中。这种象征手法的使用不仅丰富了文本的内涵，也为观众提供了一种深入了解作品背后含义的方式。戏剧通过言语的象征性表达，不仅展示了个人的命运，更是批判和反思了整个社会文化的价值观念。

（五）翻译和改编中的文化适应

在戏剧的翻译和跨文化改编中，语言不仅需要传达原作的意义，更需要在新的文化语境中重新获得生命。这要求译者和改编者深刻理解原作的文化背景和语言风格，同时考虑目的语文化的特点和受众的接受度。例如，将莎士比亚的戏剧翻译成其他语言时，译者不仅需要保留其原有的诗意和节奏感，还要让这些语言在新的文化环境中能够被理解和欣赏。在跨文化改编中，如果要将古典戏剧置于现代背景中，改编者需要在保留原有精神的同时，适当调整人物语言，使其反映现代社会的语境和观众的期待。

第二节 文化视野下诗歌语言研究

一、诗歌语言的概念内涵

诗歌语言是指诗歌创作中运用的语言艺术手段，它以独特的紧凑性、凝练性和象征性区别于其他文学形式的语言。诗歌语言的核心特征在于其能够通过最少的文字表达最丰富的意义，创造出深邃的意境和强烈的情感效果。这种语言的使用不仅要求诗人谨慎选择词汇，以实现言简意赅的效果，同时要求诗人在有限的语言空间内展现出深厚的思想内容和精确的情感表达。

（一）情节与精练并重

诗歌中的精练不仅体现在文字上的删减，更体现在情节、意象、情感与哲理的融贯和提炼。一首优秀的诗歌能够在简短的句子中包含复杂的故事线索，展现人物情感的变化，或是对自然景物的微妙描绘。通过这种方式，诗歌语言达到了一种高度的经济性，使得每一个词、每一句话都充满了力量和深意。王之涣的《登鹳雀楼》不仅描述了登高远望的壮阔景象，还隐含了诗人对更广阔视野和更高目标的追求。诗人通过对自然景观的描绘，传递出对时间和空间的深刻感悟，以及人们不断追求的进取精神。这种表现技巧使得简短的诗句蕴含了诗人的深刻思考和丰富的情感，实现了情节与言语的高度凝练。

（二）一词多义的技巧

诗歌语言的精练还体现在此句的多义性方面。这种多义性使得诗歌的层次更丰富，从而使读者在阅读过程中能够不断发现新的意义和美感。同时，这种技巧要求诗人在创作时富有创意，能够巧妙地运用语言，使其既准确又含蓄地表达所要传达的思想和情感。孟浩然的古诗《春晓》中“春眠不觉晓，处处闻啼鸟”中的“春眠”不仅描述了春天早晨的宁静和舒适，也隐喻了诗人对世事的无奈和对美好时光的流逝的感慨。同时，“处处闻啼鸟”既直观描绘了春天生机勃勃的景象，也寓意了诗人对美好未来的向往。这种言简意赅的表达，让诗歌富有多重解读的可能，增加了诗歌的艺术魅力和思想深度。

（三）借景抒情与象征意义

诗歌语言的一个重要特点是借景抒情，即通过对自然景物的描绘来表达诗人的情感。这种景与情的交融不仅丰富了诗歌的内涵，也增强了诗歌的象征意义和美学价值。通过对景物的细腻描绘和情感的深刻抒发，诗歌语言构建了一个充满意象和象征的艺术世界，引领读者进入更深层的精神和情感世界。苏轼的《赤壁怀古》中的经典名句“大江东去，浪淘尽，千古风流人物”。通过对赤壁大战的回忆和江水东流的描绘，不仅表达了诗人对英雄人物的怀念，也象征了世事变迁和英雄无用武之地的无奈。通过这样的景物描绘和情感抒发，诗歌展现了对历史的沉思和对人性的深刻理解，让读者在欣赏自然美景的同时，能感受到诗人深邃的哲理思考。

（四）节奏与韵律的和谐

诗歌语言不仅在意义上富有艺术性，形式上的节奏和韵律也是其不可或缺的特点。节奏和韵律的和谐为诗歌带来音乐之美，使得诗歌在朗读时能够产生独特的韵律感和音乐感。这种音乐性不仅能增强诗歌的艺术感染力，还能加深读者对诗歌情感和意境的体验。诗歌通过固定的韵脚、节奏的变换以及音节的排列，构建起具有韵律美的语言结构，使得每一句诗都像乐曲中的一段旋律，和谐而富有表现力。

例如，李白的《静夜思》“床前明月光，疑是地上霜。举头望明月，低头思故乡”，简单的四句话，通过韵律的匹配和对节奏的把控，营造出一种宁静的氛围。这种韵律和节奏的和谐，使得诗歌在传达情感的同时，能给人以美的享受。在创作和欣赏诗歌时，节奏和韵律的把握是非常关键的。一方面，诗人通过对节奏和韵律的巧妙运用，赋予诗歌独特的声音美；另一方面，读者通过朗读或默读诗歌，体验到诗歌的韵律之美，进一步感受到诗歌蕴含的深意和情感。总之，节奏与韵律的和谐是诗歌语言美感的重要来源，是诗歌区别于其他文体的显著标志。

二、文化视野与诗歌语言

在文化视野下，诗歌语言不仅是艺术表达的载体，更是文化内涵和价值观念的传递者。以下是文化视野下诗歌语言的一些特征。

（一）文化象征性

诗歌语言通过特定的文化符号传达了深层的文化意义。杜甫的《春望》中的“国破山河在，城春草木深”不仅描绘了战后荒凉的景象，还象征着对国家和平的深切期盼，体现了中国古典文化中对家国情怀的重视。在中国古代诗歌中，诸如月亮、江水等自然元素往往被赋予了丰富的文化内涵，成为表达离合之情的象征。这类象征不仅丰富了诗歌的意蕴，也让诗歌成为传递和保留文化记忆的重要媒介。

（二）文化差异与融合

在跨文化诗歌翻译和创作中，诗歌语言展现了不同文化之间的差异和融合。《荒原》作为艾略特（Eliot）跨文化融合的代表作，其文化差异与融合的深度体现在诗歌对人类共通情感的探索上。艾略特通过跨文化的文本引用，构建了一个多层次、多维度的文化对话平台，使得西方现代诗歌与东方古典文化产生了深入的互动。这种跨文化的融合并非简单的拼接，而是在深层次上对不同文化中的普遍主题和人类经验的探讨。艾略特引用了佛教经典和梵文典籍，试图通过这种跨文化的对话来寻找人类存在的普遍价值和精神寄托。这种尝试不仅拓宽了西方诗歌的文化视野，也为文化交流和理解提供了新的思路和可能性。通过这种跨文化的融合，诗歌成为连接不同文化、促进文化理解和沟通的桥梁。

（三）地域文化的反映

诗歌语言能够反映特定地域的文化特色。罗伯特·弗罗斯特（Robert Frost）的《雪夜林边小憩》通过对冬季宁静雪景的描写展示了新英格兰地区特有的自然美景，更深层次地传达了诗人对简单、平静生活方式的向往以及对大自然力量的敬畏。这种诗歌不仅为读者提供了一种视觉和情感上的享受，也促使读者对自己的生活环境和文化背景进行审视。在不同地域文化背景下创作的诗歌，能够成为人们理解和欣赏这些地域文化的窗口，加深人们对不同地域文化特色和价值的认识。

（四）历史文化的回响

诗歌语言常常是历史和文化记忆的载体。叶芝（Yeats）的《复活节，1916》不仅是对历史事件的记述，更是对爱尔兰民族精神的深刻探讨和颂扬。这样的诗歌不仅具有历史纪念意义，更启发了人们对于民族身份、历史遗产和人性等更广泛话题的思考，表明了诗歌语言在文化传承和思想启蒙中的重要作用。通过历史文化的诗歌创作，诗人和读者能够在对过去的回望中获得对未来的启发，从而增强对文化传统的理解和尊重，推动文化的持续发展和传承。

第三节 文化视野下小说语言研究

一、小说语言的概念内涵

小说语言是指小说创作中所使用的具体文字和表达方式，它是小说艺术的重要组成部分，通过文字塑造人物形象、叙述故事情节、描绘环境背景，以及表达作者的思想情感。小说语言不仅是一种简单的信息传达工具，更是一种艺术表达方式，它能够让读者在阅读过程中感受到作品的美感，同时深入理解作品所要传达的深层意义。

（一）人物形象塑造

小说的魅力很大一部分来自其对人物形象的深刻塑造。小说语言在这一过程中发挥着至关重要的作用。通过细腻的心理描写，作者能够展现人物在特定情境下的内心活动，使读者能够深入理解人物的性格和动机。在托尔斯泰（ЛеВ Николаевич Толстой）的《战争与和平》中，不同人物的内心独白和对话生动地展现了他们对生活、爱情、战争的复杂感受，使得每个人物都鲜活而充满深度。小说语言通过对话和内心独白等形式，赋予人物独特的声音，通过这些声音反映出人物的个性和发展变化，使得读者对人物有更加全面和深刻的理解。

（二）故事情节叙述

在小说中，故事情节的叙述起到了引领读者进入故事世界的作用。小说语言在这一过程中扮演了至关重要的角色。通过语言的选择和运用，小说能够将日常生活中琐碎、平凡的事件转化为具有吸引力和情感深度的故事。加西亚·马尔克斯（Gabriel García Márquez）的《百年孤独》中，通过细腻的语言描绘了布恩迪亚家族世代的兴衰，使得复杂的情节和历史背景得以高度概括和艺术化地展现给读者。小说通过人物对话、事件进展和转折等，构建了一个既真实又超现实的世界，深刻地探讨了人性和社会的主题。

（三）环境背景描绘

环境背景的描绘是小说构建故事世界的基石之一。小说中的环境背景描绘不仅是描绘山川、城市或室内的布置，更是通过这些描绘反映出人物的内心世界和小说的主题。夏目漱石的《我是猫》通过猫的视角观察人类社会，细腻地描绘了明治时期的日本社会环境，反映了人物的心理状态和社会变迁。在托马斯·哈代（Thomas Hardy）的《远离尘嚣》中，作者对英格兰乡村的描绘不仅展现了当时社会的风貌，也成为反映主人公内心情感的背景。通过对环境的具体描写，小说语言构建了一个充满象征意义的舞台，使得读者能够更加深刻地理解人物的行为和作品的主题。

（四）思想情感表达

小说作为文学的一种形式，其语言不仅承载着叙事的功能，更是作者思想情感的直接展现。通过细腻的心理描写、富有哲理的对话等，小说语言成为作者与读者之间情感和思想交流的桥梁。简·奥斯汀（Jane Austen）在《傲慢与偏见》中，通过细致的心理描写和机智的对话，展现了人物复杂的情感世界和对社会阶层偏见的批判。俄国作家陀思妥耶夫斯基（Фёдор Михайлович Достоевский）的《罪与罚》则通过主人公的内心独白和与他人的对话，深刻地探讨了罪与救赎、自由与责任的主题。这些作品中的小说语言，通过表达作者对生活的理解和感受，触动读者的心灵，引发读者的共鸣。

（五）语言风格创新

小说语言的创新是文学发展的重要推动力。不同的语言风格不仅能够体现作者的独特个性，也能为读者带来全新的阅读体验。美国作家海明威（Hemingway）在其作品中采用了简洁有力的语言风格，这种所谓的“冰山理论”在《老人与海》中得到了充分体现，作者通过简练的语言展现了人物的内心世界和对自然的敬畏。中国现代小说家鲁迅则通过运用饱含生活气息的口语和方言，创造了既生动又具有深刻社会批判意义的文学作品，如《阿Q正传》。这些作品中的语言风格创新，不仅展现了作者对语言的深刻理解和掌握，也使得小说作品具有了独特的艺术魅力和时代价值。通过这样的语言创新，小说语言成为探索人性、表达思想情感、反映社会现实的强有力工具。

二、文化视野与小说语言

在文化视野下，小说语言的特征具有丰富的层次性和多样性，主要表现为以下几个方面。

（一）文化符号的运用

文化符号在小说语言中的运用是将深层次的文化元素和象征意义融入小说的叙述之中，从而丰富小说的内涵，增加小说的艺术魅力。这些文化符号可能是特定的词汇、成语、典故、传说、习俗等，它们背后承载着丰富的文化信息和深刻的象征意义，通过这些文化符号的运用，小说不仅能够传达更为复杂和深刻的主题，还能够让读者产生共鸣，进而产生更深层次的思考。

在中国古典小说中，小说作者经常会运用“凤凰涅槃”这一象征重生和希望的典故来描述人物经历重大变故后的再次崛起；或者使用“鲲鹏展翅”来象征人物雄心壮志。这些典故和象征不仅增加了语言的文化深度，也使得小说的主题更加丰富和深刻。在西方文学中，如在海明威的《老人与海》中，大海象征着人类面对自然和命运时的孤独与挑战，而老人与大鱼的斗争则象征着人类不屈不挠的精神。这些文化符号和象征手法的运用，不仅让小说故事本身更加引人入胜，也使得作品具有了更深远的思想意义。又如日本作家川端康成在其作品《雪国》中，通过对雪国的描绘，不仅展现了日本北部地区独特的自然景观和生活方式，还寓意了人物内心的冷漠和孤独，这种对自然环境的描写和文化符号的运用，使得整个故事充满了深邃的文化意味和哲理。

（二）社会文化背景的反映

一定的社会文化背景不仅为小说提供了丰富的内容，还使小说成为人们了解特定时期社会和文化的窗口。小说通过其语言的细腻描绘，映射了作者所处时代的社会现状、人们的生活状态以及广泛的文化观念。弗朗茨·卡夫卡（Franz Kafka）的《变形记》通过主人公格里高尔·萨姆沙变成一只巨大虫子的奇幻故事，深刻反映了现代社会中个体的异化、孤独和无力感。卡夫卡的小说语言简洁而富有象征意义，他对社会的批判和个人境遇的描绘，折射出20世纪初期欧洲社会的混乱和人性的困境。

加西亚·马尔克斯的《百年孤独》通过魔幻现实主义的叙事手法，讲述了布恩迪亚家族七代人的故事，反映了拉丁美洲的历史、政治和文化。这些小说通过其独特的语言风格和叙事技巧，不仅展现了作者对其所处社会文化背景的敏锐观察和批判，也为后来的读者提供了理解不同文化和历史的重要视角。

（三）跨文化交流与翻译

跨文化交流与翻译是小说语言在全球化语境中极其重要的一环，它关乎如何将一种文化的故事、思想和情感准确而生动地传达给另一种文化的读者。成功的小说翻译不仅能够使作品跨越语言的障碍，还能跨越文化和思维方式的差异，使全球读者都能共享人类共有的文化遗产和创新思想。

例如，哈拉尔德·贝尔格（Harald Berger）的《苏菲的世界》，是一部讲述西方哲学历史的小说，原文为挪威语。当该书被翻译成其他语言，如英语、汉语等时，翻译者不仅要准确传达该书的文本内容，还要使其适应目的语文化中人们的阅读习惯，确保读者能够读懂本书。这就要求翻译者具备深厚的哲学知识、语言技巧以及对两种文化的深刻理解。

莫言的《红高粱》是一本展现了20世纪中国农村生活和历史变迁的小说。这部作品充满了浓厚的地方色彩，它以山东高密地区的乡土文化和历史为背景，语言风格独特，充满了鲜明的地方特色和丰富的文化象征。在《红高粱》的翻译过程中，翻译者面临的挑战之一是如何准确传达作品中独有的地方色彩和文化内涵，同时使其适应目的语文化中人们的阅读习惯。小说中广泛使用了山东方言和乡土俗语，这些方言和俗语不仅使小说更具特色，也增强了故事的真实感和文化深度。在翻译成英语或其他语言时，翻译者需要找到恰当的方式来表达这些方言和俗语的意义，既不能过分本地化，失去原文的文化特色，也不能过分外来化，使得读者难以理解。

翻译者可能会采用注释、译注或在译文中保留一些不易翻译的词，并提供解释，以此来平衡原作的文化特色和读者的可读性。通过这种方式，莫言的《红高粱》不仅在中国内地广受欢迎，也成功地走向了世界，成为全球读者了解中国乡土文化和历史变迁的重要窗口。

第四节 文化视野下散文语言研究

一、散文语言的概念内涵

散文语言是表达个人见解、感受和体验的一种文学形式的语言。它以自由灵活、贴近生活的特点而著称，不受传统韵律或格律的限制，旨在通过直接、自然的表达方式，传递作者的思想情感和审美追求。散文语言的核心在于其能够反映现实生活的多样性，通过对日常生活的观察和思考，揭示人性的复杂和世界的奥妙。

散文的内涵十分丰富，既可以是对自然风光的描绘、对社会现象的评论，也可以是对个人经历的回忆或对人物性格的刻画。它的语言风格多种多样，可以是平实无华、清新自然，也可以是华美绚丽、富有诗意，但都追求言之有物、意味深长。散文语言的魅力在于它的亲切和真诚，能够让读者在阅读过程中产生共鸣，感受到作者的情感世界和独特视角。

在结构上，散文往往呈现出灵活多变的特点，没有固定的模式，其既可以是紧凑的叙述，也可以是松散的联想，反映了散文的自由本质。在笔法上，散文注重细节的刻画和情感的渲染，其通过对具体事物的描写来反映抽象的思想和情感，使作品具有丰富的象征意义。

（一）个性化的表达

散文语言的个性化体现为作者通过独特的视角和声音来表达自己的思想和感受。每个作者都有自己独特的生活经历和情感体验，这些经历和体验在散文中得以自由地表达出来，形成了鲜明的个人风格。这种个性化的表达，使得散文具有了与众不同的艺术魅力，能够吸引读者进入作者的内心世界，感受其独特的情感和思想。朱自清的《荷塘月色》用细腻的笔触勾勒了一幅美丽的荷塘画卷，折射出作者对生活的热爱和对美的追求。朱自清的个性化表达，使读者能够感受到他独有的情感世界和审美情趣。

（二）情感化的渲染

散文语言的情感化，则是通过细腻的语言和丰富的情感，把读者的心灵带入一个充满情感色彩的世界。作者通过对自然风光的描绘、对人物的刻画和对事件的叙述，展现出强烈的情感倾向，使读者在阅读中产生强烈的共鸣，感受到作品中蕴含的情感力量。海子的《面朝大海，春暖花开》以简洁而充满力量的语言，表达了对自由、爱与希望的向往，这种强烈而纯净的情感，直击人心，激发读者对美好生活的向往和追求。

（三）结合效果

散文语言的个性化和情感化特点相结合，形成了一种独特的艺术表现力。它不仅能够传达作者的独到见解，还能够引发读者的情感共鸣，使读者在阅读的过程中既是思想的旅行者，又是情感的体验者。

二、文化视野与散文语言

在文化视野下，散文语言展现出独有的特征，这些特征不仅深深植根于其所处的文化土壤中，同时跨越文化边界，与读者产生共鸣。

（一）文化内涵的丰富性

散文作为一种文学形式，深受其作者文化背景的影响，具有丰富的文化内涵。如鲁迅的散文作品，鲁迅作为中国现代文学的奠基人之一，其散文深刻地体现了中国传统文化与现代思想的碰撞与融合。他的散文不仅抒发个人情感，更是对社会现象、文化价值和传统美学的深刻反思。

例如，《阿Q正传》。虽然《阿Q正传》被归类为小说，但其实质和精神更贴近散文的自由探索和文化批判。在这部作品中，鲁迅通过对阿Q这一角色的刻画，深刻揭示了当时中国社会的种种问题，如封建残余、人民的愚昧和精神的奴役等。鲁迅利用其犀利的笔触，结合对中国传统文化的深刻理解和批判，在作品中展现了他对于中国社会变革的深切期望和对传统与现代冲突的深刻思考。鲁迅的另一篇散文《从百草园到三味书屋》，通过回忆童年生活的经历，描绘了作者对传统教育的体验与思考。这篇作品不仅展现了作者的成长经历，更是对传统教育制度和文化传承方式的反思，展示了作者对于文化和教育革新的渴望。

（二）地域特色的体现

散文的语言和内容往往与作者的地域背景密切相关，通过描绘特定的地域风情，反映出不同地域的文化特色。南方散文和北方散文在风格和主题上的差异，便是一个典型的例子。

南方散文，如沈从文的《湘行散记》等作品，经常描绘湘西的山水、风土人情，以及那里细腻的生活方式和厚重的历史文化底蕴。沈从文的散文充满了对自然的热爱和对人性的深刻洞察，他以细腻的笔触描绘了湖南山村的自然风光和人们的生活状态，通过对小镇生活的细腻描写，展现了南方文化的柔美和深邃。相对于南方散文的温婉细腻，北方散文则往往展现出更为广阔的视野和豪迈的情感。例如，贾平凹的《废都》，虽然《废都》是小说的形式，但其在描写陕西关中平原的壮阔景象和人物豪放的性格时，也体现了北方散文的特点。贾平凹通过对关中大地和人物性格的描绘，展示了北方人的坚韧和北方地域的辽阔，反映出北方地域文化的特色和精神。

无论是南方的温婉与细腻，还是北方的豪迈与坚韧，地域特色都在散文中得到了生动的体现。通过这些作品，读者不仅能够领略中国各地不同的自然风光和人文景观，还能深刻理解地域文化对作者创作风格和主题选择的深远影响。

（三）语言与文化传承的关系

散文语言是文化传承和创新的重要载体。通过散文，古老的文化元素和传统思想在现代语境下得以重新诠释和发扬。同时，散文是文化创新的实践场，新的生活方式、思维模式和语言风格在散文中得以体现和流传。这种传承与创新的双重特性，使散文语言成为连接过去与现在、传统与现代的桥梁。

语言是文化传承的重要工具，散文语言以其独特的形式承载着文化的精髓和传统的智慧。苏轼的《赤壁赋》是一个经典的例子，展示了散文在文化传承中的作用。苏轼通过对赤壁之战的描写和对月夜江景的描绘，不仅表达了自己的思想情感，也反映了宋代文人的哲学思考和审美情趣。《赤壁赋》中蕴含的对自然和人生的感悟，以及对历史的回顾，是中华文化特有的历史观和自然观的传承，体现了散文作为传承文化和传统思想的重要载体的作用。

在现代，林清玄的散文则代表了现代散文在文化传承与创新中的另一种面貌。林清玄的作品深受佛教思想和中国传统文化的影响，这些作品不仅传承了中国的哲学思想，也融入了现代人的生活感悟和心灵探索，使得古老的文化在当代社会中焕发出新的光彩。林清玄通过简洁深刻的语言，将佛教哲学与日常生活紧密结合，展现了传统文化在现代社会中的重要作用。

（四）跨文化交流的平台

在文化多元化的背景下，散文语言成为不同文化之间交流的重要平台。通过翻译和国际出版，散文作品跨越语言和文化的界限，使得不同文化背景的读者能够通过散文语言感受到其他文化的美。这种跨文化的交流不仅丰富了散文语言的表现力，也促进了不同文化之间的相互理解和尊重。

钱锺书的《围城》虽然以小说形式出现，但其散文般的语言和对话充满了对中国传统文化和西方文化差异的深刻洞察。钱锺书通过对主人公方鸿渐在中国与欧洲的经历的叙述，展示了东西方文化的冲突与融合。虽然《围城》主要探讨的主题是婚姻和爱情，但其间不乏对文化差异的深刻讨论，使其成了一座跨文化交流的“桥梁”。通过诙谐而深刻的笔触，钱锺书不仅让中国读者感受自身文化的独特性，也为外国读者提供了一扇观察和理解中国社会和文化的窗口。

这些作品的国际传播和读者接受不仅证明了散文语言在跨文化交流中的重要作用，也展示了文学作品在促进文化理解和文化多样性方面的巨大潜力。通过阅读不同文化背景的散文作品，读者能够突破地域和语言的限制，感受到人类共有的情感和思想，加深对异文化的理解。

第十章　文化视野下应用语言学探索——翻译理论与实践

第一节　文化视野下翻译理论研究

一、文化视野下的中国翻译理论

（一）严复的翻译理论

严复的“信达雅”理论在中国翻译学界享有极高的声誉，被视为翻译实践和理论研究的重要指导原则。然而关于这一理论的讨论和争议也一直存在。其原因在于“信”“达”“雅”这三个字作为翻译指导原则虽然简洁，但严复并未对其进行详尽的科学论证，留给后人广泛的解读空间。本章旨在从文化翻译的视角出发探讨“信达雅”理论的深层文化含义及其在翻译实践中的应用。

“信达雅”理论的核心在于“信”，即翻译工作应忠实于原文的思想内容和情感表达，保证译文的准确性是翻译的首要任务。“达”的提出强调了翻译语言的通顺性，即在保证译文忠实于原文的基础上，还要考虑到译文的流畅性和易懂性，确保读者能够顺利理解译文的意思。而“雅”则被置于理论的最后一环，反映了严复对翻译文本语言风格的考量，即翻译语言不仅要准确、流畅，还应高雅、洗练。

关于“雅”的理解，有学者认为它指向的是古汉语的字法和句法，显得过于传统和陈旧。然而从更深层的文化角度来看，“雅”在严复的翻译理论中，实际上强调的是翻译文本应当追求的文化品质和审美价值。在严复所处的时代背景下，“雅”字的选用具有深远的文化内涵，它代表的是一种高雅、简洁而庄重的文化追求。严复认为，译者应深入理解原作的精神实质，并用高雅的语言将其表达出来，这样的译文才能赢得读者的尊重和信任。[①]

“信达雅”理论展现了其深邃的文化翻译理念，强调翻译不仅是语言的转换，更是文化的传递和沟通。翻译活动应当兼顾忠实于原文、通顺易懂和语言的文化审美，旨在促进中西文化的交流，推动社会进步。总之，严复的“信达雅”不仅是翻译实践的指导原则，更是人们在翻译活动中的文化和审美追求，对后世的翻译学研究和实践具有深远的影响。

（二）钱锺书的翻译理论

钱锺书，一位跨文化学术背景深厚的文化巨匠，在中国翻译领域留下了不可磨灭的印记。钱锺书毕业于清华大学，在欧洲深造的经历使他在翻译实践和理论研究上都展现出了卓越的才华。特别是他提出的“化境说”已成为中国传统翻译思想中的重要组成部分。钱锺书的翻译作品，充分体现了他对于原作精神的深刻把握和对目的语的精准运用。这些翻译不仅忠实于原文，同时达到了艺术再创造的效果，展示了钱锺书对翻译艺术的独到理解和高超的翻译技巧。

“化境说”作为钱锺书的翻译思想精髓，强调翻译不仅要忠实传达原文思想和情感，还要力求译文如同原作者用目的语所作，实现原作的“投胎转世”。这一理论突破了传统翻译的局限，提出了翻译作为一种文化和艺术活动的新理念。钱锺书明白“化境”的达成充满挑战，他认为这一境界虽难以完全实现，但它为译者指明了追求的方向，激励着译者不断提升自我，追求更高的翻译艺术境界。[②]

钱锺书的翻译思想和实践对后世产生了深远的影响，他的“化境说”不仅给译者设定了理想的目标，也为翻译研究开辟了新的视野。他

① 严复．严复读本 [M]. 福州：福建教育出版社，2021：95-108.

② 钱锺书．林纾的翻译 [J]. 中国翻译，1985（11）：2-10.

的成就证明了翻译活动的复杂性和艺术性，推动了翻译学科的发展。在钱锺书的影响下，翻译被人们看作一种跨文化交流和创新表达的重要方式，而不仅仅是简单的语言转换过程。

（三）王佐良的翻译理论

在中国翻译领域具有深远影响的学者王佐良以其独到的见解和深邃的理论洞察，将翻译工作与文化研究紧密联系起来，提出了翻译实践应深植于丰富的文化土壤之中的观点。在他的著作《翻译中的文化比较》和《翻译与文化繁荣》中，王佐良特别强调翻译与文化之间的不解之缘，认为翻译活动不仅是语言转换的过程，更是一种跨文化的交流和互动。

王佐良认为，翻译最根本的挑战来自源语言和目的语背后的文化差异。他指出译者在处理文本时实际上是在两种不同的文化背景之间架起一座桥梁，而这座桥梁的搭建需要译者不仅精通两种语言，更要深刻理解两种文化。因此王佐良强调真正的翻译者必须是具备广泛文化知识和深厚文化理解的“文化人”。王佐良还提出了“翻译是一种文化行为”的理念，强调了翻译研究应当超越纯粹的语言学范畴，融入社会学、历史学以及文化学等多学科的研究视角。他认为通过与比较文化学科的结合，翻译研究可以帮助人们全面理解不同文化的整体性，揭示文化之间的相似性与差异性，从而促进各种文化的相互理解和尊重。[①]

20 世纪 80 年代末至 90 年代初，王佐良的理论观点引起了翻译界的广泛关注，加速了中国翻译理论研究中“文化学派”的兴起。他的文化翻译理论与西方翻译学界同期的“文化转向”相呼应，显示了王佐良在全球翻译研究领域中的前瞻性和影响力。西方学者对“文化转向”的描述，与王佐良的观点不谋而合，共同强调了翻译在文化交流中的积极

① 王佐良．翻译与文化繁荣 [J]. 中国翻译，1985（1）：3-7.

作用，关注翻译如何在不同社会文化环境中发挥影响。

王佐良的文化翻译理论为人们理解翻译的复杂性和重要性提供了新的维度，强调翻译是一种充满创造性的文化行为，其价值远超语言转换本身。通过他的理论视角，翻译被赋予了新的意义，即作为一种促进文化繁荣和多样性理解的桥梁，展现了翻译在经济全球化时代中的重要地位。

（四）许渊冲的翻译理论

20 世纪中国杰出的翻译大师许渊冲以其卓越的多语言翻译能力和深刻的翻译理念，在国际翻译界留下了不可磨灭的印记。他的翻译理论体系，尤其是“三美”“三化”与“三之”理念，为翻译实践与研究提供了宝贵的理论指导。

“三美”理论深刻阐释了许渊冲对翻译本质的理解，即翻译不仅是一种语言活动，更是一种艺术创造。在他看来，翻译应追求“意美”，即在忠实于原文意义的同时，要注重“音美”和“形美”，使译文在音韵和形态上都能达到一种美感，从而实现原文精神与形式的再现。① 接着，许渊冲提出的“三化”理论则从方法论的角度指导翻译实践。“等化”要求译文与原文保持等价的平衡；“浅化”强调以简明易懂的方式呈现复杂内容；而“深化”则要求译者深挖原文含义，确保译文忠实于原文的深层精神。“三化”理论旨在指导译者更好地处理原文与译文之间的关系，以及使译文在语言与文化层面上更加精确和生动。

“三之”理论进一步展现了许渊冲对翻译目的的深刻见解，即翻译应促使读者“知之”（理解异文化）、“好之”（产生对异文化的欣赏）、“乐之”（享受阅读的乐趣）。这一理论强调翻译作为一种文化交流方式的重要性，通过翻译让读者接触并理解其他文化，促进文化之间的相互

---

① 许渊冲．再谈“意美、音美、形美”[J]. 外语学刊，1983（4）：68-75.

尊重与理解。

在 1997 年的国际翻译研讨会上，许渊冲进一步细化了自己的翻译观，他提倡翻译理论应灵活适用，根据实际情况进行调整，强调翻译实践的优先地位。他的“优势竞赛”理念，即最佳翻译不必拘泥于原文的逐字逐句，而应致力恰当地传达原作精神，引发了广泛的学术讨论，促使人们重新思考翻译的本质与目的。

许渊冲的翻译理论不仅是对他个人翻译实践的总结，也为翻译学界提供了重要的研究方向和思考空间。他将翻译视为一种跨文化的艺术创作，强调了翻译者的创造性与文化责任，为后世翻译工作者和研究者指明了追求翻译艺术之美的道路。

（五）葛浩文的翻译理论

作为中国当代翻译学界的重要人物，葛浩文的翻译理念和实践对于中国文学的国际传播起到了不可小觑的作用。在葛浩文的翻译生涯中，他特别强调了作品选择的重要性、翻译忠实性的深刻理解以及翻译作为一种文化改写的观点。[①]

在作品选择方面，葛浩文认为挑选合适的原著进行翻译比翻译本身的技巧更为关键。[②] 他深知跨文化交流中的文学接受差异，因此主张在选择作品时要考虑到目标文化的审美偏好和阅读习惯。这种思维导向使得他在翻译如《北京娃娃》和《狼图腾》等作品时，能够准确把握西方读者的兴趣点，从而推动中国文学在国际上的成功传播。

对于翻译的忠实性，葛浩文持有明确的立场，他认为翻译的根本任务是在保持原作内容和意图不变的基础上，尽可能地传达原作者的思想

① 闫怡恂，葛浩文．文学翻译：过程与标准——葛浩文访谈录 [J]. 当代作家评论，2014（1）: 193-203.

② 闫怡恂，葛浩文．文学翻译：过程与标准——葛浩文访谈录 [J]. 当代作家评论，2014（1）: 193-203.

和情感。他强调，尽管翻译中会不可避免地出现语言风格的变化，但译者必须努力理解原文，忠实地再现原作的精神实质和审美风格，而不仅仅是表面文字的转换。葛浩文进一步提出，翻译实质上是一种文化间的改写活动。[①] 他的这一观点深刻揭示了翻译过程中译者所扮演的角色——既是忠实传递者，也是文化调适者。通过《狼图腾》和《手机》等作品的翻译实践，葛浩文展现了如何通过适度的内容删减和结构调整，使得其译作更加契合目的语文化和读者的预期，同时保持了原作的核心价值和魅力。这种改写不是简单地删减或增补，而是一种深入考虑文化差异、读者接受度和作品内在精神的复杂过程。

二、文化视野下的外国翻译理论

（一）苏珊·巴斯奈特

作为文化学派的代表人物，苏珊·巴斯奈特（Susan Bassnett）提出了在翻译学界具有革命性意义的理论观点，她强调将翻译研究从传统的语言学层面拓展到更为广阔的文化视野中。[②] 她的理论不仅为翻译实践提供了新的指导思想，也为翻译研究开辟了新的路径。

1. 文化是翻译的基本单位

巴斯奈特提出翻译的基本单位应当是文化，而非传统翻译学派所强调的音素、词汇或句子。[③] 这一理念从根本上改变了人们对翻译活动的认识，将翻译工作提升到一种跨文化交流的高度。巴斯奈特认为，语言

① 闫怡恂，葛浩文．文学翻译：过程与标准——葛浩文访谈录 [J]. 当代作家评论，2014（1）：193-203.

② 苏珊·巴斯奈特，黄德先．翻译研究与比较文学的未来：苏珊·巴斯奈特访谈 [J]. 中国比较文学，2009（2）：15-22.

③ 苏珊·巴斯奈特，黄德先．翻译研究与比较文学的未来：苏珊·巴斯奈特访谈 [J]. 中国比较文学，2009（2）：15-22.

与文化之间存在着密不可分的关系，语言是文化的载体，而文化则为语言赋予了深远的意义。[①] 因此在进行文学翻译时，译者不仅要忠实于原文的字面意义，更重要的是要准确传达原文所蕴含的文化内涵和情感色彩。通过这样的翻译，译作才能真正活起来，具有情感和生命力。

2. 翻译文本应实现功能对等

巴斯奈特强调翻译文本应实现功能对等，即译文在目的语文化中应具有与原文在源语言文化中相等的功能。[②] 这一观点指出，翻译不仅是语言的转换，更是功能的转换。译者在进行翻译时，需要考虑到目的语读者的预期和源语言文本在其源语言文化中的作用，从而确保译文能够在目的语文化中实现与原文相同或相近的功能。这种对等不仅体现在信息的传递上，也体现在译文对目的语读者产生的效果上。巴斯奈特的理论还包含了对不同类型文本翻译方法的具体指导。她认为，根据源语言文本的性质和目的语文化的特点，译者应灵活选择翻译策略。对于科技文献等描述性文本，直译可能是较为合适的选择，因为这类文本强调信息的准确传达；而对于文学作品等抒情或叙事性文本，意译或其他更为灵活的翻译方法则更能体现原作的艺术魅力和文化内涵。

3. 重新定位译者角色

在女权主义思想的影响下，巴斯奈特对译者角色的定位做出了深刻的阐释，她对传统翻译理论中译者地位的观点进行了创新性的批判与重构。巴斯奈特将源语言文本与译语文本之间的关系比作社会中的性别角色，指出了传统翻译观念中存在的源语言文本“男性化”主导与译语文

① 苏珊·巴斯奈特，黄德先．翻译研究与比较文学的未来：苏珊·巴斯奈特访谈[J]. 中国比较文学，2009（2）：15-22.

② 苏珊·巴斯奈特，黄德先．翻译研究与比较文学的未来：苏珊·巴斯奈特访谈[J]. 中国比较文学，2009（2）：15-22.

本“女性化”从属的不平等现象。

巴斯奈特表示，翻译不应被视为单向度的、屈从于原文的活动，而是一种充满主体性与创造性的双向互动过程。她认为，译者并非简单地处于被动接受源语言文本的从属地位，而是在翻译过程中扮演着至关重要的角色。[①] 译者需要在理解源语言文化的基础上，根据目的语读者的预期和文化背景，采用恰当的翻译策略，使译文在目的语文化中实现功能对等，展现出译者的主体性与创造力。

译者在处理翻译问题时应具有一定的主动权和灵活性。译者不仅要在源语言文化和目的语文化之间寻找对等的关系，还要考虑到译文读者的认知能力和文化期待，从而决定采取何种翻译技巧。这意味着译者在确保翻译的文化等值性的同时，可以根据需要对原文进行适当的改写，甚至改变其文学形式，以更好地适应目的语文化和读者的需求。

（二）安德烈·勒弗维尔

作为翻译学界重要的学者之一，安德烈·勒弗维尔（Andre Lefevere）的文化翻译理论深刻影响了后来的翻译研究方向。勒弗维尔特别关注翻译过程中文化因素的作用以及这些因素如何影响文学文本的接受与传播。他将翻译视为一种文化间的重写活动，强调翻译不仅是语言的转换，更是跨文化交流和理解的桥梁。[②]

1. 翻译是一种重写

勒弗维尔提出，翻译研究应当关注翻译作为重写的角度。这种重写不仅是文本层面的转译，更包含了权力、意识形态等文化因素的重塑和

---

① 苏珊·巴斯奈特，黄德先．翻译研究与比较文学的未来：苏珊·巴斯奈特访谈[J]. 中国比较文学，2009（2）：15-22.

② LEFEVERE A. Translation，Rewriting and the Manipulation of Literary Fame[M]. London: Routledge，1992：9-66.

再现。[①] 在他看来，翻译作为重写的过程，不仅涉及译者，还有编辑、教师、评论家等专业人员，他们根据自身对原作的理解和解读以及自己的文化背景和价值观，对原文进行再创造。在这一过程中，翻译的动机可能是多方面的，既可能是出于意识形态的考虑，也可能是诗学的追求。

勒弗维尔进一步指出，翻译的功能和形式受到多种因素的影响，其中包括专业人员、主流诗学以及赞助人员。专业人员，如译者和评论家，他们的选择和译作的诗学倾向对翻译有着直接的影响；主流诗学，包括文学方法和文学作用，决定了文学文本如何与社会制度相联系；赞助人员，包括政府机构、出版社等，他们通过经济支持、意识形态倾向、社会地位等方面，影响着翻译作品的产生和流通。勒弗维尔认为，赞助不仅是经济上的支持，更是一种意识形态化的行为，它体现了社会权力结构对文化产品的影响。[②]

2. 诗学、意识形态与翻译

勒弗维尔在探索翻译的深层机制时，特别强调了诗学、意识形态与翻译之间的密切联系和动态互动。他认为，在翻译过程中，诗学和意识形态的影响远超过语言学因素，尤其是当这三者之间发生冲突时，诗学和意识形态应当占据优先位置。[③]

勒弗维尔指出，意识形态的作用在翻译中极为关键，它不仅影响着译者本人的视角和选择，也包括赞助人期望通过翻译传递的特定观念和

① LEFEVERE A. Translation，Rewriting and the Manipulation of Literary Fame[M]. London: Routledge，1992：9-66.

② LEFEVERE A. Translation，Rewriting and the Manipulation of Literary Fame[M]. London: Routledge，1992：9-66.

③ LEFEVERE A. Translation，Rewriting and the Manipulation of Literary Fame[M]. London: Routledge，1992：9-66.

价值。[①] 意识形态因素通常决定着哪些文本被选来翻译，如何被翻译，以及翻译策略的制定。这意味着，翻译不仅是一种语言转换的活动，更是一种文化和意识形态传播的行为。诗学，即目的语文化中的主流文学观念和审美标准，同样在翻译决策过程中扮演着至关重要的角色。诗学标准影响着译文的形式和风格选择，以确保译作能够符合目的语文化的审美期待和文学传统。译者在进行翻译时，必须深入理解并适应这些诗学要求，以实现译文在目的语文化中的自然融入。

（三）玛丽·斯内尔－霍恩比

玛丽·斯内尔－霍恩比（Mary Snell-Hornby）在翻译理论领域以格式塔心理学的整体性原则为基础，提出了一种创新的翻译观点，即翻译应被看作是一种跨文化的转换活动。[②] 在她的理论中，一个文本不仅是文字的集合，更是一个综合了语言、文化背景、经验以及感知的复合体。因此，译者面对的任务远比简单的语言转换复杂得多，他们需要深入理解这个复合体，并将其在目的语及其文化中准确重现。

斯内尔－霍恩比强调，语言是文化的一部分，是由社会群体的期望和社会规范共同塑造的知识、能力和认知的体现。[③] 这意味着，语言能动态地反映出其所属社会文化以及个体文化的特征和发展。因此，一个文本是否能被完整有效地翻译，取决于多种因素，包括文本与其所依赖的特定文化之间的关系，原文和目的语文化之间的时空距离以及二者的文化差异。

同时，斯内尔－霍恩比提到，文本的类型以及目的语文化中的翻

① LEFEVERE A. Translation，Rewriting and the Manipulation of Literary Fame[M]. London: Routledge，1992：9-66.

② ［德］斯内尔-霍恩比．翻译研究：综合法 [M]. 上海：上海外语教育出版社，2001：39-43.

③ ［德］斯内尔-霍恩比．翻译研究：综合法 [M]. 上海：上海外语教育出版社，2001：39-43.

译标准也对翻译的可行性产生了影响。[①] 例如，诗歌由于其含有丰富的象征意义和特殊的语言风格，直接照搬字面意思进行翻译往往无法传达原作的美学价值。她指出，在不同的文化背景下，人们对翻译的期待和标准也有所不同，比如一些文化可能更重视诗歌翻译中韵律和节奏的保留，从而影响译者在翻译过程中的选择和策略。[②]

斯内尔－霍恩比强调了翻译作为一项跨文化交流活动的本质，指出了优秀译者需要具备的关键能力：不仅要精通源语言和目的语，还应深刻理解两种文化。[③] 这意味着，译者在翻译过程中，除语言技能之外，还需具有广泛的文化知识和敏感度。例如，在将一部深刻描绘中国乡村生活的作品翻译成英语时，译者必须了解中国的乡村文化、传统习惯和社会背景。同时，译者需要了解英语读者的文化预期和阅读习惯，以便能够将作品以一种贴近英语读者理解和接受的方式呈现。

第二节　文化视野下翻译原则研究

一、忠实原则

忠实原则要求译者在翻译时尽可能保持对原文内容、风格和文化内涵的忠实，这是确保翻译质量的基石。在实际操作中，这意味着译者需要细致地分析原文的语言特征、文学手法以及背后的文化背景和历史语境，以便在译文中准确反映这些要素。例如，在翻译一本具有浓厚地域

① [德]斯内尔-霍恩比.翻译研究：综合法[M].上海：上海外语教育出版社，2001：39-43.

② [德]斯内尔-霍恩比.翻译研究：综合法[M].上海：上海外语教育出版社，2001：39-43.

③ [德]斯内尔-霍恩比.翻译研究：综合法[M].上海：上海外语教育出版社，2001：39-43.

文化特色的小说时，译者需要深入了解该地的风俗习惯、方言以及相关的社会文化背景，确保这些地域特色在译文中得到合理的体现和解释。这不仅是对语言文字的忠实复制，更是对原文所蕴含的文化精神和情感氛围的再现。

忠实原则也要求译者对原作者的意图保持敬畏和尊重。这意味着，在面对可能存在多种解读的文本时，译者应通过深入研究、参考原作者其他作品甚至是作者本人的评论等方式，尽可能还原作者的原意。例如，翻译莎士比亚的戏剧作品时，除了对文字意义的忠实翻译外，译者还需要充分了解莎士比亚所处时期的社会文化背景，以确保戏剧中的双关语、幽默和讽刺等元素在译文中得以有效传达。这种深层次的忠实不仅是对原文的致敬，也是对目的语读者的负责。

二、等效原则

等效原则指导译者在保持原文意义忠实的基础上，寻找目的语中能够等效表达原文内容、风格和情感的方式。例如，在翻译中国古诗时，由于中英文诗歌的韵律结构存在巨大差异，直接翻译很难复现原诗的韵律美感。此时译者就需要创造性地在英文中寻找或构建与原诗等效的韵律和节奏，以达到与原作相同的艺术效果。

等效原则还要求译者在处理特定文化元素，特别是那些难以直接翻译的文化符号、习俗和概念时，寻找目的语文化中的等效表达或通过适当的解释和注释来帮助读者理解。

例如，英语中的 knight-errantry 一词源自中世纪欧洲的骑士文化，指的是骑士为了追求荣誉和正义，四处流浪、完成各种任务的行为。这种文化背景和骑士精神在中国历史和文化中没有直接对应的现象，因此在翻译成汉语时，仅仅使用“骑士精神”或“游侠”等词可能无法完全传达原文中所蕴含的文化内涵。

为了更好地实现文化上的等效传达，译者可以选择通过注释或引入解释性文本的方式，为读者提供必要的文化背景信息，让读者理解knight-errantry所特有的文化内涵。例如，译者可以在译文旁边添加注解，即骑士游侠（knight-errantry）指的是中世纪欧洲骑士四处流浪、扶危救困、寻求荣耀的传统行为模式，体现了一种理想的骑士精神。有了这样的解释，即使是对中世纪欧洲文化缺乏了解的中国读者，也能够更好地理解和欣赏原文的文化精神和价值观。

译者还可以在翻译实践中寻找汉语中与knight-errantry所体现的精神相似或相近的文化元素或历史人物，以帮助读者在文化差异中找到共鸣点，实现更加生动和深入的文化交流。

三、透明原则

透明原则要求译文自然流畅，尽可能让读者感觉到译文如同其母语作品一样，不带有明显的翻译痕迹。这不仅要求译者具备高超的翻译技巧，还要求他们对目的语文化有深刻的理解和敏感的洞察力，能够在保持原文意义和风格的基础上，使译文在目的语文化中显得自然和适宜。

在汉英翻译实践中，例如，当把中国古典诗歌翻译成英文时，单纯直译往往难以传达原文的意境和韵味。假设原文是“月落乌啼霜满天，江枫渔火对愁眠”，如果将其直译为“The moon sets, crows caw and frost fills the sky; river maples and fisherman's lights face my sleep filled with sorrow.”，虽然这样的翻译忠实于原文的意思，但英语读者可能难以感受到中文原文的意境美和情感深度。为了遵循透明原则，译者可以进行适当的调整，使译文更符合英文的表达习惯，如“Under a frost-filled sky, the moon descends and crows call out. Across the river, the glow of fisherman's lamps and the red of maple leaves accompany my sorrowful slumber”。

通过这样的调整，译文在保持原意的同时，更加贴近英语读者的审美习惯和文化感知，译文自然流畅，读者能更好地感受到诗歌的美感。

在英汉翻译实践中，透明原则同样重要。例如，英文俚语和习语常常难以直接找到等价的汉语表达。若原文中的“It’s raining cats and dogs”直接翻译成“下猫下狗的雨”显然会令汉语读者感到困惑。为了遵循透明原则，译者可以将其翻译为“下着倾盆大雨”，这样的表达既传达了原文的意思，又符合汉语的表达习惯，读者可以自然地理解和接受，无需额外解释。

四、文化适应原则

文化适应原则强调翻译过程中必须考虑到目的语读者的接受度，这意味着译者不仅要忠实于原文，还要对译文进行适当的文化调整，确保译文既能准确传递原文的文化信息，又能被目的语读者所接受和欣赏。这一原则的核心在于找到一种平衡，使译文既不失原文的文化特色，又能融入目的语文化的语境中。

例如，在英汉翻译的实践中，如果把a bolt from the blue直译为“来自蓝天的闪电”，虽然其忠实于原文的字面意思，但对于中国读者来说可能不够通俗易懂。为了遵循文化适应原则，译者可以将其翻译为“晴天霹雳”，这样既保留了原文的比喻意义，又使得表达方式符合汉语的习惯，更能被中国读者理解和接受。同样，在汉英翻译中，将“饮水思源”翻译为think of the source when drinking water可能会让英语读者感到生硬和难以理解。而采用remember one’s roots或gratitude for one’s origins等表达，能更自然地传达中国传统文化中强调的感恩和回报的精神，同时容易被英语读者理解和接受。

文化适应原则也要求译者在处理特定的文化元素时进行适当的解释或注释。例如，在翻译一部关于中国传统节日的文章时，对于“端午节”的描述，Dragon Boat Festival可能是一个直观的翻译，但为了让英语读者更好地理解这个节日的文化背景和习俗，译者可以在译文旁边加上注释，解释粽子、龙舟比赛的含义和起源，这样的做法既遵循了文化适应原则，也丰富了读者的文化体验。

文化适应原则要求译者不仅要作为语言的转换者，更要成为文化的传播者和解释者，通过对目的语文化的深入理解和敏感洞察，采取恰当的翻译策略，使译文在目的语文化中得到人们的广泛的认可和赞赏。

五、敏感性与尊重原则

敏感性与尊重原则要求译者在处理文化敏感性较高的内容时，既要忠实于原文，又要考虑目的语读者的感受和接受能力，避免引起不必要的误解或冒犯。这一原则特别重要，因为不同文化背景下的读者对于某些概念和表达的理解和接受程度可能大相径庭。

在英汉翻译实践中，如果遇到涉及宗教、种族或性别等敏感话题时，译者需要特别小心。假设原文中有句话是关于宗教信仰的讨论，如“In the West, the separation of church and state is a fundamental principle”直译为“在西方，国教分离是一项基本原则”虽然这种翻译忠实于原文，但在将其译为汉语时，译者可能需要更加注重表述的中立性，避免引起误解。译者可以将其译为“在西方国家，国教分离是一项被广泛接受的原则”，这样的表述更易于被汉语读者接受。

在汉英翻译实践中，面对中国特有的文化现象或概念时，同样需要体现出敏感性和尊重。例如，译者在翻译“面子”这一概念时，直接将其翻译为 face 可能无法充分传达其在中国文化背景中的丰富内涵和社会文化意义。对此，译者可以进行更加细致的解释或添加注释，如“The concept of ‘face’ in Chinese culture represents a person’s reputation and dignity, influenced by social perception and interpersonal relations（在中国文化中，‘面子’的概念代表一个人的名誉和尊严，受社会观感和人际关系的影响）”，这样的翻译可以帮助目的语读者更好地理解和尊重这一概念。

敏感性与尊重原则强调译者在翻译过程中应展现出对源语言文化的

深刻理解和敬意，同时满足目的语读者的阅读需求。通过恰当的表达方式和必要的解释，译者可以在不同文化之间架起一座沟通的桥梁，促进文化的理解和尊重。

六、创造性适应原则

创造性适应原则强调的是当面对难以直接翻译或找不到准确等效表达的情况时，译者不仅需要忠实于原文的内容和情感，还需要发挥创造力，以适应目的语读者的表达方式和审美习惯。这种方法往往要求译者拥有深厚的文化背景知识、敏锐的语言感觉以及丰富的创造力，以确保翻译作品在目的语文化中同样能够引起共鸣。

在英汉翻译实践中，翻译英语俚语或特定地区的方言时，直接翻译往往难以传达其原有的风趣和地方色彩。这时，译者可能需要创造性地寻找或创造汉语中具有相似情感色彩和文化背景的表达。如英文中的“I’ll be there with bells on（我会兴高采烈地出席）”，直译成汉语可能会让人摸不着头脑。此时，译者可以采用类似“我会兴致勃勃地去”的表达，使得译文自然流畅。

在汉英翻译实践中，面对充满中国文化特色的成语或谚语，同样需要译者的创造性适应。例如，“画蛇添足”这一成语如果直接翻译为“to add feet to a snake”可能对英语读者来说并不易懂。译者可以用英语中的谚语“to gild the lily（对金百合进行镀金）”进行类比，虽然两者字面意思不同，但都传达了“多此一举，画蛇添足”的意义，既保证了原意的传达，又让表达适应了目的语读者的文化习惯。

创造性适应原则要求译者在保持原文意义和情感的基础上，通过灵活而创新的方式进行翻译，以确保译文不仅忠实于原文的信息，同时适应目的语读者的表达习惯和审美观念。这一原则鼓励译者超越传统的字面翻译，通过更加主动和创造性的方法，重新构造和塑造译文，使其既能反映原文的风格和意境，又能与目的语读者的表达习惯相适应。

第三节　文化视野下翻译方法研究

在文化视野下的翻译实践中，翻译方法的选择极其重要，它关系到译者如何有效地跨越语言和文化的鸿沟，确保原文的文化内涵在目的语中得以恰当表达。

一、意译法

意译法是一种翻译技巧，它强调的是传达原文的“意义”而不是字面上的“文字”，特别是在源语言和目的语存在显著的文化、语言结构差异时尤为重要。这种方法允许译者在必要时适当调整、变通甚至重构原文的表达方式，以确保原文的意图、风格和文化内涵在目的语中得到准确和自然的呈现。由于不同语言背后携带着不同的文化，意译法特别强调对原文文化内容的理解和尊重，同时考虑目的语读者的接受习惯，力求在保持原文文化色彩的同时，使译文更加自然贴切。

意译法在翻译实践中发挥着不可或缺的作用，特别是在处理富有浓厚文化色彩和个性化表达的文学作品时，它能够帮助译者保留原作的独特风格和深层意义。在跨文化交流的场景下，意译法能有效地桥接异国文化，使一国的文化、习俗、历史等更容易被另一国的读者接受。在广告和营销领域，意译法通过创意性的语言调整，确保营销信息能更好地适应目标市场的文化和语境，从而提高信息的吸引力和影响力。总而言之，意译法通过对原文意义的灵活转化，不仅传递了文字的表层含义，还深入挖掘和呈现了文化的深层内涵，增强了翻译文本与目标读者之间的互动和共鸣。

break the ice 直译是“打破冰”，但在中文语境中，这种表达缺乏文化共鸣。将其意译为“打破沉默”或“消除隔阂”，更能准确传达原句在英语文化中用以指代首次交流时消除陌生感或紧张气氛的含义。

“画龙点睛”这一短语若直译为 draw a dragon and dot the eyes 可能会让英语读者感到困惑。意译为 adding the finishing touch 则能够有效传达该成语在中文语境中强调的通过最后一笔使作品生动起来的意象。

然而，意译法并非没有缺点。当译者过分强调源语言的信息含义以至于忽视源语言的文化特征时，就可能出现问题。一种语言的表达方式和词汇选择都深深地植根于其背后的文化背景，如果在翻译过程中忽略了这一点，就可能导致源语言的文化色彩和深层含义在译文中的缺失。

二、省译法

省译法是一种翻译策略，它通过删减原文中那些对传达主要意义非必要的信息或表达，以达到使译文更加简洁、明了以及更加符合目的语读者的文化习惯的目的。这种方法特别适用于原文中存在大量文化特定元素或冗余信息的情况。

在英汉翻译的实践中，英文中经常会使用一些修饰性的词汇来增加句子的色彩，但在汉语中这些修饰性的元素可能并不必要，甚至会使句子显得冗长。例如，“He walked slowly and sadly into the cold, empty room that was filled with memories of a happier time”在翻译成汉语时可以省略掉一些修饰性的词语，即“他慢慢地、悲伤地走进那个冰冷、空旷的房间，那里充满了快乐的回忆”。

在汉英翻译实践中，类似的省译法也常见于对中文中的成语、俗语的处理。中文原句可能充满了丰富的文化含义和情感色彩，如“他虎头虎脑的，一副天不怕地不怕的模样”在翻译成英语时，可以简化为“He had a fearless look, bold and confident”，这样的处理既传达了原文的意义，又避免了文化上的直译，使得译文更加符合英语表达习惯。

又如“锦绣河山”的英文表达是“beautiful scenery”，在这个例子中，“锦绣河山”是一个汉语成语，用来形容非常美丽的自然风光，字面意思是“像锦绣一样的山川”。如果直接翻译成英语，可能会是“brocade-like rivers and mountains”，但这种表达在英语中并不常见，也不够简洁。因此，译者使用了省略翻译法，将其简化为 beautiful scenery，这样不仅能准确传达原文的意境，也更符合英语的表达方式。这个翻译既保留了原文的美感，也易于人们理解和接受。

三、音译法

音译法是一种翻译方法，主要用于处理特定的文化词、专有名词、地名等，这些词在目的语中没有直接对应的表达。通过音译法，原词的发音被转录到目的语中，这些词进而能保留其原有的音形特征。音译法有助于保持源语言的文化特色和语言风味，同时为目的语读者提供关于原词的文化信息。

例如，kafkaesque，kafkaesque 源自作家卡夫卡的名字，用于形容某种荒诞、扭曲和令人不安的境况，kafkaesque 被音译成了“卡夫卡式”，“卡夫卡式”既保留了原名的音形，又能让读者联想到卡夫卡的文学风格。

四、借译法

借译法是翻译时采用的一种方法，主要用于处理存在明显文化差异的词或短语。当源语言中的词或表达难以直接翻译为目的语时，译者会借用目的语中文化含义或语境上相近的词或短语来传达原意。借译法能够在尊重文化差异的同时，确保信息的有效传递。

原词：apple pie order

借译：井井有条

apple pie order 在英语中表示非常有序、整洁的状态，直译可能无法准确表达这一含义。在汉语中可以采用“井井有条”这个表达，它传达了类似的意思，即事物排列得非常有序和整齐。

原词：热锅上的蚂蚁

借译：like a cat on hot bricks

“热锅上的蚂蚁”常用来形容人焦急不安的样子。在英语中，可以借译为“like a cat on hot bricks”，这个表达也用来描述某人非常焦虑或不安的状态。这种现成的译法表达地道、能快速被目的语读者理解。同时在口语交际过程中该方法可以提高交际双方的效率，节省译者的精力。如果没有现成的译法，在合理的条件下套用英语中某些短语的表达句式也是可行的。

五、增译法

增译法，又称为解释性翻译法或补充法，指在翻译过程中为了让目的语读者更好地理解原文的意思和文化背景，而对原文进行适当的补充和解释。这种方法通常用于处理原文中包含特定文化背景、历史事件、人物或典故等信息密集并且目的语读者不熟悉的内容。

原文：Shakespearean tragedy

增译：莎士比亚悲剧（由英国剧作家莎士比亚创作，以其深刻的人性探索和悲剧性结局著称的戏剧作品）

在这个例子中，Shakespearean tragedy 指的是由著名英国剧作家莎士比亚创作的悲剧作品，这类作品以其对人性的深刻探索和典型的悲剧性结局而著名。若译者将其直接翻译为“莎士比亚悲剧”，虽然能够保留原文的意思，但为了帮助不熟悉这些文化背景的中文读者更好地理解这些作品的特点和重要性，译者可以对此进行解释，指出这些作品是由莎士比亚创作，且在戏剧文化中具有重要地位。

原词：四书五经

增译：The Four Books and Five Classics（fundamental Confucian texts that have significant influence in Chinese culture and history）

“四书五经”是儒家文化中极为重要的经典文献集合，为了让不熟悉这些文化背景的英语读者理解它们的重要性，译者可以增加其重要性的说明，即“它们是对中国文化和历史有重大影响的儒家经典”。

原词：中医

增译：Traditional Chinese Medicine（TCM，a holistic and ancient form of healing practice originating in China，involving techniques such as acupuncture，herbal medicine，and qi gong）

在这个例子中，“中医”指的是源自中国的一套传统医学体系，这种医学体系采用全面的治疗方法，包括针灸、草药治疗、气功等。直接翻译为 Traditional Chinese Medicine（TCM）虽然传达了基本概念，但为了让不熟悉这一医学体系的英文读者更好地理解其特点和实践方式，译者可以增加解释，指出 TCM 是一种起源于中国的全面和古老的治疗实践，涉及多种独特的技术和理念。这样的翻译不仅传达了原词的基本含义，还提供了丰富的文化和技术背景信息，帮助读者全面理解这一概念。

第四节 文化视野下翻译技巧研究

一、文化适应

原文：In the United States，people often refer to baseball as “America’s pastime”.

翻译：在美国，人们常将棒球称为“美国的国民娱乐”。

在这个例子中，America’s pastime 是一个文化概念，直接翻译可能不够通俗易懂。译者可以将其翻译为“美国的国民娱乐”，这样的表达更符合中文读者的文化认知。

原文：春节是中国最重要的传统节日之一。

翻译：The Spring Festival is one of the most important traditional holidays in China, equivalent to Christmas in the Western context.

在这个例子中，为了让不熟悉中国文化的英语读者理解春节的重要性，译者将其与西方的圣诞节进行类比，这样的文化适应使得翻译内容更容易被目的语读者接受和理解。

原文：端午节是中国的传统节日，人们会划龙舟和吃粽子。

翻译：The Dragon Boat Festival is a traditional Chinese festival where people participate in dragon boat racing and eat zongzi, similar to how people in the West might celebrate Thanksgiving with turkey and family gatherings.

在这个例子中，译者在介绍端午节的文化特征和活动时与西方的感恩节进行了类比。这种比较可以帮助不熟悉中国文化的英语读者更好地理解端午节的传统习俗及其在中国文化中的意义。这种文化适应的翻译技巧有助于跨文化交流，使目的语读者能够更加容易地理解和欣赏原文的文化内涵。

二、本地化翻译

本地化翻译特别针对软件、网站、广告等内容，旨在确保产品或信息在不同文化中具有相同效果。本地化翻译不仅是文字翻译，还包括改变图像、颜色、布局等，以适应不同的文化背景。

原文：Stream your favorite shows on Netflix.

翻译：在爱奇艺上观看你喜爱的节目。

在这个例子中，本地化翻译考虑到了目标市场的实际情况。因为 Netflix 在中国并不可用，而爱奇艺是中国用户广泛使用的流媒体服务平台之一。译者通过将 Netflix 替换为爱奇艺，使信息更加符合中国市场和文化背景，从而确保中国用户能够理解和接受翻译内容。

原文：使用支付宝进行快捷支付。

翻译：Use PayPal for quick payments.

译者在将中国的支付宝服务翻译成英文时，将其替换成了在英语国家更为常用的支付服务 PayPal，这样的本地化翻译帮助英语读者更好地理解和接受信息，确保翻译内容在目的语文化中的适应性和实用性。

原文：浏览淘宝网找到各种优惠商品。

翻译：Browse Amazon for a wide range of discounted products.

在这个例子中，淘宝网是中国非常流行的在线购物平台。译者将其翻译成英文时，为了让英语读者更容易理解和接受，将“淘宝网”替换为 Amazon，后者是国际上广为人知的在线零售商，与淘宝网在功能和受众上具有相似性。通过这种本地化调整，英语读者可以立刻理解这句话的意思。这种翻译策略不仅传达了原文的信息，也考虑到了目的语读者的可接受性。

三、选择性翻译

选择性翻译指译者根据目的语读者的需要和文化背景，有选择性地翻译原文中的内容。选择性翻译有助于保留文本的主要意义，同时避免文化冲突。

原文：She celebrated the Fourth of July with fireworks and a barbecue.

翻译：她用烟花和烧烤庆祝了美国的独立日。

在这个例子中，Fourth of July 是美国的独立日，若将其直接翻译为“七月四日”，对于不熟悉美国文化的中国读者而言可能没有多大意义。因此，将其选择性地翻译为“美国的独立日”，并补充了庆祝方式“烟花和烧烤”，可以更好地传达节日的文化背景和庆祝氛围，使之更容易被目的语读者理解。

原文：这部电影深受中国古典文学作品《红楼梦》的影响。

翻译：This movie is heavily influenced by traditional Chinese literature.

在这个例子中，如果目的语读者是不熟悉中国文学的英语读者，直接提及《红楼梦》可能不会有太大的意义。因此译者可以有选择性地将这一具体的文学作品名称转换为更广泛的 traditional Chinese literature,

这样做不仅能传达电影的文化背景，还能避免读者因不熟悉《红楼梦》而产生的理解障碍。

原文：他在中秋节吃月饼、赏月。

翻译：He celebrated the Mid-Autumn Festival with mooncakes and moon-gazing.

在这个例子中，中秋节是中国的传统节日。如果直接将其翻译为“He ate mooncakes and enjoyed the moon on the Mid-Autumn Festival”，可能无法充分传达该节日的文化意义。因此，选择性翻译中增加了 celebrated，使其成为“He celebrated the Mid-Autumn Festival with mooncakes and moon-gazing”，更全面地体现了中秋节的庆祝方式和文化氛围，这样可以帮助非中国文化背景的英语读者更好地理解中秋节的传统习俗。

四、避免文化偏见和刻板印象

避免文化偏见和刻板印象是翻译中十分重要的原则。译者应致力公正、客观地传递原文信息，避免使用可能引发误解的表达，确保翻译工作不会无意中强化负面的文化形象或歧视性观念。

（一）避免刻板印象的表达

原文：He is an Indian，very good at math.

翻译：他是印度人，数学非常好。

这句话虽然看似赞扬，但实际上可能强化了关于某个民族或国家的刻板印象。更好的翻译方式应当避免将个人能力与民族或文化背景直接关联，译者可以将其简单翻译为“他数学非常好”，不特指其民族背景，除非文本的上下文中确实需要讨论这一点。

（二）尊重文化多样性

原文：All Spanish people love to dance.

翻译：西班牙有许多人喜欢跳舞。

原句中的表达方式可能会强化人们对西班牙人爱跳舞的刻板印象。因此译者在对此句进行翻译时，适当调整了表述方式，避免以偏概全，这样既能传达原文的意思，又能尊重文化多样性。

（三）消除性别偏见

原文：The nurse will take care of you，she is very gentle.

翻译：护士会照顾你，她非常温柔。

在不知道具体人物性别的情况下，应避免自动使用女性代词，这反映了对职业的性别偏见。正确的翻译应使用中性的表达方式，或者根据实际情况选择正确的代词。

通过这些例子可以看出，避免文化偏见在翻译过程中十分重要，这不仅关乎翻译质量，也体现了译者的文化敏感度和专业素养。正确的翻译应该能够公正、客观地反映原文内容，同时尊重所有文化和个体的多样性和独特性。

五、跨文化比较研究

跨文化比较研究在翻译实践中发挥着重要作用，通过深入分析和比较原文和译文所涉及的文化，译者能够更准确地理解文本意义，同时增进对不同文化的理解和尊重。这种方法有助于提升译者的翻译质量，确保翻译工作既忠实于原文，又符合目的语读者的接受度。

（一）节日的跨文化比较

原文：Thanksgiving is celebrated by giving thanks and feasting with family and friends.

翻译：感恩节是通过感恩并与家人和朋友共享盛宴来庆祝的。

在这个例子中，跨文化比较研究有助于理解 Thanksgiving（感恩节）

的文化意义。译者在翻译时，需要考虑如何将这个西方节日的庆祝方式和意义传达给非西方读者。在中国文化中，尽管没有与感恩节完全相同的节日，但类似的家庭团聚和感恩的传统也存在。因此，译者在翻译时可以强调家庭团聚和感恩的元素，使其更易于被中国读者理解和接受。

（二）社会角色和文化认知的比较

原文：In China，the concept of “he”（harmony）is fundamental in social interactions.

翻译：在中国，“和”（和谐）的概念是社会交往中的基本原则。

通过跨文化比较研究，译者可以理解“he”（和）在中国文化中的重要性，这个概念强调社会和谐和集体利益。译者将其翻译成英语或其他语言时，应当传达出这种文化特质，而不仅仅是字面上的 harmony。了解这种文化差异，译者能更好地理解中国文化，从而帮助目的语读者更全面地理解这一概念。

（三）业务沟通中的跨文化比较

原文：In Western business culture，being direct and to the point is appreciated.

翻译：在西方商业文化中，直接明了的沟通方式是受赞赏的。

跨文化比较研究能帮助译者理解和传达不同商业文化之间的沟通方式差异。在西方文化中，直接明了被视为一种有效沟通的表现。而在一些东方文化，如中国商业文化中，间接或含蓄的沟通方式更为常见，人们重视的是关系的建立。

译者在翻译过程中了解这种差异对于商业交流具有重要意义。当译者将西方的商业文本翻译为面向中国读者的内容时，可以在译文中适当添加解释性信息，帮助读者理解该文本。

参考文献

[1] 胡丹 . 英语语言学及应用语言学研究 [M]. 长春：吉林人民出版社，2021.

[2] 杨婷，罗芳，陈梅 . 现代英语语言学多维探索与研究 [M]. 长春：吉林人民出版社，2021.

[3] 王翠，朱凌奕，苑广滨 . 英语语言学理论与教学实践 [M]. 长春：吉林人民出版社，2021.

[4] 胡晓霞 . 基于应用语言学理论下的高校英语教学研究 [M]. 长春：吉林人民出版社，2021.

[5] 赵萍 . 应用语言学视角下大学英语教学研究 [M]. 长春：吉林人民出版社，2020.

[6] 刘典忠 . 应用语言学导论 [M]. 银川：宁夏人民出版社，2007.

[7] 童之侠 . 当代应用语言学 [M]. 北京：中国传媒大学出版社，2016.

[8] 訾韦力 . 应用语言学理论在英语教学实践中的应用研究 [M]. 北京：中国轻工业出版社，2015.

[9] 管艳郡，朱荣萍，罗芳 . 高校英语教学及其语言学应用研究 [M]. 长春：吉林人民出版社，2021.

[10] 佟丽莉 . 语言学与英语翻译教学的多维度探析 [M]. 西安：陕西科学技术出版社，2020.

[11] ［古希腊］亚里士多德 . 范畴篇：解释篇 [M]. 方书春，译 . 北京：三联书店出版社，1957.

[12] ［美］奈达 . 语言文化与翻译 [M]. 严久生，译 . 呼和浩特：内蒙古大学

出版社，1998.

[13] ［英］泰勒. 原始文化 [M]. 蔡江浓，译. 杭州：浙江人民出版社，1988.

[14] ［美］南达 . 文化人类学 [M]. 刘燕鸣，韩养民，译 . 西安：陕西人民教育出版社，1987.

[15] 张岱年，方克立 . 中国文化概论 [M]. 北京：北京师范大学出版社，1994.

[16] 辜正坤 . 中西文化比较导论 [M]. 北京：北京大学出版社，2007.

[17] 钟敬文 . 话说民间文化 [M]. 北京：人民日报出版社，1990.

[18] 赵元任 . 语言问题 [M]. 北京：商务印书馆，1980.

[19] ［瑞典］麦蒂森，［英］韩礼德 . 系统功能语法：理论之初探 [M]. 黄国文，王红阳，译 . 北京：高等教育出版社，2009.

[20] ［英］韩礼德，［英］韩茹凯 . 语言、语境和语篇：社会符号学视角下的语言面面观 [M]. 程晓堂，导读 . 北京：世界图书出版公司，2012.

[21] ［美］萨丕尔 . 语言论：言语研究导论 [M]. 陆卓元，译 . 北京：商务印书馆，2017.

[22] ［美］布龙菲尔德 . 语言论 [M]. 钱军，导读 . 北京：外语教学与研究出版社，2012.

[23] ［英］戴维斯 . 语言测试原理 [M]. 任福昌，吴平，任筱萌，译 . 北京：经济科学出版社，1997.

[24] ［英］韩礼德 . 韩礼德应用语言学自选集 [M]. 北京：外语教学与研究出版社，2015.

[25] 桂诗春 . 应用语言学 [M]. 长沙：湖南教育出版社，1988.

[26] ［美］罗杰斯 . 自由学习 [M]. 伍新春，管琳，贾容芳，译 . 北京：北京师范大学出版社，2006.

[27] ［法］涂尔干 . 涂尔干文集：第 6 卷：道德教育与社会学 [M]. 陈光金，沈杰，译 . 北京：商务印书馆，2020.

[28] 严复．严复读本 [M]. 福州：福建教育出版社，2021.

[29] ［德］霍恩比．翻译研究：综合法 [M]. 上海：上海外语教育出版社，2001.

[30] ［瑞士］索绪尔．普通语言学教程 [M]. 高名凯，译．北京：商务印书馆，1980.

[31] ［美］乔姆斯基．乔姆斯基语言哲学文选 [M]. 徐烈炯，尹大贻，程雨民，译．北京：商务印书馆，1992.

[32] 张世禄．张世禄语言学论文集 [M]. 上海：学林出版社，1984.

[33] ［波兰］库尔德内．普通语言学论文选集：上 [M]. 杨衍春，译．桂林：广西师范大学出版社，2012.

[34] 谢晨．英语语言学中的茶文化研究 [J]. 福建茶叶，2023，45（10）：194–196.

[35] 万阿平．高职英语语言学教学质量的提升路径研究 [J]. 江西电力职业技术学院学报，2020，33（10）：58–60.

[36] 王志丽．基于多维视角的英语语言学研究探析 [J]. 农家参谋，2020（13）：261.

[37] 田涑琳．探讨多维视角下英语语言学理论体系的建构 [J]. 中国多媒体与网络教学学报（上旬刊），2020（1）：65–66.

[38] 孙伟．浅探英语语言学中渗透的中国茶道精神 [J]. 佳木斯职业学院学报，2019（10）：144，146.

[39] 于嘉爱．多维视角下的英语语言学研究探析 [J]. 海外英语，2019（17）：236–237.

[40] 孙蓉娣．基于多维视角的高校英语语言学教学策略探究 [J]. 广西广播电视大学学报，2023，34（5）：87–91.

[41] 孟云平．英语语言学研究的多维视角研究 [J]. 山东农业工程学院学报，2019，36（6）：166–167.

[42] 罗洁．基于多维视角分析英语语言学研究 [J]. 英语广场，2019（6）：

45-46.

[43] 赵科研 . 高校英语语言学教材的建设与思考研究 [J]. 佳木斯职业学院学报，2019（5）：158-159.

[44] 周瑞雪 . 英语语言学中融入的茶道精神分析 [J]. 福建茶叶，2023，45（4）：164-166.

[45] 刘慧敏 . 英语语言学中茶道精神的探讨 [J]. 智库时代，2019（14）：193-194.

[46] 孙瑜 . 多维视角下英语语言学理论体系的建构 [J]. 海外英语，2022（20）：91-92.

[47] 李燕 . 茶文化在英语语言学课堂设计的应用 [J]. 福建茶叶，2019，41（2）：120-121.

[48] 李娜 . 基于应用型人才培养下的高校英语语言学教学实践 [J]. 智库时代，2019（4）：225，227.

[49] 解芳 . 论英语语言学多维研究视角的选取策略 [J]. 传播力研究，2019，3（3）：219.

[50] 解慧琴 . 试析茶文化教育与高校英语语言学教学的结合路径 [J]. 福建茶叶，2018，40（12）：213.

[51] 杨秀芳 . 多维视角下英语语言学理论体系的建构 [J]. 广西民族师范学院学报，2018，35（6）：78-80.

[52] 孙莹 . 基于多维视角分析英语语言学发展流变 [J]. 佳木斯职业学院学报，2018（11）：352，354.

[53] 莫晨莉 . 英语语言学中的茶文化分析 [J]. 福建茶叶，2018，40（11）：448.

[54] 陈慕羽 . 从语言与文化视角看英语专业学生阅读素养的培养 [J]. 海外英语，2024（3）：85-87.

[55] 戴天骄 . 跨文化交际中的语言互动策略研究 [J]. 新楚文化，2024（2）：64-66.

[56] 肖燕 . 社会认知语言学视域下语言的社会性与文化身份性 [J]. 外语学刊，

2024（1）：92-97.

[57] 戴东新 . 语言与文化双重并举的大学英语教学改革 [J]. 电大理工，2023（4）：65-68.

[58] 冯宇 . 茶在英语语言与文化传播中的表现研究 [J]. 福建茶叶，2023，45（12）：116-118.

[59] 李宇明 . 语言是文化的鸿沟与桥梁 [J]. 天津师范大学学报（社会科学版），2023（6）：34-42.

[60] 桂祺煜 . 新媒体时代英语语言与文化传播路径探析 [J]. 新闻研究导刊，2023，14（16）：109-112.

[61] 金德顺，吕霁月 . 学习语言、学习文化：基于全人教育理念的语言教学 [J]. 全球教育展望，2022，51（12）：3-21.

[62] 相启征 . 语言与文化是如何相互影响的：基于生活实例的分析 [J]. 文化创新比较研究，2022，6（25）：41-44.

[63] 由旸，刘敏艳 . 传承与创新：浅谈语言文化学实践 [J]. 中国民族博览，2022（16）：116-119.

[64] 王争伟 . 应用语言学视角下的英语文化导入教学 [J]. 太原城市职业技术学院学报，2012（11）：131-132.

[65] 赵会聪 . 应用语言学视角下的英语文化导入教学 [J]. 文学教育（中），2012（10）：64.

[66] 杨琳 . 应用语言学视阈下茶文化英语翻译路径探讨 [J]. 福建茶叶，2024，46（3）：158-160.

[67] 唐树华，王光林 . 应用语言学的范围、方法与趋势：《劳特利奇应用语言学手册》述评 [J]. 外国语（上海外国语大学学报），2012，35（5）：80-84.

[68] 陈晓光，张峰峡 . 应用语言学视角下的高职英语文化导入教学 [J]. 内江科技，2012，33（2）：174，176.

[69] 崔伟 . 以应用语言学探析概念隐喻中的跨文化变体 [J]. 科技与企业，

2012（3）：244.
[70] 李冰 . 应用语言与国际文化交流 [J]. 教育教学论坛，2011（6）：164.
[71] 李丽君 . 从应用语言学角度看概念隐喻中的跨文化变体 [J]. 中国电力教育，2011（4）：200–201.
[72] 王志银 . 应用语言学热点及前沿问题探究 [J]. 才智，2010（2）：193–194.
[73] 周慧慧 . 应用语言学与外语教学 [J]. 辽宁行政学院学报，2007（5）：214–215.
[74] 尚宇 . 浅谈我国应用语言学的发展和研究现状 [J]. 湖北函授大学学报，2017，30（16）：93–95.
[75] 何婧 . 基于应用语言学的茶文化英语翻译策略分析 [J]. 福建茶叶，2023，45（10）：122–124.
[76] 曹倩 . 应用语言学视域下的茶文化英语翻译策略探究 [J]. 福建茶叶，2023，45（9）：146–148.
[77] 陈思雯 . 浅析在应用语言学下英语文化对大学英语教学的影响 [J]. 湖北经济学院学报（人文社会科学版），2015，12（11）：219–220.
[78] 刘贞贞 . 应用语言学视角下的茶文化英语翻译探讨 [J]. 福建茶叶，2023，45（4）：126–128.
[79] 冯一轩 . 应用语言学下茶文化英语翻译对策 [J]. 福建茶叶，2022，44（9）：189–191.
[80] 曾珍 . 应用语言学视角下的茶文化英语翻译研究 [J]. 福建茶叶，2022，44（9）：192–194.
[81] 孟洪玉 . 基于应用语言学的茶文化英语翻译策略研究 [J]. 福建茶叶，2022，44（8）：164–166.
[82] 孙伟 . 基于应用语言学的茶文化英语翻译策略研究 [J]. 黑龙江教师发展学院学报，2022，41（5）：125–129.
[83] 顾冠男 . 应用语言学视角下的英语文化导入教学的实践尝试 [J]. 湖北函授大学学报，2015，28（22）：157–158.

[84] 张丽霞 . 基于中西文化差异探索外国语言学及应用语言学的应用研究 [J]. 北京印刷学院学报，2021，29（增刊 2）：83–85.

[85] 白娜 . 浅谈应用语言学与外语教学的关系 [J]. 才智，2015（17）：150.

[86] 赵青 . 应用语言学视角下的英语文化导入教学研究 [J]. 英语广场，2021（29）：124–127.

[87] 汪波 . 应用语言学视角下英语文化导入教学的思考 [J]. 英语广场，2020（32）：116–118.

[88] 李葳 . 应用语言学视角下的英语文化导入教学的实践尝试 [J]. 海外英语，2020（20）：102–103.

[89] 刘稳亮 . 应用语言学视角下的英语文化导入教学研究 [J]. 湖北开放职业学院学报，2020，33（17）：175–176.

[90] 贾晓琳 . 应用语言学视角下英语文化导入教学思考 [J]. 戏剧之家，2020（6）：123–124.

[91] 何苗 . 应用语言学视角下的英语文化导入教学探讨 [J]. 海外英语，2019（20）：81–82.

[92] 王斐 . 应用语言学在英语教学中的有效运用 [J]. 江西电力职业技术学院学报，2019，32（8）：121–122.

[93] 赵海霞 . 基于应用语言学的茶文化英语翻译策略研究 [J]. 吉林工程技术师范学院学报，2019，35（8）：60–62.

[94] 邵韵之 . 英汉文化差异与翻译策略探析 [J]. 佳木斯职业学院学报，2024，40（3）：55–57.

[95] 徐瑞芳 . 基于跨文化交际视角下的英汉翻译归化与异化策略研究 [J]. 汉字文化，2023（20）：172–174.

[96] 王思蓉 . 文化差异对英汉翻译准确性的影响及应对策略 [J]. 英语广场，2023（30）：16–19.

[97] 郝小磊 . 英汉翻译中处理文化差异的翻译策略 [J]. 中国民族博览，2023（12）：235–237.

[98] 杨琳 . 英汉翻译中跨文化视角转换及翻译方法探讨 [J]. 秦智，2023（6）：115–117.

[99] 郝小磊 . 关于英汉翻译中文化语境的作用分析及逻辑方法论 [J]. 中国民族博览，2023（11）：231–233.

[100] 车慧 . 跨文化视角下的英汉翻译隐喻差异对比 [J]. 现代英语，2023（11）：69–72.

[101] 李鑫 . 基于跨文化交际视角的英汉翻译策略研究 [J]. 吕梁教育学院学报，2022，39（4）：210–212，216.

[102] 施晓燕 . 英汉对比在翻译教学中的实践探索 [J]. 汉字文化，2022（22）：131–133.

[103] 刘淑奇 . 文化背景知识在英汉翻译中的重要性分析 [J]. 汉字文化，2022（20）：158–160.

[104] 吕叔湘 . 意内言外 [J]. 中华活页文选（教师版），2008（8）：4–8.

[105] 钱锺书 . 林纾的翻译 [J]. 中国翻译，1985（11）：2–10.

[106] 王佐良 . 翻译与文化繁荣 [J]. 中国翻译，1985（1）：3–7.

[107] 许渊冲 . 再谈“意美、音美、形美”[J]. 外语学刊，1983（4）：68–75.

[108] 闫怡恂，葛浩文 . 文学翻译：过程与标准——葛浩文访谈录 [J]. 当代作家评论，2014（1）：193–203.

[109] 苏珊·巴斯奈特，黄德先 . 翻译研究与比较文学的未来：苏珊·巴斯奈特访谈 [J]. 中国比较文学，2009（2）：15–22.

[110] MALINOWSKI B.The Problem of Meaning in Primitive Languages[M]// OGDEN C K，RICHARDS I A.The Meaning of Meaning：A Study of the Influence of Language upon Thought and of the Science Symbolism.New York: Harcourt Brace，1923.

[111] BRUMFIT C J.Communicative Methodology in Language Teaching：The Roles of Fluency and Accuracy[M].Cambridge：Cambridge University Press，1984.

[112] COOK G,SEIDLHOFER B.Principles and Practice in Applied Linguistics[M].Oxford： Oxford University Press，1995.

[113] SPOLSKY B.Educational Linguistics: An Introduction[M].Boston ： Newbury House Publishers，1978.

[114] JACKENDOFF R S.Semantics and Cognition [M].Cambridge: The MIT Press，1983.

[115] HYMES D.On Communicative Competence[M]//PRIDE J B，HOLMES J.Sociolinguistics: Selected Readings.Harmondsworth: Penguin Books，1972.

[116] LEFEVERE A.Translation，Rewriting and the Manipulation of Literary Fame[M].London: Routledge，1992.

[117] HJELMSLEV L.Prolegomena to a Theory of Language[M].WHITFIELD F J，trans.Madison: University of Wisconsin Press，1961.